KB201341

"읽는 설교"

내 인생의 목적지
예수

김주한목사 누가복음강해

서문

약 일 년간에 걸쳐 페이스북에 올린 누가복음 강해 '읽는 설교'를 모았습니다. 마태가 유대의 왕 되신 예수를 마가는 하나님의 아들로서의 예수를 복음서에 담았다면 누가는 그의 복음서에서 온 우주의 왕이요 만인의 구주로 오신 예수를 보여줍니다. 저자 누가는 헬라적 배경 아래 있는 이방인이었고 수신자인 데오빌로 역시 유대적 배경이 없는 사람이었습니다. 이방의 초신자도 누구나 쉽게 복음을 받고 이해할 수 있게 기록한 글입니다.

아픈 환자를 다루는 의사 누가의 섬세한 터치와 필체가 곳곳에 녹아 있는 복음서입니다. 예수님의 행적을 생생한 그림처럼 전개시켰습니다. 공관복음서 중에 특별히 누가복음을 택함은 다른 복음서 보다 인간미 넘치는 예수님의 인성(人姓)이 도드라진 복음서였습니다. 누가복음 강해를 통해 2000년 전 팔레스타인 거리를 함께 거니는 느낌을 받기를 바라는 마음입니다.

전체사상은 잃어버린 자를 찾아가시는 주님입니다. '선한 사마리아인의 비유', '잃은 양과 잃은 동전의 비유', 그 유명한 '탕자의 비유' 모두에게 익숙한 '거지와 나사로 비유'는 오직 누가복음에만 기록된 말씀들입니다. 빈부와 계급과 민족의 구별이 없이 잃어버린 자를 찾아가시는 예수의 구원사역이 누가복음 전체 얼개 속에 꿰어 있는 것을 보인 비유들입니다.

예수가 잃어버린 한 영혼을 목적하고 찾을 때에 또한 그 찾음의 대상인 성도들이 오직 예수를 목적하길 바라는 마음에 "내 인생의 목적지.... 예수!"로 정했습니다.

오직 십자가 복음 중심으로 불필요한 예화나 부연설명이 없습니다. 행간 속에 메시지를 찾아내는 참신함을 잃지 않으면서 지루함과 식상함과 군더더기 없이 속도감 있게 설교 한편을 금방 읽어 내려가도록 구성했습니다. '읽는 설교' 즉 옆에서 말하듯 구어체(口語體)입니다. 눈으로 읽지만 귀로 들려주시는 것보다 커다란 음성으로 심령에 울리기를 소망합니다. 회개 할 자가 회개하고 변화될 자가 변화되며 말씀의 뿌리가 없는 자가 깊은 뿌리를 내리게 되기를 아울러 기도합니다.

　　뒷부분에는 부록처럼 페이스북을 통해 특별히 사랑해 주셨던 글들을 따로 모아 실었습니다. 이 지면을 통해 부족한 글과 함께 해 주신 페이스북 친구분들께 깊은 감사를 드립니다. 책자가 되어 나올 수 있도록 은혜를 주신 우리 주님 예수 그리스도께 영광을 돌립니다.

　　　　　　　　　　　　　　　2019년 12월 25일 성탄절 아침에….

차 례

1. 기쁜 성탄의 아침입니다 8

2. 예수님의 시험 13

3. 말씀에 의지하여… 17

4. 순종 21

5. 영육간의 회복 24

6. 이미 다 있기 때문입니다… 27

7. 황금율 30

8. 말씀을 주세요! 32

9. 불쌍히 여기사… 36

10. 예수님이 하지 않으신 것! 40

11. 내 인생의 목적지… 예수! 46

12. 씨뿌리는 비유 51

13. 저 분이 누구이기에? 56

14. 너에게 난 누구니? 62

15. 가장 작은 그가 큰 자니라! 67

16. 주셨다면 받은 겁니다… 72

17. 어떻게 읽느냐! 76

18. 마리아와 마르다 80

19. 못 들은 척 하실 수는 있어도…! 84

20. 성령을 주시지 않겠느냐! 88

21. 말씀을 참되게 듣고 바르게 지키는 자… ……………………… 91

22. 안경……………………………………………………………… 96

23. 근심하지 말라! ………………………………………………… 98

24. 속히 오심과 더디 오심 ………………………………………… 104

25. 하나님을 즐거워하라! ………………………………………… 108

26. 좁은 문 ………………………………………………………… 113

27. 잔치비유 ………………………………………………………… 118

28. 회개……………………………………………………………… 123

29. 살진 송아지와 염소새끼……………………………………… 128

30. 불의한 재물 …………………………………………………… 133

31. 부자와 나사로 ………………………………………………… 139

32. 가해자와 피해자 ……………………………………………… 144

33. 믿음을 더 하소서!……………………………………………… 148

34. 롯의 처를 기억하라! ………………………………………… 152

35. 자기를 스스로 의롭다고 믿고
    다른 사람을 멸시하는 사람에게 … ……………………… 157

36. 이제… 그만 가자! …………………………………………… 163

37. 여리고에서… ………………………………………………… 168

38. 눈물의 의미… ………………………………………………… 173

39. 성전에서……………………………………………………… 178

40. 포도원 농부의 비유 ………………………………………… 183

41. 누구의 형상과 글이… ……………………………………… 188

42. 하나님은 살아 있는 자의 하나님! ………………………… 193

43. 죽음 … 소멸이 아니라 분리입니다!………………………… 198

44. 과부의 두 렙돈 ……………………………………………… 202

45. 세상의 마지막 ……………………………………………… 208

46. 새 언약 ………………………………………………………… 213

47. 섬기는 자 …………………………………………………… 218

48. 베드로와 가룟유다 ………………………………………… 223

49. 겟세마네의 기도 226

50. 그들의 소리가 이긴지라! 232

51. 십자가로 인한 변화 237

52. 하리라 하셨느니라! 242

53. 안 보고 믿는자! 246

〈소고〉: 페이스북에서 특별히 사랑해 주셨던 글 모음 251

비행과 활강 251

신비체험에 대하여... 254

예수님과 베드로2 ... 실패한 경험 259

영적 싸움 육적 싸움 263

"오라!" 266

솔로몬! 안 되는 줄 알면서 왜 그랬을까? 271

성육신... 인생을 체휼하신 그리스도 275

1. 기쁜 성탄의 아침입니다

(눅1:26~44)

기쁜 성탄의 아침입니다. 예수님이 이 땅에 성육신하여 강생하시기까지 마태복음1:22절을 보면 "이 모든 일이 된 것은 선지자의 하신 말씀을 이루게 함이라!"란 말씀이 있습니다. 이 말씀은 마치 갈라디아4:4절의 말씀처럼 "때가 차매 하나님이 그 아들을 보내사 여자에게 나게 하시고" 와 같은 말씀입니다. 이 모든 일이 되기까지 때가 차야 합니다.

온 세상을 구원하시기 위해 예수님은 대륙의 중심인 팔레스타인 땅에 오셔야 하고 로마는 세계제국을 이루어서 모든 길을 로마로 연결시켜 놓는 것으로 후에 그 길이 복음전파의 길이 됩니다. 하나님의 구원사가 이루어지기까지 크게 보면 역사를 주장하시고 작게 보면 사람들의 마음도 주님께서 이끄시는 것을 볼 수 있습니다.

대표적인 경우가 요셉과 마리아입니다. 요셉은 마리아와 약혼만 했습니다. 그런데 약혼녀의 배가 불러오는 것을 보고는 마1:20절에서 "이 일을 생각할 때에..."가 있습니다. 요셉의 깊은 배신감과 상실감이 녹아 있는 표현입니다. 정조가 있는 깨끗한 여인인 줄 알았는데 그게 아닌 거였습니다. 그때 천사가 현몽하여 성령으로 잉태된 것이니 아내 데려오기를 두려워하지 말라 했을 때 마1:24절에서 요셉은 "주의 사자의 분부대로 행하여..."가 있습니다.

마리아도 마찬가집니다. 세상에 남자하고는 손 한 번 잡아본 일도 없는데 네가 임신할 것이라는 천사의 말을 들었을 때 마리아로서는 사실 기절할 노릇입니다. 배가 불러오기까지 잘못하면 부정한 여인으로 몰려 당시 유대법에 의해 돌 맞아 죽게 생긴 것입니다. 그러나 눅1:38에서 마리아는 "주의 계집종이오니 주의 말씀대로 이루어지이다"가 있습니다.

개인적으로 안타까운 것은 왜 천사는 요셉과 마리아에게 같은 타임에 같이 말씀해 주지 않으시고 마리아가 아슬아슬 애가 닳도록 그리고 요셉으로서는 약혼녀의 배가 불러오는 것을 보며 실족하기까지 즉 19절의 요셉이 "이 일을 생각할 때에…"의 심란한 지경까지 놔 두셨냐는 것입니다.

결국은 믿음을 가지고 하나님이 이 모든 일을 합력하여 이루시기까지 기다릴 수 있는지를 보시겠다는 것입니다. 마리아가 아무리 결백을 이야기해도 이것은 용납이 안 되는 부분입니다. 여기는 하나님이 직접 챙기셔야 하는 부분이기 때문입니다. 우리의 인생가운데도 하나님이 직접 나서는 부분이 있음을 믿습니다.

그 가운데 요셉은(남자들은) "주의 분부대로…"… 마리아는(여자들은) "주의 말씀대로…"가 있습니다…

예수님은 성경의 예언대로 베들레헴에서 태어나셨고 동방의 박사들은 별을 보고 찾아와 구유에 누이신 아기예수를 경배하고 예물을 드렸습니다. 여기서도 하필이면 이때 별들이 비상하게 움직이는 것으로 하나님은 역사뿐만 아니라 온 우주도 메시아의 오심에 맞추어 돌아가게 하셨다는 사실이 놀랍습니다.

그런데 동방의 박사들이 왕이 낳다고 해서 찾아온 곳이 왕궁이 아니라 너무도 외진 초라한 마굿간이었음으로 "뭔가 번지수 잘못 찾는 착오가 있었나보다…" 하고는 돌아갈 만도 한데 동방박사들은 그 구유에 누이신 아기예수께 유다의 왕으로 곧 나의 왕으로 고백하였다는 것입니다. 마 2:11절에서 아기 예수를 나의 왕으로 고백하며 경배하며 고백했습니다.

사실 이것이 쉬운 일이 아닙니다. 하나님의 성령의 계시를 받는 사람이 아니고서 어찌 저 구유에 누우신 분을 만왕의 왕 만주의 주라고 할 수 있겠습니까. 동방박사를 제외한 축하사절단이라고는 들에서 양 치던 지극히 평범한 목자들이었습니다. 이들 역시 천사가 일러주었기 때문입니다.

아기 예수를 알아본 이가 오늘 본문에 있습니다. 누가복음 1:43을 보면 마리아보다 6개월 앞서 임신하게 된 세례요한의 어머니인 엘리자벳이 마리아의 방문을 맞이하면서 이런 말을 하는 것입니다. "내 주의 모친이 내게 나아오니 이 어찌 된 일인고…" 이제 막 성령으로 잉태된 마리아의 태중에 있는 예수님을 향해서 '내 주'라고 고백하는 것입니다.

또 있습니다… 눅2:25절 이하를 보면 성전에서 기도하던 시므온이 아기 예수를 안고는 "내 눈이 주의 구원을 보았사오니…"하는 고백을 합니다… 아기 예수를 향해서 '나의 구원'을 본 것입니다. 엘리자벳과 시므온의 신앙 고백이 있기까지 성경은 동일하게 성령의 충만과 감동으로 하게 된 고백임을 말씀하고 있습니다.

그러나 예수를 잘못 본 사람이 있습니다. 오늘 사실 이 사람을 말씀 드리려고 합니다. 바로 헤롯대왕입니다. 동방박사가 예루셀렘에 와서 유대의 왕으로 나신 분을 찾자 소문이 금방 온 백성에게 퍼지고 헤롯왕 귀에까지 들어가게됩니다. 헤롯은 동방박사를 불러서 왕을 찾아 경배하거든 그 있는 곳을 내게도 일러주어 나도 경배할 수 있게 해 달라고 거짓말을 합니다.

헤롯은 예수를 자신의 정적으로 생각했습니다. 예수를 대표적으로 잘못 본 사람입니다. 예수님은 만왕의 왕으로 만 주의 주로 오신분이지 세상 나라 권세를 차지하자고 오신 분이 아니거든요… 그런데도 불구하고 예수가 자신의 자리를 탐하고, 자기자리를 빼앗고, 자기를 해치기위해서 온 것으로 생각한 것입니다.

동방박사가 헤롯에게 들르지 않고 천사들이 일러준 대로 다른 길로 돌아간 것을 헤롯이 알고는 무슨 일을 벌입니까! 우리가 아는 대로 세상에 있을 수 없는 끔찍한 일을 벌이는 것입니다. 온 유대의 2살 이하 아이를 모두 죽이는 살육을 벌이게 되는 것입니다.

엄청난 인명을 살상하며 무고한 피를 흘리기까지 쓸데없는 일에 온 에너지를 쏟아 붓고 있는 헤롯대왕을 보는 것입니다. 물론 아기예수님은 천사들의 현몽으로 애굽으로 피신하시지만 당시 백성들의 원성이 얼마나 컸겠습니까. 예수님이 오시기까지 참으로 천사가 여기저기 다니며 바쁜 것을 봅니다. 오늘날 우리 인생에도 천사가 바쁜 타임이 있음을 믿습니다.

예수님은 헤롯의 자리는 관심도 없으십니다. 예수를 잘못 알고 곡해하는 것으로 얼마나 많은 돈과 시간과 사람들이 동원되어 끔찍하고 허망한 일을 보는 것입니까!. 헤롯의 최후가 어떻게 되었는지도 우리 모두는 알고 있습니다.

지금도 예수를 생각하고 교회를 이해할 때 자기들의 대적으로 삼고 공격하는 사람들이있습니다. 먼저는 공산주의자들이 그렇습니다. 종교는 아편이라고 하면서 자기들의 국가권력에 해가 되는 것으로 오해하는 것입니다. 중국의 기독교인들이 늘어나니까 지금 공개적으로 박해합니다. 교회 공동체는 결코 국가 권력에 도전하는 공동체가 아님에도 언제 정치세력화 할지 몰라 의심하는 것입니다.

또 있습니다. 안티기독교들입니다. 물론 예수믿는 사람이 세상에서 본이 안 되고 덕을 세우지 못하는 것으로 공격하는 경우라면 우리가 회개해야 하는 부분이지만 그냥 예수가 싫고 그냥 교회가 싫어서 자신의 대적으로 삼는 경우입니다. 참으로 안타깝습니다. 대적으로 삼을 것이 따로 있지 어찌 하나님과 교회를 대적으로 삼을 수 있는지...

사회 각 분야에 교회를 조롱하고 대적하는 무리가 숨어 있습니다. 문화 예술계통에 특별히 많습니다. 인본주의 휴머니즘이라는 이름으로 아름답게 포장해서 기독교를 공격하고 예수를 조롱합니다. 요즘 대한민국사람 다 봤다고 해서 안 본(?) 영화가 있습니다. 보헤미안 랩소디입니다. 퀸 … 가창력과 비트 멜로디가 좋아 학교 다닐 때 많이 따라 불렀습니다. 그러나 프레드 머큐리 동성애자이며 에이즈로 사망한 사람입니다. 사탄숭배자이며 하나님을 조롱하는 뉴에이지의 대표주자입니다.

우리가 보고 듣고 경험하는 모든 것을 성경과 말씀이라고 하는 깔때기로 거르지 않으면 우리 신앙에 해가 될 수 있습니다. 무분별하게 쫓아가고 받아드리고 수용하지 않고 걸러낼 수 있는 은혜가 모두에게 있기를 소망합니다.

예수를 똑바로 보게 되면 동방박사처럼 구유에 누이신 아기예수를 '나의 왕'으로 … 엘리자벳처럼 태중에 계신 예수를 '나의 주'로… 시므온처럼 아기예수를 안고서 그 속에서 '나의 구원'을 보게 될 것입니다.

그러나 헤롯처럼 잘못 보게 되면 엉뚱한 일을 벌이는 것입니다. 자기의 대적으로 삼는 것입니다. 축복합니다… 우리 주위에는 이런 사람이 하나도 없기를 … 메리 크리스마스…

2. 예수님의 시험

(눅4:1~13)

오늘은 예수님이 사탄에게 시험을 받으신 부분에 대해서 말씀드리겠습니다. 시험은 언제나 무슨 소리를 듣는 데에서 시작되는 것을 알 수 있습니다. 먼저 우리가 무슨 소리를 듣게되는 데는 여러 경로가 있습니다. 내 자아를 통해서 내가 하는 말이 있고 마귀가 하는 말이 있고 예수님이 주시는 말씀도 있습니다. 또한 다른 사람을 통해서 그 사람의 말을 듣는 경우도 있고 그 사람을 통해서 마귀가 나를 넘어 뜨리려고 하는 말도 있습니다. 물론 다른 사람을 통해서 예수님이 내게 주시는 말씀도 있습니다.

경로는 여러 가지라 해도 마지막 필터는 두 개입니다. 내 자아를 통해서 그리고 다른 사람을 통해서입니다. 영이 맑은 경우 이게 마귀의 속삭임인지 성령이 주시는 말씀인지 구별이 됩니다. 영이 흐리면 구별이 잘 안됩니다. 사기꾼의 말에 속듯이 마귀의 사탕발린 말이 예수님 말씀처럼 들리고, 다른 사람을 통해 주시는 예수님의 메시지를 놓치기도합니다. 그래서 우리가 쉽게 시험에 들고, 상처입고, 넘어집니다. 알면 대비를 하는데 무방비로 당하니까 힘든 것입니다.

오늘 예수님의 시험은 시공을 초월하고 영육을 초월해서 이루어지고 있습니다. 마귀가 직접 형상으로 나타났는지, 아니면 예수님만 알아보실 수 있는 모습으로 나타났는지, 순식간에 세상의 모든 영광과 권세를 보이기도 하며, 갑자기 높은 산과 성전꼭대기에 오르기도 했습니다.

시험은 다른 게 아니라 말을 걸어오는 것입니다…

아담은 마귀가 말을 걸어올 때 그 말에 홀라당 넘어 갔습니다. 예수님은 지금 마귀가 말을 걸어올 때 이 놈이 지금 나에게 뭘 노리고 말하는지를 간파하셨습니다. 마귀는 처음 말을 걸어올 때 "네가 만일 하나님의 아들이라면 네가 지금 배가 고프니까 돌로 떡을 만들어먹는 것 쯤이야 얼마든지 할 수 있을거다!" 하면서 유혹했습니다. 마귀는 언제나 현실적인 문제에 집착하게 만들고 그 문제를 해결하는 것으로 네가 하나님의 아들인 것을 증명하라고 합니다.

예수님이 돌로 떡을 만들 수 있습니까? 없습니까? 돌들로 일어나 소리를 지르게 하실 수 있는 분... 돌들로도 아브라함자손 만들 수 있는 분... 장차 오병이어의 기적을 일으키실 분인데 그까짓 돌로 떡 만드는 것 못하시겠습니까! 그런데 만일 예수님이 마귀의 말에 흥분해서 내가 이것도 못할 것 같으냐 하면서 열심히 떡 만드셨다면 마귀의 수작에 넘어간 것입니다.

우리가 왜 이럴 때 있잖습니까! 내가 이것도 못할 것 같아! 내가 이것도 못 살 것 같아! 내 능력을 무시하는 거야! 여기에 넘어가서 엉뚱한 일을 벌이는 것입니다... 충동구매가 그것입니다.

얼마나 많은 사람들이 이 첫 번째 시험에 빠져있는지 모릅니다. 내가 무엇을 해야 무슨 능력을 보여야지만 하나님의 자녀일 것이라는 착각을 하는 것입니다.

그러나 예수님은 무엇을 할 수 있고 없고를 떠나서 그것과는 아무 상관없이 하나님의 아들이셨습니다. 우리도 마찬가지입니다. 자녀됨은 존재로 증명하는 것이지 능력으로 증명하는 것이 아닙니다.

예수님은 "내가 지금 40일을 주려서 몹시 시장하지만 육신이 떡을 먹는 현실적인 문제보다 내 영혼이 하나님의 말씀으로 영의 양식 삼는 것이 훨씬 중요한 것이다. 살리는 것은 영이고 육은 무익한 것인데 마귀 너는 육에만 집중하게 하잖아!"하고 물리치셨습니다.

내게 절하면 천하만국을 주겠다는 마귀의 두 번째 시험 또한 보이는 육에 속한 세상권력과 그 화려함에 탐닉하게 한 것입니다. 예수님은 "기록되었으되 주 너의 하나님을 경배하고 그를 섬기라 하였느니라!"로 물리치셨습니다.

예수님이 계속해서 "기록되었으되…"라는 말씀으로 유혹을 물리치시니까 마지막 시험에서는 마귀도 나름 꾀를 내어 하나님의 말씀을 가지고 시험했습니다.

"네가 만일 하나님의 아들이라면 높은 곳에서 뛰어내려도 밑에서 천사로 하여금 수종들게 함으로 다치지 않게 하실거다… " 이 말씀은 시편91편에 기록된 메시아 예언시입니다… 네가 참으로 메시아가 맞다면 너는 뛰어내려도 상하거나 다치지 않을 것이다. 하며 유혹했습니다.

여기서 마귀는 예수님의 메시아와 그리스도 되심을 의심하게 한 것입니다. 메시아가 맞다면 뛰어내려도 그 발이 상하지 않을 것이다. 이번에도 예수님은 마귀의 속셈을 아시고 그 유혹에 말려들지 않았습니다. "주 너의 하나님을 시험치 말라!"하셨습니다.

마귀가 하는 유혹의 상당부분은 우리로 하여금 말려들게 하고 충동질(선동질) 당하게 하며 흥분시키는 것으로 깊은 절망의 늪 가운데 빠져들게 하는 것입니다. 그래서 쉽게 흥분하는 사람은 마귀에 손아귀에 놀아날 확률이 높아진다 하겠습니다…

마귀는 "네가 돌로 떡 만들어 먹는 능력도 없는데 무슨 하나님의 아들이냐! 권력도 모르면서 무슨 그리스도냐!   높은 곳에서 뛰어내릴 용기도 없으면서 무슨 메시아냐!" 하면서 아들의 신분과 메시아의 직분을 의심하게 하는 것입니다. 이 유혹은 우리에게도 동일합니다… 끊임없이 마귀는 "네가 꼬라지가 그런데 무슨 하나님의 자녀냐! …", "그리고도 네가 무슨 구원받은 성도냐!" 하면서 미혹합니다.

예수님은 마귀하고 대화하지 않으셨습니다. 이후에 4장에서 귀신을 쫓아주실 때 "꾸짖으시고… 잠잠하라…!" 하셨습니다. 말 같지 않은 말은 무시하면 되는데 자존감이 낮은 경우 우리는 그 말에 넘어갑니다. 사기꾼하고는 대화를 할수록 말려드는 것입니다.

정말 우리 아버지가 날 낳으신 아버지가 맞는지 알아보기 위해 아버지 주무실 때 머리카락 하나 뽑고 내 머리카락 하나 뽑아서 병원에 유전자 검사하러 보냈다면 그 자체로 문제가 심각한 것입니다. 마귀는 이걸 하라는 것입니다.

그런데 사실 예수님이 이 모든 사탄의 시험을 이기심은 앞서 두 가지 사건이 있었기 때문입니다. 먼저는 예수님이 세례받으시고 공생애를 시작하시면서 하나님께 들은 말씀이 있습니다. 이 부분이 굉장히 중요합니다. 세례받으실 때 하늘이 열리고 "하늘로부터 소리가 나기를 너는 내 사랑하는 아들이라 내가 너를 기뻐하노라 하시니라!"(눅3:22)입니다.

이 말씀을 듣고 광야에서 40일간 금식하며 기도하신 것입니다. 맞습니다 … 기도하고 살아야 하나님이 우리의 영을 맑게 해 주십니다. 그러나 어쩌면 기도보다도 앞서야하는 것이 있습니다. 그것은 내가 누군지에 대한 분명한 자기정체성 확립입니다. 그리고 나서 기도해야 합니다. 내가 하나님의 자녀라고 하는 흔들리지 않는 분명한 자기인식이 없기 때문에 마귀의 미혹에 쉽게 넘어가는 것이고 더 나아가 죄도 짓는 것입니다.

보란듯이 무엇을 해 보여야 하나님의 아들이 되는 것이 아닙니다. 예수님은 사역적 메시아가 아니라 본질적 메시아입니다. 우리도 마찬가집니다. 우리를 써 먹기 위해 우리를 부르신 것이 아닙니다. 미리 정하신 자를 부르시고 부르신 자를 의롭다하시고 의롭다하신 자를 영화롭게 하시는 것입니다.

아담이 우리의 대표였듯이 예수님은 우리의 대표이십니다. 예수님은 우리를 대표해서 말씀을 들으셨습니다. "너는 내 사랑하는 아들이고 내가 너를 기뻐한다!"입니다. 우리가 자녀를 키워봐서 압니다. 자녀가 100점을 맞아 와서 "너는 내 사랑하는 아들이고 내가 너를 기뻐한다!"가 된 것이 아닙니다. 물론 자녀가 100점 맞아 오면 더 사랑하겠지만 내 속에서 난 자녀이기에 사랑하고 기뻐하는 것입니다.

"영접하는자 곧 그 이름을 믿는 자들에게는 하나님의 자녀가 되는 권세를 주셨으니 이는 혈통으로나 육정으로나 사람의 뜻으로 나지 않고 오직 하나님께로부터 난 자들이니라!" (요1:12)

3. 말씀에 의지하여...

(눅5:11)

누가복음 5:11이하는 게넷사렛 호수에서 예수님과 베드로의 만남을 기록한 본문입니다. 밤이 새도록 그물을 내렸지만 고기 한 마리 못 잡고 실족해 있는 어부 베드로에게 주님은 "깊은 데로 가서 그물을 내리라!"는 말씀을 주셨고 베드로는 "말씀에 의지하여 그물을 내리리이다!"라는 믿음의 고백과 실천으로 놀라운 주님의 역사를 체험한 내용입니다.

어릴적에 목사님께 들을 때에 우리도 베드로처럼 자기 지식과 경험을 포기하고 오직 말씀을 붙들고 나아가면 놀라운 역사를 체험합니다. 아멘! 하면서 은혜 받았습니다. 그런데 본문을 자세히 들여다보고 앞뒤정황을 보면 베드로가 정말 믿음이 있어서 깊은 데서 그물을 내린 것이 아니었습니다.

발단은 예수님께서 게넷사렛 호수가에 몰려든 무리에게 말씀을 가르치시는 것으로 시작됩니다. 사람들이 더 많이 몰려들자 예수님은 마침 해안에 정박해있던 배 두 척을 보시고 그 중 한 배에 오르셨습니다. 배를 육지와 조금 떼어놓길 청하신 후에 해안에 있는 사람들을 향해 말씀을 전하셨습니다. 말씀을 마치시고 예수님은 배 주인인 베드로에게 "깊은데로 가서 그물을 내리라!"하신 것입니다.

베드로는 그물을 씻으면서 예수님의 말씀을 듣다가 얼떨결에 깊은데로 가서 그물을 내리라는 말씀을 들은 것입니다. 5절을 보면 베드로는 이때 "우리가 밤이 새도록 수고하였으되 잡은 것이 없지만 말씀에 의지하여 그물을 내리리이다!"했습니다. 그런데 여기서 "말씀에 의지하여..."가 꼭 주님의 능력을 믿고 하는 말로서 "말씀에 의지하여..."는 아니라는 것입니다.

지금 주위에 사람들도 많은데... 말씀하신 예수님 체면을 생각해서... 일전에 장모님 열병 고쳐주신 것으로 신세진 일도 있는데...(눅4:38) 그런 의미에서 "말씀하시니..." 정도의 "말씀에 의지하여..."가 정황상 타당할 것 같습니다. 원문엔 의지한다는 말이 없습니다. 제가 베드로의 믿음을 일부러 깎아먹자고 하는 말씀이 아닙니다. 아마도 빈 그물을 털~털~ 털며 건져 올리면서 "글쎄 이것 보시라니까요 아무것도 없잖아요. 이곳은 제 평생 잔뼈가 붙은 곳입니다..." 이럴 참이었습니다. 그리고 던진 것입니다. 실제로 전문가의 지식으로 이른 아침에는 고기가 깊은 곳에는 없고 먹이활동하기 위해 해안에 붙는다고 합니다.

그런데 반전이 일어나는 것입니다. 그물을 잡은 손 끝이 묵직한 겁니다. 펄떡이는 물고기를 정신없이 끌어올리다가 그물이 찢어지게 생겼습니다. 옆에 친구 배를 불러서 같이 올린겁니다. 그리고 베드로가 얼마나 놀랐는지 예수님께 와서는 바로 무릎을 꿇습니다. "나는 죄인이니 나를 떠나소서!..." 한 것입니다. 죄인이라고 고백하는 것은 내가 의심했습니다. 나는 주님 체면 생각해 드리고 장모님 고쳐주신 것 감사해서 말 그대로 한 번 던져드린 것이었습니다.

정말 베드로가 말씀에 의지한 믿음을 가지고 그물을 내린 것이라면 이렇게 놀랄 일도 없고 회개할 것도 없습니다. "주님 저는 정말 이렇게 될 줄 알았습니다...!" 했어야지요...

발상의 완전한 역전이 일어났기 때문입니다. 이렇게 될 줄 몰랐습니다. 상상도 못했습니다. 그래서 6절 이하는 어안이 벙벙하기만 한 것입니다. 6절 그물이 찢어지는지라... 7절 다른 동료를 구하는지라... 8절 나는 죄인입니다... 9절 모든 사람이 놀랐음이라... 10절 친구가 놀랐음이라... 그 놀라움은 호칭의 변화로 대번에 나타납니다. 5절에 랍비(선생님)에서 8절 퀴리오스(주)로 바뀌는 것입니다. "말씀하시는 선생님 체면을 생각해서 한번 던져드리겠습니다..." 했다가 "주님 저는 주님을 의심한 죄인입니다 저를 떠나소서..." 하고 고백하는 것입니다.

지금 저 문 밖을 살아가는 많은 사람들에게 예수님은 선생님입니다. 그들의 입에서 주님이 창조의 주님! 역사의 주님! 만유의 주님! 말씀 한마디에 물속의 고기들도 순종하는 전권을 가지신 주님으로 고백하기까지 주님 만나는 경험이 있는 것입니다.

예수님이 뭐라 하시면 그냥 그대로 하면 됩니다. 그래서 6절에 "그렇게 하니…"가 매우 중요합니다. 만약에 베드로가 예수님이 하나님의 아들이신 것을 믿습니다. 능력이 나타날 것을 믿습니다. 까지 하고서는 그물 씻는 것 귀찮아서 깊은 데로 가서 그물 안 던졌다면 역사는 없는 것입니다. 그러니까 믿는다하면서 행위를 하지 않는 것은 있을 수 없는 일입니다.

꼭 믿음이 있었다기보다는 그냥 하라는 대로 한 것입니다.
저는 이스라엘이 출애굽 직전 마지막 장자의 재앙이 떨어질 때 이스라엘 옆집 살던 다른 족속이 이스라엘이 하는 것 보고 문설주와 인방에 어린양의 피를 바르는 것을 그대로 따라한 경우 그 집도 죽음의 천사는 패스오버 한 것으로 믿습니다. 다른 족속의 입장에서 보면 여호와라는 이스라엘의 신이 바로의 손에서 이스라엘을 구원하기위해 9가지 재앙을 쏟아 붓는 것을 지척에서 지켜봤는데 이번에는 갑자기 어린양의 피를 문에 바르라고 했다는 것입니다. 그래서 얼떨결에 따라했습니다. 그래서 살은 겁니다. 민 11:4 "그들 중에 섞여사는 다른 인종들이…"

주님이 성경을 통해 우리에게 하신 대표적인 말씀이 무엇입니까! 이를테면 데살로니가 5장입니다. "항상 기뻐하라! 쉬지 말고 기도하라! 범사에 감사하라!"하셨습니다. 그러면 그냥 어린아이처럼 그대로 하는 것입니다. 기뻐할 일이 없는데 어찌 기뻐하고 시간이 없는데 어떻게 기도하며 감사거리가 없는데 어떻게 감사합니까! 그럼에도 불구하고 하라는 대로 하는겁니다. 그러면 내 상식으로 생각지 못했던 일이 있을 것입니다. 베드로가 놀라는 것처럼 놀라는 일이 있을겁니다. 안 하니까 못 보는 것입니다.

베드로는 지금 깊은 시름에 잠겨 그물을 씻고 있었습니다. 한숨을 벅벅 ~쉬면서 "장모님 열병 약값이 많이 들어가서 집에 돈도 없는데 한 마리도 못 잡고 공쳤으니 이제 집에 가서 뭔 소리를 해야하나..." 실족해있는 베드로에게 주님은 오시는 것입니다. 주님은 풍족한 이에게 가신 일이 없으십니다.

주께서 시몬베드로의 배에 오르셨듯이 오늘 우리 인생의 배에도 오르시기를 축복합니다. 고된 삶에 지쳐서 찌들어 있는 베드로 같은 상황이어도 괜찮습니다. 예수님은 의심하는 베드로를 회개시키고... 소망주시고... 사명주시기 위해 처음부터 스토리 전개를 하시는 것을 보게 됩니다.

처음 베드로 장모의 열병을 고쳐주신 것... 지난 밤 베드로가 공친 것... 베드로가 그물 씻는 해변가로 오신 것... 두 배중에 일부러 베드로의 배에 오르신 것... 이 모든 일은 베드로 한 사람을 찾아가기 위한 포석으로 스토리가 퍼즐처럼 맞아갑니다. 지나고 나서야 아는 것입니다. 아 그때 그 일은 결국 나를 만나러 오시기 위한 포석이었었구나!

예수님은 회개한 베드로에게 10절에서 "이제 후로는 네가 사람을 취하리라!" 하시면서 사명을 주셨습니다. 난외주를 보면 "사로 잡으리라!" 다른 복음서에서는 "낚으리라!"입니다.

주님이 무슨 말씀을 하시든지 그대로 하십시오! 안 되는 줄 알았는데 되는 역사... 넘어질줄 알았는데 일어서는 역사... 비워져야 하는데 채워지는 역사... 한 마리도 없어야 하는데 그물이 찢어지도록 가득 차는 역사가 있을 것입니다... 주님을 만나고 주님을 경험하며 주님께 사명을 받는 우리 모두가 되기를 기도합니다.

"그들로 깨어 마귀의 올무에서 벗어나 하나님께 사로잡힌바 되어 그 뜻을 따르게 함이라!"(딤후2:26)

"너희에게 무슨 말씀을 하시든지 그대로 하라!" (요2:5)

4. 순종

(눅5:11)

순종에 관해서 지난 시간 누가복음 5장에 기록된 베드로의 순종을 같이 했습니다. 뭘 알고 그물을 깊은 곳에 던진 것이 아니었습니다. 긴가민가 반신반의하는 마음으로 던진 것입니다. 우리가 하나님 말씀에 순종하게 될 때 그 순종의 동기와 형태는 조금 다를 수 있습니다.

나병환자였던 아람의 나아만 장군 같은 경우를 보면 절박함 가운데 지 푸라기라도 잡는 심정으로 요단강물에 7번 몸을 씻었습니다. 믿음으로 순종한 것이 아닙니다. 나아만 장군은 돌아가려했습니다. 자신이 왔음에 도 엘리사 선지자가 나와 보지도 않고 치료받으러 온 일국의 군대장군인 자신에게 종을 보내 요단강에서 7번 씻으라 했기 때문입니다.

시돈 땅의 사르밧과부도 마찬가지입니다. 뭘 알고 엘리야에게 마지막 남은 떡을 드린게 아닙니다. 하나님의 사람의 말이기에 그저 순종한 것입 니다. 예수님은 앞선 누가복음4장에서 이 두 사람을 칭찬하고 있습니다. 이스라엘 중에 많은 과부가 있었지만 하나님은 엘리야를 시돈 땅의 과부 에게로 보내었고 역시 이스라엘 중에 많은 나병환자가 있었지만 하나님은 엘리사를 아람의 군대장과 나아만에게 보내셨다 하셨습니다. 그러니까 엘 리야와 엘리사가 이 사람들에게 가고 싶어 간 것이 아니라 하나님이 보내 신 것입니다. 결국엔 이들이 순종할 사람들이었기 때문입니다. 이스라엘 왕 중에 가장 악한 아합 왕이 다스리던 시절 자국민 중에는 말씀 듣고 순 종할 자가 없었다는 것입니다.

예수님께서 처음으로 공생애 사역을 시작하시면서 고향인 나사렛 회당 에서 이 말씀을 하셨습니다. 이 말씀을 듣고 대번에 사람들이 예수님을 배척했습니다. 배척정도가 아니라 민족주의 혈통주의로 똘똘 뭉친 이 사람들이 예수님을 끌어내어 낭떠러지로 끌고 가서 떨어뜨려 죽이려고 들었습니다. "의원아 너를 고쳐라!"는 속담이 있어서 예수님은 선지자가 고향에서 배척받을 것을 아셨지만 그래도 고향사람들에게 먼저 복음을 전해야겠기에 가신 것입니다...

나사렛 고향사람들에게 예수님은 요셉의 아들... 과부집 장남... 목수집아들일... 뿐이었습니다. 당시에 예수님 연세가 서른 즈음이고... 그 회당엔 소위 어른들... 백부님... 숙부님... 당숙어른... 등등이 젊은 예수님의민족 모독성 발언을 듣고는 저런 버르장... 무례한... 이렇게 되었던 것입니다.

순종을 못하게 하는 여러 요인이 있습니다. 예수님 너무 젊어서 이기도하고 어린 시절을 다 지켜본 고향사람이어서 이기도 합니다. 어떤 경우는예수님이 서양 사람이어서 순종 못하겠다는 경우도 있습니다.

이 모든 것을 다 알고야 믿겠다는 분들이 종종 계십니다. 우리가 주님의말씀에 순종할 때 꼭 그 말씀이 이해되고 수긍이 가며 납득되기 때문에 순종하는 것은 아닙니다. 왜 이렇게 하라는지 모르겠습니다... 왜 하필 깊은곳(오른편)에 던지라 하는지? 우리 동네 좋은 온천이 많은데 하필 왜 요단강인지? 벼룩이 간을 빼먹지... 어떻게 하나 남은 떡을 달라 하는지? 그러나나아만처럼 절박한 마음으로 순종하든... 베드로처럼 사람들의 이목 때문에 순종하든... 신세 갚으려 순종하든... 아니면 사르밧 과부처럼 하나님의 사람이기에 순종하든... 순종이라는 행위는 그 자체로 주님의 기쁨이고놀라운 역사를 낫는 다는 것입니다.

주님은 성경의 수 많은 사건과 인물들을 통해서 우리에게 끊임없이 믿음을 요구하십니다. 믿음을 요구하심은 순종하게 하기 위함입니다. 믿음은순종을 향해서 있습니다. 믿음의 결과가 순종입니다. 연약한 믿음에서 견고한 믿음으로 서기까지 그 가운데 어찌보면 모르고하는 순종이 더 많습니다. 물론 우리는 끊임없이 주님을 공부하고 알아야 합니다. 그러나 이 모든 것을 다 알 수는 없습니다. 주님의 신묘막측함을 우리가 어찌 다 헤아리겠습니까!

부모가 자녀에게 감기약 먹일 때 "이 약은 항히스타민제가 들어 있어서 너의 알레르기비염을 어쩌고 저쩌고 …"하고서 먹이는 부모는 거의 없습니다. 받아들이는 것입니다. 하나님이 내게 주시는 것이니 눈 딱 감고 받아 먹는 것입니다. 우리의 믿음은 그 것과 그 일을 떠난 그 분을 향한 믿음이기 때문입니다…

"아버지께서 주신 잔을 내가 마시지 아니하겠느냐…!" (요18:11)

5. 영육간의 회복

(누가복음 5:17)

누가복음 5:17이하는 친구들을 잘 둔 한 중풍병자의 치유사건이 기록된 본문입니다. 예수님만 만나면 이 친구가 낫겠는데 집에 사람들이 너무 많은 겁니다. 사람들이 문 앞까지 장사진을 이룬 것을 보고는 그냥 돌아가자 하지 않고 당시 유대가옥에 있었던 집밖에서 옥상으로 올라가는 계단을 올라 지붕위로 올라갔습니다. 그리고 우리가 아는 데로 예수님이 계실 만한 곳을 찾아 지붕을 뜯고 침상채로 중풍병자를 달아 내린 것입니다.

어떻게 보면 무모함이고... 집요함이며... 악착같은 부분입니다... 달아 내려오는 중풍병자가 얼마나 무안하고 민망했던지 아무 말을 못했습니다. 감격스러움과... 부끄러움과... 회한이 섞여서 아마 눈가에 눈물이 맺혔을 것 같습니다. 예수님은 20절에서 그들의 믿음을 보시고 "이 사람아 네 죄사함 받았느니라!" 사죄선언을 하셨습니다.

우리 모두가 제대로 주님을 뵙고 만나게 되면 우리 입에서 자연적으로 나오는 고백이 있습니다. 앞선 8절에서 베드로가 예수를 주님으로 만나고 "나는 죄인입니다... 나를 떠나소서!"했던 것과 같습니다.

지금 중풍병자도 동일한 고백을 한 것입니다. "나는 죄인입니다!"입니다. 물론 말로 한 것은 아닙니다. 이 중풍병자가 혀까지 굳어 있는 상태였는지 아닌지는 알 수 없습니다. 그러나 주님을 뵙고서 차마 입을 벌려 말하지 못한 그 말을 주님은 들으시고 답을 주신 것입니다. 주님은 중풍병자의 마음을 읽으신 것입니다.

주님이 우리의 마음을 다 읽고 드러다 보시며 생각까지 다 들으신다는 이 기초적인 신앙에 대해 계속된 21절 이하에서도 언급되고 있습니다. 예수님이 뜬금없이 중풍병자에게 "네 죄사함 받았느니라!" 하시니까 곁에 있던 바리새인과 율법사들이 "신성모독이다... 하나님 외에 누가 죄를 사한단 말인가!" 라고 했습니다. 여기도 말로 한 것이 아니라 머릿속으로 말한 것입니다. 22절에 "예수께서 그들의 생각을 아시고... 너희 마음에 무슨 생각 하냐!"하고 물으셨습니다.

몰라서 물으시는 것이 아니라 다 아신다는 표현을 그렇게 하신 겁니다. 예수님이 그들의 마음속 생각을 들으시고 고개를 돌려 물으셨습니다. "죄 사함 받았다고 말하는 것과 침상들고 일어나라 중에 어느 것이 쉽냐?"고 하신 것입니다. 물론 그들에게는 죄사함 받았다는 게 쉽습니다. 받았는지 안 받았는지 알 수 없으까요... 그러나 중풍병자를 고치는 능력은 아무나 하는 것이 아닙니다.

주님은 "죄를 사하는 권세로 불치병도 낫게 하는 것이다!"라고 하시며 중   병자를 향해 말씀하셨습니다. "일어나 네 침상을 가지고 집으로 가라!"입니다. 저는 이 말씀이 얼마나 귀한지 한참을 보았습니다. 영어성경에는 "get up take your mat go home"입니다. 이 단어들 중에 저는 오늘 '매트'(mat)에 필이 꽂혔습니다 .

이 중풍병자는 병에 걸린 이후 매트를 떠날 수 없었습니다. 아마도 매트에서 먹고... 매트에서 자고... 매트에서 버리고 살았을 것입니다. 매트를 벗어나고 싶어도 결코 벗어날 수 없는 운명같은 동행이었습니다. 거적대기에 몸을 의지하고 기대어 꼼짝없이 붙들려 살아간 인생입니다. 그런데 이게 이제 역전되는 것입니다. 이제까지는 매트에 붙잡혀 있는 인생이었다면 이제는 내가 반대로 이 매트를 움켜잡고 일어나는 겁니다.

이 반전과 역전을 오늘도 주님은 우리에게 주십니다. 이 능력이... 이 치유가... 주님께로 오는 것입니다. 우리는 나름대로 꼼짝없이 붙들려 있는 매트들이 한 가지씩 있습니다. 경제적 어려움이라고 하는 매트가 운명같이 따라다녔습니다. 나를 옥죄고 힘들게 했습니다. 어떤 경우는 인간관계라고하는 매트가 역시 찰거머리같이 붙어 다녔습니다. 떼어놓고 싶었지만 내 능력으로는 불가한 것 이었습니다. 마찬가지로 죄의 매트가 역시 나를 사로잡고 있었습니다. 죄를 안 지으려 해도 이내 죄 있는 곳에 가 있는 자신을 보고는 절망했습니다.

예수님께서 오늘도 우리를 향해 "get up! take your mat! go home!"하십니다. 이제 후로는 잡혀있던 이 매트를 거꾸로 내가 부여잡고 일어나는 것입니다. 꼼짝 못하게 하는 것입니다.

주님은 먼저 죄사함의 권세로 중풍병자를 죄의 노예됨(매트)에서 해방시키셨습니다. 그리고 이어서 육신의 불치병(매트)까지 회복시키셨습니다. 권세있는 예수님의 말씀으로 우리 모두가 죄악의 사슬에서 풀리고 질병이라는 흉악한 결박에서 놓이며 이 모든 사단의 올무에서 자유하게 되는 역사가 이 글을 읽는 모든 분들에게 있기를 주님의 이름으로 축복합니다.

6. 이미 다 있기 때문입니다...

(누가복음 6:12)

누가복음 6장 12절 이하는 산상수훈이 기록된 본문입니다. 예수님께서 12제자를 부르시고 일반인들이 듣기에 어쩌면 부담스러운 가르침을 베푸 셨습니다. 가난한 자가 복이 있고... 주린 자가 복이 있고... 우는 자가 복이 있다는 말씀은 단순한 역설이 아니라 그 자체로 천국복음에 속한 말씀이었습니다.

죄된 세상에서 성공하여 부와 높은 지위를 얻는 것은 그것이 다 물거품처럼 사라지는 날이 오지만 하나님말씀에 순종하여 세상과 구별된 인생을 사는 것으로 도리어 잃어버리게 된 것들이 있다면 그것이 다 보상받을 날이 온다는 가르침입니다.

세상나라와 하나님나라는 그 시작과 속성과 그 원리에서 상반됩니다. 성경은 처음부터 끝까지 세상나라와 하나님나라의 대결구도를 이루고 있습니다. 아담의 타락... 노아홍수... 바벨탑사건... 이스라엘과 이방... 마치 우리 안에 성령의 소욕과 육체의 소욕이 끊임없이 충돌하듯이 이 두 나라는 물과 기름처럼 대적합니다. 세상나라의 통치원리는 수와 힘과 크기입니다. 철저하게 이 원리에 따라 움직입니다. 그래서 이것을 많이 가지는 것으로 경쟁하고 자랑하며 갑질합니다. 권력과 힘과 배경이 있는 것으로 이것이 없는 자 위에 군림하며 압제합니다. 그래서 세상은 있는 것을 최대한 부풀려야 합니다. 없어도 있는 척을 하는 겁니다.

그런데 하나님나라는 반대입니다. 이 모든 것을 가졌는데 없는 척을 하십니다. 이 모든 힘과 능력과 권세와 지혜를 가지고 있으시면서도 아무것도 없는자인 것처럼 행세하시는 것입니다. 강하고 존귀하며 아름다우신 분이 주 앞에 연한 순 같고 마른땅에서 나온 줄기같이 사람들 앞에 흠모할 만한 것이 없는 모습으로 나타나십니다. 그래서 사람들이 그를 못 알아본 것입니다. 세상의 이치와 원리로 바라본 것입니다. "메시아가 뭐 이러냐! … 무슨 메시아가 도살장에 끌려가는 양처럼 힘없이 끌려가냐!…"

이렇게 할 수 있음은 사실상의 이 모든 것을 가졌기 때문입니다. 이 모든 것을 가진 자는 빈자의 모습을 하는 것이 어렵지 않습니다. 부잣집에서 누른밥 먹는 겁니다. 반대로 없기 때문에 있는 행세를 더욱 하는 것입니다. 이것이 세상나라 삶의 전형적 모습입니다.

주님은 우리가 당신을 닮기를 원하십니다. 천국의 통치원리를 이해하고 그 속성을 품고서 천국시민답게 세상을 살아가기를 바라십니다. 예수님이 모든 것을 가지셨듯이 예수 믿는 우리가 모든 것을 가진 자로 넉넉하게 살기를 원하십니다. 우리는 너무 물질주의 세계관에 물들어 있어서 넉넉함하면 물질적 풍요로만 이해합니다. 그래서 나에게는 예수가 넉넉하다하면 무슨 말인지를 잘 모릅니다.

탕자의 비유에서 돌아온 탕자동생을 시기하는 형에게 주님이 주시는 말씀 중에 "내 것이 다 네 것이 아니냐!"의 말씀을 이해하지 못합니다. 그저 당장 내가 바라는 염소새끼 한 마리 안 잡아 준 것이 섭섭할 뿐입니다. 사도바울이 그 많은 고생을 하며 선교여행을 다녔지만 아래와 같은 고백을 합니다 "무명한 자 같으나 유명한 자요… 근심하는 자 같으나 항상 기뻐하고 가난한 자 같으나 많은 사람을 부요하게 하고 아무것도 없는 자 같으나 모든 것을 가진 자로다!"(고후6:8~) 지금 좀 부족한 것이 있어도 세상을 다 가진 자의 마음과 그 부요함으로 살아갈 수 있는 사람이 참된 믿음의 사람입니다. 만유의 창조자와 그 주재자이신 하나님이 내 아버지라는 부요함에서부터 이 모든 것이 확대되는 것입니다. 원수를 사랑하라는 계명도… 뺨을 맞으면 다른 뺨을 돌려대라는 말씀도 이 안에서 가능한 일이 됩니다. 너무나 충만한 부요함이어서 세상이 감당을 못하는 것입니다.

못 가진 것으로 억울하고 성공 못한 것으로 한이 되며 한 대 맞은 것을 원수앞에서 보란듯이 열대 때려주는 것이 세상의 이치입니다. 그러나 천국의 통치원리는 항상 세상원리와는 반대입니다. 사람들은 다 대접받는 높은 자리를 찾아갑니다. 제자들도 높은 자리를 찾아 자리다툼을 하자 예수님은 바로 천국의 이치를 적용하셔서 아이 하나를 불서 세우시고는 천국에선 이와 같이 작은 자가 가장 큰 자라고 하셨습니다. 그리고 친히 허리에 수건을 두르시고 노예나 종이 하는 일인 제자들의 발을 씻기는 것입니다. 세상이 높은 자리… 많은 물질… 큰 권력을 찾아가려한다면 하나님의 사람은 낮은 자리… 없는 곳… 힘없는 작은 소자 한 명을 찾아갑니다. 왜냐면 이미 다 있기 때문입니다.

예수님이 누가복음16장에서 하나님과 재물을 같이 섬길 수 없다는 말씀을 하시자 돈 좋아하는 바리새인들이 속으로 비웃었습니다. 그때 예수님이 아주 중요한 말씀을 15절에서 하셨습니다. "사람 앞에 높임을 받는 그것은 하나님 앞에 미움을 받는 것이니라!"입니다. 표준새번역이 원문을 더 잘 살렸습니다. "사람들이 높이 평가하는 그러한 것은, 하나님이 보시기에 혐오스러운 것이다." 혐오스러움을 영어성경은 'detestable'로 번역했습니다…
그러니까 대접받으려 하고… 돈 쫓아가고… 세상의 큰 힘과 권력에 붙어 득세하려는 모든 것을 하나님은 그냥 싫어 하시는 정도가 아니라 끔찍하게 고약하고 나쁜 것으로 요즘말로 극혐 하신다는 것입니다.

주님은 오늘도 세상의 통치와 그 원리에 푹 젖어서 살아가는 우리 모두에게 천국의 원리와 통치 질서를 가르치십니다. 섬기는 자로… 무명한 자로… 작은 자로… 천국의 큰 자가 되시길 축복합니다.

7. 황금율

(누가복음6:31)

누가복음 6:31절은 '황금율'이 기록된 본문입니다. "너희가 대접받고자 하는 대로 너희도 남을 대접하라!"입니다. 마태복음에서는 이것이 모든 율법과 선지자들의 강령이라고 했습니다. '황금율'... 말 그대로 모든 성경의 말씀이 축약되고 집약되고 녹아 있는 짧은 한마디의 말씀입니다.

세상을 살아가면서 우리는 인정받고 싶고, 대접받고 싶고, 위로받고 싶고, 용서받고 싶고, 칭찬받고... 싶은 것은 누구나가 갖는 인지상정의 마음입니다. 이제 성경은 말씀합니다. 받고 싶은 그것을 옆에 있는 사람에게 먼저 해 주라는 것입니다. 세상의 원리는 "나를 먼저 대접하라! 나를 먼저 인정하고 알아주라! 나를 몰라주냐!..." 하면서 나에게 초점을 맞추라합니다. 그러나 천국은 그 반대입니다.

그래서 38절에 "주라 그리하면 줄(받을) 것이요 누르고 흔들어 넘치도록 안겨주리라! 너희가 헤아린 헤아림으로 너희도 헤아림 받을 것이다" 말씀하신 것입니다. 안겨주신다는 것은 우리가 헤아린 만큼의 것을 주신다는 의미입니다. 헤아림입니다. 한 마디로 사려깊음입니다. "주라!" 하신 것은 돈 몇 푼 집어주라는 말이 아니라 이해해 주고, 품어 주고, 기다려 주고, 참아 주고, 봐 주고, 용서해 주라...는 의미입니다. 우리가 예수님께 이러한 대접을 받았다는 것을 아는 것입니다. 예수님은 우리를 살리려 오셨는데 우리는 도리어 그를 십자가에 못 박았습니다. 예수님은 사람들로 하여금 오른 뺨을 맞고 왼 뺨을 돌려대는 것으로 십자가를 지신 것입니다. 예수님은 맷집이 너무 강하셨습니다. 아버지의 부요함으로 이 모든 것을 이기셨습니다.

사람들은 "우리는 예수님이 아니다!"라고 합니다. 소심한 마음에 상대를 지나치게 배려하는 것으로 입는 착한사람 증후군을 몰라서 하는 말은 아닙니다. 그러나 진짜 믿음은 예수님을 쫓아가게 됩니다. 부요함이 가득한자는 줄 수 있습니다. 예수님의 맷집이 내게로 흘러옵니다.

내가 깊이 생각하고 깨달은 만큼의 하나님이 되는 것입니다. 상대를 향한 사려깊음은 또한 나의 나 됨을 보게합니다. 이 헤아림이 있을 때 내가 얼마나 큰 헤아림을 입은 사람인지를 보는 것입니다. 그래서 참다운 헤아림은 내가 나를 보는 것입니다. 예수님이 나를 참아주시고 나를 기다려주시고 나를 용서해주신 것을 헤아리는 것입니다.

눅6:39절 이후의 가르치심이 다 연결됩니다. 어리석게도 맹인의 인도함을 받았다는 것도 깨닫는 것입니다. 내 눈에 들보가 보이는 것입니다. 내가 나 중심적이고 이기적이며 못된 열매 맺는 엉겅퀴였다는 것도 알게 되는 것입니다. 믿음에 행위가 있어야 할 때 그 행위는 오늘 말씀에 의하면 '주라!'입니다. 특별히 '헤아려 주라!'입니다. 내가 받은 것을 헤아리고 깨달은 사람만이 줄 수 있습니다. 하나님이 주라 하신 것은 이미 많은 것을 주셨음을 가정한 상태에서 하신 말씀입니다. 못 받았다고 하면 못 주는 겁니다. 그러나 우리는 이것을 하고(헤아려 주라!) 살아야 주님 말씀처럼 반석위에 집 짓고 사는 것이지 이것 행함 없이는 우리의 신앙은 모래위에 지은 집이 될 것입니다.

세상과 하나님 나라가 참 많이 다릅니다. 세상은 큰 길로 가라 하고 성경은 좁은 길로 가라고 합니다. 천국에서는 작은 자가 큰 자라고 합니다. 섬기는 자가 높은 자라고 합니다. 사람들은 수와 힘과 크기의 화려함을 자랑하고 여기에 매달립니다.

하나님은 이런 것으로 당신을 나타내신 적이 없습니다. 지난 시간 드린 말씀과 같이 사람들이 좋아하는 이런 것을 도리어 혐오하십니다. 하나님은 들에 핀 작은 풀 꽃 하나에 관심이 있으십니다. 하나하나 그 이름을 부르시며 하늘하늘 그 몸짓의 의미를 헤아리시고 해석하십니다. 하나님은 우리가 다 측량할 수 없는 너무 크고 광대하시며 높으신 분이기 때문입니다.

8. 말씀을 주세요!

(누가복음7:2~10)

누가복음 7장은 사랑이 많은 로마의 백부장 기사로 시작됩니다. 수하에 있던 병사가 병들어 죽게 되자 이를 안타까이 여겨 예수님께 도움을 구하는 내용입니다. 이 본문이 열리기까지 먼저 로마백부장의 불쌍히 여기는 마음이 있었습니다. 긍휼로 시작되는 스토리입니다. 어찌 보면 성경도 하나의 커다란 긍휼책이라고 할 수 있습니다. 우리를 향한 하나님의 긍휼이 없었다면 성경은 없었을 것입니다.

그깟 종이 병 들던 말던... 못 본 척... 모른 척하지 않고 마음 아파하며 정성을 다해 병간을 하던 중에 예수님의 소문을 들은 겁니다. 불쌍히 여김 중에 가장 큰 불쌍히 여김이 있습니다. 죄인을 향한 하나님의 불쌍히 여기심입니다. 하나님은 우리가 만일 죄를 자백하면 미쁘고 의로우사 우리를 모든 죄에서 용서하시는 자비하신 하나님이십니다.

우리가 진심으로 "하나님 제가 잘못했습니다... 제가 범죄했습니다... 저를 용서해주십시오." 하고 나오면 하나님은 한 없이 마음이 약해지십니다. 내치거나 뿌리치거나 하실 수가 없습니다. "니가 얼마나 큰 죄를 졌는데 그까짓 말 한마디로 끝날 수 있을 것 같아... 됐어..."이렇게 할 수도 있는 것인데 하나님은 회개하는 죄인에게 이 말을 차마 못하십니다. 도리어 독생자의 십자가를 통해 죄인들의 죄 값을 대신 치루게 하시는 자비하신 하나님이십니다.

이것이 하나님의 크신 사랑입니다. 하나님의 사랑은 불쌍히 여기시는 긍휼로 나타납니다. 반대로 하나님의 공의는 심판으로 나타납니다. 언제나 기억해야 할 것은 우리의 구원이 심판 가운데의 구원이라는 것입니다. 노아의 심판 때에 그 많은 사람이 물에 쓸려갈 때 하나님은 눈 하나 깜박이지 않으셨습니다. 그러나 오직 회개하는 자에게는 무한 긍휼이십니다.

백부장이 자신의 병든 종을 바라보며 불쌍히 여기는 긍휼로 가득해 있었다면 예수님을 향해서는 한없이 낮아지고 작은 자의 모습이 되는 것을 보게 됩니다. 예수님같이 존귀하신 분을 누추한 내 집에 모실 수 없다는 것입니다. 나 같은 것이 나가 뵙기에도 감당할 수 없다고 했습니다. 예수님 앞에 자신을 작고 보잘 것 없는 한낱 티끌 같은 존재로 여기고 있습니다.

백부장은 평소 친분이 있던 유대장로들을 예수님께 보내서 도움을 구했습니다. 예수님은 백부장이 우리 민족을 끔찍이 사랑하고 회당까지 지어주었다는 말을 들으시고는 이내 백부장의 집으로 발길을 옮기셨습니다. 그런데 맞은편에서 백부장의 친구들이 백부장이 전하는 말을 가지고 온 것입니다. 그리고는 7절에서 "말씀만 하사 내 하인을 낫게 하소서!"한 것입니다. 이 말을 예수님이 전해 들으시고는 9절에서 "내가 이스라엘 중에 이만한 믿음은 만나보지 못했다!"하시며 기뻐 하셨습니다. 그 시로 종은 나음을 입었다고 하고 있습니다. 백부장의 믿음은 시종일관 낮은 마음인 것을 봅니다. 맞습니다. 물과 은혜는 낮은 곳으로 흐릅니다. 물이 낮은 곳으로 흐르듯 높은 마음을 품고는 은혜는 결코 흘러가지 않습니다.

일반적인 스토리전개라면 예수님께서 회당장 야이로의 딸에게 그렇게 하셨던 것처럼 그 집에 가셔야 하고, 만나야 하고, 달리다굼 하시며 잡아 일으키셔야 합니다. 그런데 그와 같은 일련의 과정이 다 생략된 것입니다. 흥미로운 부분은 예수님과 백부장이 만나는 부분까지도 생략됐습니다. 예수님하고 얼굴 한번 마주한 일 없이 놀라운 주의 능력을 경험했다는 것입니다. 보잘 것 없는 한 생명을 향한 지극한 긍휼이 발단이 되었고 주님을 향한 겸손한 엎드림으로 전개되는 것입니다. 마지막에는 "말씀만 하사"의 믿음이 절정을 이루게 되었습니다. 주님께서 9절에서 칭찬하신 '이만한 믿음'은 7절의 '말씀만 하사...'의 믿음입니다.

통치자의 '령'으로서 '령'을 내려달라는 것입니다. 나도 천부장 밑에 있고 내 밑에도 백 명의 수하가 있어서 가라 하면 가고 오라 하면 오는 상명하복입니다. 내 밑에 백 명이 있다면 예수님 밑에는 몇 명이 있는 겁니까? 예수님 밑에는 온 세상과 만유가 있습니다. 주님의 통치가 크게는 별들의 운행에서 작게는 미생물의 움직임까지 미치지 않는 부분이 없는 것입니다. 하다못해 공중에 나는 새 한 마리도 주님의 사인 없이는 떨어지지 않습니다.

예수님의 말씀 한 마디면 귀가 없는 바람과 바다도 순종합니다. 통치자로서의 '령'이기 때문입니다. 사람들이 저가 뉘기에 바람과 바다도 순종하는고 했습니다. 예수님은 바람과 바다를 이 땅에 있게 하신 분입니다.

다음 시간에 나오지만 나인성과부의 죽은 아들을 향해서는 "청년아 일어나라!"하십니다. 생명이 예수님의 음성(령)을 듣고 다시 깨어났습니다. 예수님은 생명을 지으시고 거두기도 하시며 주기도 하시는 분이십니다. 찾아오실 것도... 보실 것도... 만지실 것도 없습니다. "말씀만 한 마디 해 주십시오!" 입니다. 단순하고 순전한 어린아이 같은 백부장의 믿음이 그렇게 귀할 수가 없습니다.

결국은 말씀입니다. 그냥 말씀이 아니라 '령'으로서의 말씀입니다. 권세 있는 통치자가 령을 내리면 그 아래 속한 모든 것이 순종하는 것입니다. 만유를 통치하시고 다스리시는 권세가 우리 주님께 있습니다.

우리의 모든 문제도 마찬가집니다. 말씀만 임하면 되는 거예요. 말씀이 '령'으로서 임하지를 않고 한 귀로 들어가서 다른 귀로 흘러나오는 것입니다. 마지막 때에 죄인들이 심판받는 것은 '령'을 이행치 않고, '령'을 따르지 않고, '령'을 버린 것(재)에 대한 통치자의 심판입니다.

하나님의 말씀이 우리 모든 삶의 자리에 '령'으로서 임하기를 축복합니다. 우리가 흔히 "말씀을 말씀되게 하라!"하는 모토를 쓰는데 그 의미는 "말씀이 지엄한 '령'이 되게 하라!"는 뜻입니다. 사극 같은 곳에서 보면 "죄인은 나와 '령'을 받들라!"고 하는 부분이 있습니다. 통치자가 온 것이 아니라 그 분의 말(령)이 온 겁니다. 그 '령'을 그 분 받들 듯이 받들어야 합니다. '령'과 '통치자'는 같은 겁니다.

말씀이 권세있는 말씀으로 강력히 우리 심령에 부딪쳐야 합니다. 말씀에 붙잡히고 말씀에 사로잡히며 말씀이 온전히 우리를 주장할 때 그 안에 하나님의 역사가 있습니다. 우리의 의심과 불신앙이 말씀을 말씀되지 못하게 합니다. 우리의 완악함이 하나님의 말씀을 '령'으로서의 말씀되지 못하게 합니다. 오늘 본문의 백부장을 보십시오! 주님의 말씀을 권세 있는 통치자의 '령'으로서의 말씀으로 조금도 의심하지 않고 말하고 있습니다. 그 시로집에 가보니 종이 나은겁니다.

백부장의 믿음은 이것입니다. 예수님이 아직 내게 말씀을 안 주셔서 그렇지 말씀 한 마디만 해 주시면 내 종이 낫는다는 겁니다. 모든 문제는 예수님의 말씀 한 마디면 끝난다는 말씀에 대한 사모함... 말씀에 대한 주림... 말씀에 대한 갈급함입니다.

그러면 지금까지 우리에게 말씀이 없었나요? 한 귀로 듣고 한 귀로 흘러갔을 뿐입니다. 그런데 매일 듣던 말씀이라도 어느 순간 우레와 같은 '령'으로 우리 심령에 꽂힐 때 그 때 그 말씀이 능력으로 역사하는 것을 믿습니다.

결국은 말씀입니다. 말씀이 '령'으로서 임하기를 사모하는 것입니다. 말씀을 주세요! 말씀을 기다립니다! 말씀만 하옵소서! 백부장의 이 믿음이 우리 모두에게 있기를 축복합니다.

"이에 그들이 그들의 고통 때문에 여호와께 부르짖으매 그가 그들의 고통에서 그들을 구원하시되 그가 그의 말씀을 보내어 그들을 고치시고 위험한 지경에서 건지시는도다 여호와의 인자하심과 인생에게 행하신 기적으로 말미암아 그를 찬송할지로다!" (시107:19~21)

9. 불쌍히 여기사...

(누가복음7:11~17)

 오늘 본문에 기록된 나인성 과부의 죽은 아들이 살아나는 기적은 이제까지 있었던 다른 사건과는 크게 다릅니다. 이제까지는 사람들이 어떤 문제를 가지고 주님께 간 것입니다. 병 고침받기 위해서 혹은 귀신을 쫓아주시기 위해서 자신들의 문제를 들고 예수님께 나아갔다면 이 사건은 예수님이 먼저 문제가 있는 사람에게 가신 것입니다.

 "사람들이 온갖 병자들을 데리고 나아오매 예수께서 일일이 손을 얹으시고..."(눅4:40) "말씀도 듣고 자기병도 고침받고자 하여 모여오니"(눅5:15) "병고침을 받으려고 유대사방과 ..."(눅6:17)

 "주님! 절 좀 불쌍히 여겨주세요!... 제 자녀를 불쌍히 여겨주세요!... 제 종을 불쌍히 여겨주세요!" 하고서 주님을 찾아갔다면 이 사건은 주님이 불쌍한 사람을 직접 찾아간 것입니다. 사람이 찾아가든 주님이 찾아오시든 그 가운데에는 "불쌍히 여기심"이 있습니다. "긍휼입니다"

 긍휼은 성경의 큰 주제가 되고 큰 흐름이며 성경전체에 걸쳐서 하나님의 마음에 중심에 있는 마음입니다. 지난 시간 백부장이 자신의 종을 불쌍히 여기는 사랑의 마음에서 스토리가 시작되었듯이 성경은 죄인을 불쌍히 여기시는 하나님의 사랑에서 기록된 책이라는 것입니다. 하나님의 사랑이 불쌍히 여김에서 시작된다고 하겠습니다. 돌봐주는 것도 사랑이고 감싸주고 품어주는 것도 사랑이며 용서해주는 것도 사랑입니다. 사랑의 표현이 여러 형태로 나타나지만 그 시작과 뿌리는 불쌍히 여기는 긍휼입니다.

 부모가 자녀를 사랑할 때 그 시작을 보면 알 수 있습니다. 이제 막 태어난 자녀를 보고 있으면 목도 못 가누고... 자기 힘으로는 아무것도 할 수 없는... 그야말로 핏덩이 불과한 아이를 보며 얘는 나의 손길이 없으면 안된다고 하는 애틋하고 애잔한 마음을 갖게 됩니다. 그 마음을 살펴보면 그 안에는 불쌍히 여기는 마음이 있습니다. 긍휼의 마음이 사랑의 시작입니다.

그래서 우리가 특별히 기도할 때 하나님 앞에 마치 간난장이 아이가 됐다!는 마음으로 기도하면 기도를 아주 잘하는 것입니다. "저는 아이라 말할 줄도 알지 못합니다. 제 혀를 주장해 주세요. 저는 아이와 같이 제 길을 바로 행할 줄을 모릅니다. 제가 오늘 나아가야 할 길을 인도해 주세요. 저는 아이처럼 생각이 짧습니다. 주께서 저의 지혜가 되어주세요."

그런데 가끔 보면 이런 기도가 있습니다. 하나님 저는 지혜도 있고 전략도 있고 주위에 사람도 있고 돈도 있습니다. 그런데 이번 일에 있어서 이 부분만 좀 도와주신다면 감사하겠습니다. 이런 기도는 주님이 기뻐하지 않으십니다.

우리의 신앙과 기도생활 전반에 이것이 있습니다. 불쌍히 여겨달라고 주님께 나아가는 것이고 주님은 우리를 불쌍히 여기는 것으로 우리를 찾아오시는 것입니다. 많은 부분에서 우리가 먼저 주님께 나아가서 불쌍히 여겨달라고 했다면 반대로 주님이 먼저 우리의 불쌍한 모습을 보시고 찾아오신 경우도 많습니다.

마치 아이가 좌우구분도 못하고 물불 못 가리며 자기방어를 전혀 못하는 것처럼 하나님은 내가 죄악된 길로 행하는 것을 처음부터 막으셨고 위험한 낭떠러지가 있는 곳에는 접근을 못하게 하시는 것으로 오늘 내가 이렇게 있는 것을 믿습니다.

먼저 찾아와 주시고... 먼저 불쌍히 여겨 주시고... 먼저 보시고 구해주신 것... 오늘 본문의 나인성 과부입니다. 남편 죽고 아들 하나 있는 것 믿고 의지하며 살았습니다. 그런데 어느 날 아들마저 죽은 것입니다. 이 시대는 지금과 많이 달라서 여인은 신원증명이 안됩니다. 사회적으로 할 수 있는 것이 아무것도 없습니다. 남편을 통해서 혹은 아들을 통해서만 신원조

회와 증명이 가능했습니다. 남편도 없는데 마지막 버팀목인 아들마저 잃었습니다. 더 이상 떨어질 곳 없는 밑바닥 절망에까지 떨어진 것입니다.

오늘 본문은 우리가 머릿속으로 그리며 읽어야 합니다. 오늘 본문에 등장한 나인성은 약간 구릉진 언덕에 있던 마을이었습니다. 그 성문 입구에서 상여를 멘 사람들과 동네사람들이 슬퍼하며 곡하며 긴 장례행렬을 이루고 내려오고 있는 겁니다. 더 이상 울 기운도 없이 넋 나간 모습으로 뒤를 따르는 어머니의 모습과 이를 슬퍼하는 동네사람들이 그 아픔을 함께하고 있었습니다.

그리고 밑에서는 누가 올라오는 겁니까? 예수님의 행렬입니다. 눅7:11절에서 "그 후에 나인이라는 성으로 가실새 제자와 많은 무리가 동행하더니..."라고 했습니다. 예수님과 제자들 그리고 많은 사람들이 긴 행렬을 이루며 완만한 오르막인 나인성을 올라오고 계셨습니다.

두 개의 대비되는 큰 행렬이 지금 길 한복판에서 만나는 것입니다. 위에서 내려오는 행렬은 죽음의 행렬, 장례의 행렬, 율법의 행렬입니다. 그러나 지금 밑에서 올라오는 행렬은 생명의 행렬, 부활의 행렬, 은혜의 행렬입니다.

은혜와 생명이신 주님이 율법의 사망과 만나는 것으로 부활이 일어나는 것입니다. 죄의 삯인 사망이 저 위에서 내려오는 것이고 부활이요 생명이신 주님이 밑에서 올라오고 계십니다. 이게 지금 일반적인 상황이라면 사망이 생명을 삼켜버립니다. 더러운 강 줄기와 맑은 강 줄기가 만나면 같이 더러워지는 것과 같습니다.

14절을 보면 주님이 "가까이 가서 그 관에 손을 대셨다!"라는 구절이 나옵니다. 율법에 의 하면 시신에 손을 대는 행위는 부정한 행위입니다. 그러나 그건 우리가 그런 겁니다. 사람이 시체를 만지면 부정해지는 것입니다. 그러나 거룩하신 주님이 만지시면 주님이 더러워지는 것이 아니라 더러운 것이 눈과 같이 깨끗해지는 것입니다.

좀 더 본문을 자세히 들여다보면 예수님은 먼저 이 가련한 여인을 "보시고 불쌍히 여기시며 울지말라!" 하셨습니다. 그리고 이내 죽은 아들에게 "가까이 가사 손을 데시고 일어나라!" 하신 것입니다. 여기서 제일 중요한 단어가 바로 "스플랑크 리조마이"로 기록된 "불쌍히 여기사"입니다. 이 말의 본래 뜻은 창자가 끊어지는 아픔을 말하는 의미입니다. 요한복음 11장에 나사로가 죽었을 때 예수님이 "심령에 비통히 여기시며 불쌍히 여기사…"에도 쓰인 단어입니다. 죽음 앞에 꼼짝 못하는 연약한 인생을 향한 주님의 깊은 탄식이며 비애입니다.

이 여인의 절망을 보시고 비통한 마음에서 깊은 공감을 이루시며 예수님이 다가가신 것입니다.

우리가 말씀드리는 것도 있지만 주님이 먼저 우리를 보셔야 합니다. 속상해서 흘리고, 절망해서 흘리고, 고통 중에 흘리는 눈물을 보시고 우리에게 오셔서 "울지 말라!" 위로하시는 주님의 음성이 들리기를 축복합니다. 이내 주님이 죽은 아들에게 가서 손을 데시고 "일어나라!" 하시듯이 우리에게 말씀하시기를 축복합니다. 우리의 사망과 절망이 예수님의 음성을 듣고 부활과 희망과 생명으로 일어나는 역사가 있기를 바랍니다. 지난 시간 했지만 예수님의 음성은 단순한 소리의 울림이 아니라 통치자의 "령"이기 때문입니다.

이 모든 역사를 체험하기까지 우리를 향하신 주님의 "불쌍히 여기심"이 있습니다. 여기서 시작된 것이고 여기서 주님의 마음이 움직이신 것이며 여기서 주님의 능력이 나온 것입니다. 성경에 기록된 숱한 사건과 인물들과 이야기 속에는 하나님의 불쌍히 여김이 그 중심에 있다고 하겠습니다. "나를 불쌍히 여겨주세요! 나를 가엾이 여겨주세요! 나를 긍휼히 여겨주세요!"의 기도가 우리의 기도 가운데 항상 함께 있기를 소망합니다.

10. 예수님이 하지 않으신 것!

(눅7:18~35)

오늘은 예수님과 세례요한을 좀 보도록 하겠습니다. 우리가 다 아는 것처럼 세례요한은 예수님보다 6개월 먼저 태어나서 예수님의 오시는 길을 미리 예비한 마지막 선지자였습니다. 좀 특이하게 광야에서 메뚜기와 석청을 먹고 살았으며 성품이 아주 불같은 면이 있어서 "도끼가 나무뿌리 옆에 놓였으니 회개치 않는 자 마다 찍혀 불 가운데로 던져질 것이다!"라고 외쳤습니다. 이 말씀을 듣고 수많은 사람들이 회개했고 세례를 받았습니다.

나설 때와 물러설 때를 아는 사람이어서 예수님의 공생애가 시작되자 "저 분은 흥해야 하고 나는 망해야 한다!"라고 말하고는 자리를 예수님께 넘길 줄 아는 분별과 미덕도 있었습니다. 그런데 이 분이 돌려서 말씀하시는 것을 못해서 당시 왕인 헤롯에게 직언을 한 것입니다. "동생의 아내를 취하는 일은 있을 수 없는 일이다!"라고 성명을 발표하자 바로 체포되어 감옥엘 가게 됩니다.

그리고 이제 이 분이 감옥에서 제자들을 통해 소식을 들은 겁니다. 자신이 닦아놓은 메시아의 길을 따라서 예수님이 그 직임을 잘 감당하고 있는지에 대한 이야기를 전해 듣게 되는데 뭔가 탐탁지 않은 말이 계속 들려오는 것이었습니다. 뭔가 좀 허접한 사람들하고만 어울린다는 것입니다... 세리와 죄인들... 거리의 사람들입니다.

그 정도 능력이면 뭔가 좀 세력도 규합하고, 정치인들도 좀 만나고, 사회적 이슈에 대해 자신처럼 성명서와 담화문도 내고, 역시 자신이 그랬던 것처럼 "금식대성회"도 열고, 사람들 보기에 그럴듯한 경건의 모습도 보이고 해야 하는데 거꾸로 예수님은 먹고 마시기만 하는 겁니다. 오죽했으면 사람들로 하여금 "먹는 것을 탐하는 자들"이라는 닉네임을 얻게 되자 안 되겠다 싶었는지 자신의 제자들을 예수님께 보내게 됩니다. 그리고는 "당신이 메시아 맞습니까!"라는 비난조의 질문을 던진겁니다.

예수님은 요한의 제자들을 향해 22~23절에서 너희들이 본 것을 그대로 전하라고 하셨습니다. "눈 먼 자가 보게 되고... 못 걷던 자가 걷게 되며... 나병환자가 깨끗함 받으며 ... 죽은자가 살아나고... 가난한자에게 복음이 전파된다!"하라 입니다. 이 말씀은 눅 4장에서 예수님이 처음 공생애 시작하시고 고향 나사렛회당에서 읽으신 이사야61장의 예언과 동일한 말씀입니다. 예수님은 메시아로서 하나님께 받은 직임을 하나도 흐트러짐 없이 잘 감당하고 있다는 것을 당신을 향해 예언된 말씀이 그대로 이루어지는 것으로 증명하셨습니다.

모든 것이 성경의 예언을 따라 진행되고 있었음에도 세례요한은 뭔가 자신이 원하는 것을 하지 않는 예수님을 보며 실족한 것입니다. 내가 생각한 메시아... 내가 바라는 예수... 내가 기대한 그리스도가 아니라는 것입니다. 그래서 우리에게는 예수님에 대한 올바른 이해가 얼마나 중요한지 모릅니다. 예수님에 관한 바른 지식은 바른 성경지식에서 나오는 것이고 바른 성경지식은 성경의 내용을 깊이 있게 이해하는 것으로 가능한 것입니다. 내가 알고 싶은 대로 아는 예수가 아니라 성경이 알려주는 예수를 알아야 합니다.

성경을 이상하게 이해하고... 말도 안 되는 결론과 적용을 내고... 자기 맘대로 코걸이 귀걸이 삼는 시대가 작금이 아닌가 싶습니다. 세례요한은 예수님을 향해 "보라 세상 죄를 지고 가는 하나님의 어린양이로다!"라고까지 말한 사람입니다. 그러나 메시아에 대한 온전한 이해가 부족했습니다. 무엇인가 결정적으로 자신이 바라는 그 무엇을 하지 않으시는 예수님을 보며 자신의 제자들을 보냈던 것입니다.

예수님이 뭘 한 것을 따지자는 것이 아닙니다. 병자를 고치고, 귀신을 쫓고, 말씀을 전하시는 것 다 잘 하시는 것이었습니다. 예수님이 세례요한의 기대를 저버린 것은 바로 이것입니다. 세력을 모아 조직을 갖추고 자신의 입지를 견고히 하며 자신만의 왕국을 세우지 않으신 것입니다. 예수님의 조직은 기껏해야 12제자입니다. 비서실장이 베드로... 총무가 요한... 회계가 가룟유다 ... 이정도입니다... 예수님은 그 큰 능력과 기사로 인해 수많은 사람을 규합하고 세력화 조직화 할 수 있었습니다. 실제로 오병이어 사건 때에 사람들이 먼저 예수님을 임금삼자고 했습니다. 그러나 예수님은 그 자리를 피하셨습니다.

예수님은 공생애사역을 하시면서 한 번도 조직의 대표로서 또 다른 조직의 대표를 만나 더 큰 세력을 키우는 데는 정말 아무관심이 없으셨습니다. 세례요한이 바랐던 예수님은 다분히 정치적인 메시아였습니다. 철장의 권세를 휘두르는 큰 힘과 권력을 갖고 저 점령군 로마의 군대를 몰아내는 것으로 다윗왕국의 영화를 회복하는 것이었습니다.

그런데 예수님은 당시 사람들이 가지고 있던 유대나라의 회복에는 아무 말씀이 없으신 겁니다. 도리어 이제 곧 유대나라가 멸망하게 될 것이라고 하시면서 예루살렘을 향하여 펑펑 우셨습니다. 실제로 약40년 후에 유대지역에서 독립운동 조짐이 보이자 로마의 디도장군이 군대를 몰고 와서 유대를 완전히 멸망시켰습니다.

예수님은 조직의 대표로서 누굴 만나신 일이 없고 깨알같이 적힌 명암을 가지고 다니시지도 않았습니다. 예수님이 만나는 분들은 이제까지 본 것처럼 거리의 남루한 병자들... 세리와 창기와 죄인들... 가난한 일상의 어부들... 등등 소서민들 이었습니다.
정치인들이 시장사람들을 찾아가는 것이 표를 위한 연기일 수 있다면 예수님은 그 자체로 목적이고 전부였습니다. 초라한 한 사람을 찾아 가시는 것은 그 한 생명이 천하보다 귀한 생명이기 때문입니다. 맞습니다. 한 생명이 천하입니다. 예수님은 이사야의 예언대로 못 보던 한 맹인이 눈을 뜨게 하셨고, 못 걷던 한 장애인이 똑바로 걷게 하셨으며, 부정하다고 조롱받던 한 나병환자를 깨끗하게 하셨습니다. 죄악에 눌려있던 가난한 한 생명이 복음을 듣고 회개했습니다. 예수님에게는 이 한 명이 천하와 버금가는데 여기에 무엇을 더 보태야겠습니까! 사람들은 천하를 얻으려 했다면 예수님은 한 생명이 천하였습니다.

답답하신 예수님이 요한의 제자들이 돌아가자 당신의 제자들에게 말씀하셨습니다. 예수님은 말씀을 너무 멋있게 하십니다. "너희들 광야에 왜 나갔냐... 흔들리는 갈대를 보러 나갔냐! 뭘 보러 나갔단 말이냐! 비단 옷 입은 사람이냐! 비단옷 입은 사람은 왕궁에 있다! 맞다! 카멜텍스(약대털옷) 입은 선지자를 보러 나간 것 아니냐! 그러나 그는 내 길을 예비하러온 심부름꾼에 불과하다..." 그리고 이어서 하시는 말씀이 "그는 여자가 나은 자 중에 가장 큰 자이지만 천국에 있는 가장 작은 자 보다 못하다!"라는 말씀을 하셨습니다.

여기서 크고 작고의 의미는 사람이 덩치가 크고 작다거나 사회적 지위가 높고 낮고가 아니라 천국을 받아드리고 이해하는 것이 세상에 속한 자와 천국에 속한 자가 너무 많이 다르다는 것을 이렇게 표현하신 것입니다. 천국에서는 하나님을 대면하고 사니까 하나님을 가장 모른다고 하는 자도 세상에서 가장 잘 안다고 하는 자보다 더 잘 안다는 뜻이라고 하겠습니다.

세상 나라는 규모와 조직과 세력과 힘을 키우는 것입니다. 그런데 하나님나라는 한 사람이 복음을 듣고 회개하는 데에 있습니다. 언제나 한 생명에 집중하는 것입니다. 한 마리 어린양을 찾아가시고 만나주시고 위로하시고 고쳐주셨습니다. 잃어버린 자를 하나하나 찾아가서 구원하시는 내용은 누가복음 전체의 주제와 얼개이기도합니다. 저자인 누가가 강조점을 두고 기술한 천국 사역의 현재진행입니다.

예수님의 겨자씨 비유와 누룩비유에서 말씀하신 것처럼 천국은 보잘 것 없는 작은 씨와 누룩균 하나가 점점 자라나서 전체로 확대되는 것입니다. 마태복음에는 오늘 본문의 내용 중에 "천국은 침노당한다!"라는 말씀이 있는데 이 의미라고 보면 되겠습니다.

결국 하나님나라의 관심은 한 사람 한사람의 깨어짐과 변화됨이고 이어서 그 옆 사람에게 변화가 이어지는 것으로 순차적이고 점진적이고 본질적인 변화됨을 목표로 하고 있습니다. 기독교는 전체를 뒤집자는 게 아니라 오늘 내가 변화되자는 것입니다. 그러한 내가 확대되고 확장되는 것으로 이루어지는 하나님나라입니다.

한 사람 한 사람의 변화됨으로 이상 없이 천국 사역이 진행되고 있었지만 세례요한이 생각한 힘과 규모와 세력을 통한 전체의 변혁이 아니었기에 그는 실족하고 예수님의 메시아 되심을 의심했던 것입니다. 예수님과 세례요한 사이에 서로 핀트가 어긋나고 장단과 호흡이 맞지 않은 것입니다. 이 부분을 예수님은 31절 이하에서 천국을 제대로 이해하지 못하는 세례요한과 그 시대의 사람들을 다 묶어서 이렇게 비유하셨습니다.

"장터에 아이들이 피리를 불어도 춤추지 않고 곡을 해도 울지 않는다!" 이것은 당시 장터에서 놀던 아이들의 '놀이'고 '시늉'입니다. 아이들이 놀이를 할 때 흥을 맞추고 장단을 맞추는 것입니다. 한 아이가 피리를 불면 옆에 아이가 춤추는 시늉을 하는 것입니다. 한 아이가 곡하는 시늉을 하면 옆에 아이가 우는 시늉을 해 주는 것입니다. 얼씨구 하면 절찌구가 나오는 것이고... 지화자! 했으면 좋다! 하고 고수가 북을 치는 것과 같습니다.

예수님의 말씀은 이것입니다. 내가 얼씨구 했으면 너희가 절씨구 해 줘야하는데 딴 청을 피우고 있다. 세례요한과 이 시대 사람들이 다 그렇다는 것입니다. 예수님은 온전한 천국을 전하고 있는데 사람들이 이에 보조를 맞추고 호응하지를 않고 어깃장을 놓고 딴 청을 피우는 것을 장터에 노는 아이들 비유를 빗대어 절묘하게 말씀하신 것입니다.

이 시대 사람들을 향해서는 또 이렇게 말씀하십니다. "세례요한이 와서 금식할 때는 너희가 이르기를 귀신들렸다 하더니 이제 내가 와서 먹고 마시니까 나를 향해서는 먹보요 술꾼이라 하는구나!" 장단을 맞추지 않는 이 시대 사람을 향한 고발이며 탄식입니다.

결국 말씀의 결론은 35절에 있습니다. "지혜는 자기 자녀에게 옳다함을 받는다!" 예수님이 당신 스스로를 의인화 된 지혜로 말씀하십니다. 지혜가 자녀를 두었으니까요. 예수님의 참된 자녀는 "예수님이 맞습니다! 예수님이 옳습니다! 예수님의 천국이 제 천국입니다!…" 하고서는 "옳거니!" 하고서 장단을 맞춘다는 것입니다. 그것이 바로 35절의 "옳다함을 받는다!"입니다.

주님의 마음을 헤아리고 천국을 바로 이해할 때에 결국에는 나라고 하는 한 사람이 변화되는 것으로 확장되는 천국을 경험하는 것입니다. 나를 통해 내 아내가 변화되고, 내 아내를 통해 내 자녀가 변화되고, 이렇게 누룩 균 하나가 가루 서 말을 다 부풀리게 하는 천국을… 또한 미미한 겨자씨가 자라 새들이 깃들이게 되는 천국을 이루시기를 주님의 이름으로 축복합니다!

"천국은 마치 여자가 가루 서말 속에 갖다 넣어 전부 부풀게 한 누룩과 같으니라!"(눅13:21)
"천국은 마치 … 겨자씨 한 알과 같으니…모든 씨보다 작은 것이로되…후에는 풀보다 커서 나무가 되매 공중의 새들이 가지에 깃들이느니라"(마13:31)

11. 내 인생의 목적지... 예수!

(눅7:36~50)

오늘 본문에는 어떤 의도에서였는지 한 바리새인이 예수님을 초청하는 것으로 시작됩니다. 예수님과 바리새인은 배척관계였는데 의외로 한 바리새인이 예수님을 자기 집에 초청했고 예수님은 이에 흔쾌히 응하셨습니다. 그러나 결국 보면 이 자리가 그렇게 썩 유쾌한 자리가 아니었다는 것이 금방 드러나게 됩니다.

시몬이라는 이름의 이 바리새인은 순수한 마음에서 예수님을 초청한 것이 아닙니다. 당시에 예수님은 지금 말로하면 '수퍼스타'였기 때문에 예수님의 명성에 더불어 자신도 이름을 좀 내자는 의도에서 예수님을 초대한 것입니다.

우리의 믿음은 언제나 순수해야 합니다. 순수함은 신부가 신랑에게 지켜야할 순결과도 같습니다. 성적인 순결만이 아니라 마음으로 신랑을 사랑하는 것입니다. 신랑이 돈 벌어주고, 호강시켜 주고, 잘 해 줘서 사랑하는 것이 아닙니다. 신랑의 명성, 신랑의 재산, 신랑의 능력을 사랑하는 게 아닙니다.

우리가 예수님을 사랑하는 것은 그 분이 우리 모든 성도의 신랑이기 때문입니다. 그 신랑은 신부를 살리기 위해 십자가에서 대신 죽은 신랑입니다. 신부를 위해 목숨을 내어준 그 사랑에 감사 감격해서 예수만 바라보고 사는 것이 우리의 믿음입니다.

그런데 어느 순간 우리의 믿음이 변질될 때가 있습니다. 믿음이 변질되는 것은 순결을 잃은 것입니다. 예수가 목적이고 예수가 도착지고 예수가 마지막이 아닌 것입니다. 정작 목표지점은 나의 명성이고 출세고 복락입니다. 예수를 다리로 하고, 통로로 하고, 끈으로 해서 이곳으로 가자는 것입니다.

　우리의 믿음은 언제나 예수가 마지막 종착지가 되어합니다. 그 무엇을 해도 그 목적은 예수께 가기 위함입니다. 나를 위해 대신 죽은 내 신랑 예수가 좋아서 예배드리러 나오는 것이고 예수가 좋아서 그 분께 늘 기도하는 것이며 그 분을 사랑해서 슬픔도 기쁨도 한숨도 눈물도 그 분과 함께 하는 것입니다.

　여기가 충만해야 합니다. 예수사랑으로 충만한 것... 저는 진정한 성령 충만은 예수사랑으로 가득한 상태라고 봅니다. 예수사랑으로 충만해서 살다가 힘든 일 있으면 신랑께 도와달라 청하는 것이고, 문제가 있으면 해결해 달라하는 것이고, 병들었을 때 고쳐달라 하는 것입니다. 그런데 정작 신랑사랑 예수사랑은 없고... 물질만 달라하고...도와 달라하기만 하고... 고쳐 달라하기만 하면 예수는 그냥 수단이고 방법이고 다리일 뿐입니다.

　오늘 이 바리새인 시몬은 예수를 사랑해서 초대한 것이 아닙니다. 예수님을 통해서 명성을 좀 얻으려고 한 겁니다. 반면에 오늘 본문에는 이 바리새인과 극명하게 대비되는 한 여인이 등장합니다. 37절을 보면 그 동네에 죄 지은 한 여인이 예수께로 와서 눈물로 발을 씻기고 머리털로 닦아내고는 귀한 향유를 발에 부었습니다.

　바리새인 시몬은 예수를 매개로 삼고 다리와 방법으로 해서 명성이라는 목표지점으로 가려했다면 이 여인은 말 그대로 예수가 그냥 목표지점이고 마지막 도착지였습니다. 그러니 예수님께 와서 눈물로 그 마음을 다 쏟아 놓은 것이고 값비싼 향유 옥합을 부은 것입니다.

　사람들은 누구나 마음 쏟을 곳을 찾아가고 값비싼 향유를 얻기 위해 살아갑니다. 그래서 오늘 바리새인은 이곳을 가기 위해 예수가 이용되는 것입니다. 반면에 여인은 예수가 목적인고로 모든 것을 예수 앞에 다 쏟아 붓고 있습니다. 우리는 오늘 본문에서 예수를 통해 명성으로 가려는 사람과 그냥 예수가 목표인 두 사람을 보는 것입니다.

바리새인 시몬은 속으로 생각하길 저 여인이 어떤 여인인지를 알았다면 저렇게 하도록 내버려두지 않았을 텐데 그것도 모르는 것으로 봐서 예수님이 선지자로서 별 볼 것 없다 한 것입니다. 예수님은 언제나 마음속 생각을 다 아시니까 시몬에게 이렇게 말씀하셨습니다.

40~43입니다. "어떤 주인이 500데나리온 빚 진자와 50데나리온 빚진 자의 빚을 다 탕감해주었다. 둘 중에 누가 더 그를 사랑하겠냐?" 당연히 500데나리온 탕감 받은 자입니다. 라고 대답하자 예수님은 "너의 말이 옳다!" 하시고는 44~47에서 바리새인을 향해 약간은 감정이 실린 말씀을 하셨습니다.

"너는 나를 초대해놓고 발 씻을 물도 주지 않았다. 그러나 이 여인은 눈물로 내 발을 씻겼다. 너는 내 머리에 감람유도 붓지 않았지만 이 여인은 향유를 내 발에 부었다" 유대문화는 손님을 초대하면 종을 시키든지 직접 발을 씻겨드리는 것이 예의였습니다. 그리고 향유를 조금 붓는 것으로 손님을 배려했습니다.

주님은 47절에서 "이러므로..."를 통해 결론을 말씀해 주십니다. "많은 것을 사함받은 자는 많이 사랑하는 것이고 사함 받은 일이 적은 자는 적게 사랑하는 것이다!" 이 말씀을 통해서 이 여인은 지금 처음 예수님을 만난 것이 아니라 이미 전에 예수를 만나고 죄사함의 은혜를 체험한 여인이라는 것을 알 수 있습니다. 늘 죄인 취급 받고 사람대접 못 받고 손가락 질 받고 살던 사람인데 어느 날 예수님께 사람대접 받고 죄사함의 은혜까지 입은 것입니다.

그러니까 그 감사는 이루 말할 수가 없는 것입니다. 적게 사함 받아서 적게 사랑하고 많이 사함 받아서 많이 사랑하는 것은 지금도 마찬가집니다. 우리의 믿음은 우리가 얼마나 큰 죄인인가를 발견하게 되면서부터 시작됩니다. 나 같이 완악하고, 미련하고, 무지한 인생... 자기 의에 똘똘 뭉쳐 살다가 지옥가면 그만인 인생을 찾아와 주시고 만나주시고 구원해 주셨습니다. 죄 사함 받은 은혜가 너무 감사해서 천국백성 삼아 주신 것이 너무 고마워서 그래서 주님을 예배하고 사랑하게 된 것입니다. 여기가 우리 믿음의 출발점입니다.

자기 의에 똘똘 뭉쳐있는 바리새인 같은 경우는 회개할 게 없습니다. 자칭 의인이니까요. 예수님이 보시기에 그 속은 회칠한 무덤이었음에도 불구하고 나면서부터 아브라함의 후손... 십일조와 이레에 이틀금식... 그들의 감사는 언제나 저 세리와 죄인 같지 않음에 감사였습니다. 회개할 게 없으니 특별히 감사할 것도 없고 죄 사함 받은 일도 없으니 사랑할 일도 없습니다. 죄사함과 사랑함은 같이 가는 것입니다.

혹시 예수님을 많이 사랑하시나요? 왜 사랑하게 되셨나요? 기도를 들어주셨기 때문인가요? "내 큰 죄를 용서해 주셨기 때문입니다...!" 라고 말할 수 있는 우리 모두가 되기를 소망합니다. 없는 죄를 만들라는 게 아닙니다. 우리가 깨닫지 못하고 인지하지 못하고 짓는 죄가 있습니다. 그게 죄인지도 모르고 짓는 죄입니다. "나는 뭐 그다지 큰 죄를 짓지 않았으니 별 해당 사항없다!" 이런 발상이 가장 위험합니다. 겉으로는 멀쩡해도 우리 안에는 숨겨진 죄, 감춰진 죄, 쌓인 죄가 있는 것입니다.

우리는 모두 교만하고 자고하며 높은 마음을 품고 하나님과 같은 자리에 있고자했습니다. 그러나 하나님이 높고 광대하며 거룩하신 하나님이라는 것을 정말 깊이 깨달았다면 반드시 그 반대로 나는 티끌이며 내 죄악은 깊은 바다를 덮는 다는 것도 알게 됩니다.

지옥에 가든 천국에 가든 사람들은 전부 놀라는 것입니다. 천국에 가는 사람은 "아니 나 같은 죄인이 어떻게 여기를...", 지옥 가는 사람은 "나 같은 의인이 왜 여기를 ..." 오늘 말씀에서는 이것 하나 기억합니다. 나는 하나님을 사랑함이 별로 없다 하면 사함받은 일이 적거나 없는 것입니다. 그리고 그 사람은 예수를 다리로 해서 무엇을 얻어내려고만 할 것입니다. 그러나 하나님을 깊이 사랑하게 되었다면 오늘 이 여인처럼 죄사함 받은 은혜에 감사해서 예수를 내 인생의 도착지점으로 삼을 것입니다. 예수는 그 어떤 경우에도 목적이지 방법이 아닙니다. 내 영혼과 전 생애를 바치는 것으로 만나야 하는 분입니다. 주님이 우리에게 그렇게 오셨기 때문입니다.

"기록된 바 의인은 없나니 하나도 없으며 깨닫는 자도 없고 하나님을 찾는 자도 없고 다 치우쳐 함께 무익하게 되고 선을 행하는 자가 없나니 하나도 없도다!"(롬3:10)

12. 씨뿌리는 비유

(눅8:4~18)

오늘은 씨 뿌리는 비유를 통해서 주시는 4가지 마음 밭입니다. 다시 한 번 이 말씀을 묵상하면서 우리의 믿음을 점검하는 시간을 갖도록 하겠습니다. 4절을 보니까 각 동네에서 사람들이 나와서 큰 무리를 이루었다 했습니다. 주님은 이들에게 하나님의 말씀을 가르치셨습니다. 하나님의 말씀은 진리의 말씀이기도 하며 천국의 비밀이면서 동시에 계시입니다.

주님은 천국의 비밀을 풀어주실 때 언제나 비유를 사용하셨습니다. 비유가 아니면 말씀을 하지 않으셨다고 까지 하셨습니다. (막4:34) 누구나 알기 쉬운 일상의 일들을 빗대어서 진리의 말씀을 쉽게 이해시키기 위함입니다. 씨를 뿌리는 자가 씨를 뿌리러 나갔다. 아이들도 아 아는 이야기입니다. 우리는 밭고랑을 만들어 씨를 심는데 이 동네는 씨를 뿌리는 문화입니다. 물론 좋은 땅이니까 씨를 뿌렸습니다. 그런데 때론 씨가 길가에도 떨어지고, 돌 틈에도 굴러가고, 가시밭으로도 들어갑니다.

당연히 씨 뿌리는 자는 하나님이고 씨는 말씀이며 밭은 말씀을 받는 사람들의 마음이라는 것을 쉽게 이해할 수 있습니다. 그런데 그 다음이 좀 알쏭달쏭합니다. 우리는 워낙 자주 이 말씀을 대했기 때문에 대충 4가지 사람들의 마음 밭에 관련된 선 이해가 있습니다. 그런데 지금 이 말씀을 처음 듣는 사람들은 알듯 말듯 한 것입니다. "길가에 떨어진 씨는 새들이 와서 주어먹어 버렸고 돌밭은 싹이 좀 났다가 습기가 없어 말라죽어 버렸으며 가시밭은 함께 자라다가 기운이 막혀 죽었다 말할 것도 없이 좋은 땅은 몇 배를 결실했다…"

좀 안타까운 것은 주님은 여기까지만 사람들 앞에서 하셨습니다. 그리 곤 난데없이 8절에서 "들을 귀 있는 자는 들을지어다!"하시고 말씀을 마치시는 것입니다. 9절 이하에서 제자들도 긴가민가해서 이게 무슨 뜻 입니까? 라고 여쭙자 예수님은 더욱 이해하기 어려운 말씀을 하십니다. "천국의 비밀을 아는 것이 너희에게는 허락되었는데 다른 사람에게는 비유로 한다 이는 보아도 알지 못하고 들어도 깨닫지 못하게 함이라!"

이상합니다. 예수님은 왜 모든 사람들에게 깨달음을 주시지 않고 인색하게 한정된 제자그룹에게만 말씀을 풀어주신 걸까요? 이것은 비유가 지니는 양날의 칼입니다. 비유는 듣는자 들에게 쉽게 이해시키기 위함도 있지만 반대로 못 알아듣게 하기 위함도 있는 것입니다…

천국의 비밀이고 계시라서 그렇습니다. 성경을 두 장 넘겨 누가복음 10장21절을 보면 이런 예수님의 기도가 나옵니다. 복음전도를 위해 파송했던 70인 제자가 돌아와서 보고할 때 하신 기도입니다. "천재의 주재이신 아버지여… 이것(천국의 비밀)을 지혜 있고 슬기 있는 자들에게는 숨기시고 어린아이들에게 나타내심을 감사합니다. 옳소이다! 이렇게 된 것이 아버지의 뜻입니다. 아버지와 아들의 소원대로 계시를 받은 자 외에는 아버지를 아는 자가 없습니다…"

여기서 애석하게도 계시가 모든 자의 것이 아님을 말씀하십니다. 소위 잘났다고 하는 사람들에게는 숨기시고 어린아이같이 겸손하고 순전한 사람에게 보이시는 것입니다. 그리고는 "하나님! 왜 그렇게 하셨습니까!. 하나님은 사랑의 하나님 아니십니까! 악인과 선인의 밭에 동일하게 비를 내리시는 자비의 하나님이신데 어찌 차별하실 수 있습니까! 모든 사람에게 은혜를 주시는 하나님이신데 왜 누구에겐 숨기십니까!"하시지 않고 "옳소이다! 이렇게 된 것이 아버지의 뜻입니다!"라고 하시면서 하나님 아버지의 사역에 장단을 맞추고 호흡을 같이 하셨습니다.

우리 지난 시간에 사람들이 예수님과 장단을 맞추지 않은 것으로 예수님이 장터에 노는 아이들 비유를 하셨습니다. 결정적으로 "지혜는 자기의 자녀들로 인해 옳다함을 받느니라!" 하신 것과 같습니다. 예수님의 사역 앞에 그의 자녀들이 "옳거니!"하는 것처럼 예수님도 하나님의 사역 앞에 "옳거니!" 하신 것입니다. 우리가 언제나 놓치면 안 되는 것은 하나님은 옳은 일을 하시는 하나님이 아니라 하나님이 하시는 일이 옳은 일이라는 사실입니다...

이것이 바로 주님이 모든 사람들을 위해 죽으신 것이 아니라 택한 백성을 위해 죽으셨다는 장로교 도르트 신조 3번째 제한 속죄(Limited Atonement)입니다. 10~15절에서 주님은 제자들에게만 자세히 풀어 설명해 주셨습니다. 아마도 나지막히 작은 목소리로 하셨을 것 같습니다.

"하나님의 말씀인 씨가 밭인 사람의 마음에 떨어진 것이다. 길가 같은 마음 밭은 마귀가 구원 못 받게 하려고 말씀을 빼앗아간다. 마음에 심겨지지도 못하고 굴러다니다가 끝난다. 돌밭 같은 마음은 처음에 말씀을 기쁨으로 받았으니 심겨지긴 했지만 뿌리가 약해 세상의 시련이 올 때 믿음을 배반한다. 그리고 가시밭은 말씀을 받아 지내다가 세상염려와 세상향락에 넘어지는 것이다. 그러나 좋은 마음 밭은 착한 마음으로 말씀을 듣고 지켜서 인내로 결실한다!"

형태는 4가지 모양을 나타내고 있지만 결과적으로는 결실하여 열매 맺는 밭과 열매 없는 나머지 밭을 말씀하는 것입니다. 내용적 측면으로 보면 후자로 갈수록 말씀의 뿌리와도 연관됩니다. 길가는 씨가 심겨지지 않았으니 뿌리조차 없고 ... 돌밭은 심겨졌으나 뿌리가 약해서 이내 말라버렸고... 가시밭은 자라났으나 말씀의 뿌리가 부실해서 결실이 없는 것입니다. 말씀이 이렇게 중요합니다. 말씀의 뿌리가 깊고 튼실할수록 인내로 견디어 결실하는 것입니다.

조금 더 자세히 들여다보면 관계의 차원이기도합니다. 믿음생활의 성공은 예수님과의 깊은 관계에 달려있다 해도 과언이 아닙니다. 길가는 예수님과 관계 자체가 없다면 돌밭과 가시밭은 예수님과의 관계실패입니다. 예수님과 친밀하고 유기적인 관계로 단단히 결속되어 있지 않은 것입니다. 세상의 시련, 세상의 염려, 세상이 주는 향락이 예수님과의 관계를 느슨하고 헐겁게 합니다.

관계는 없고 지식만 있는 경우가 길가 밭 입니다. 이제 다음시간에 나오지만 눅 8장26절을 보면 거라사 귀신이 예수께 나와서 "지극히 높으신 하나님의 아들 예수여..."하고 먼저 예수를 알아봅니다. 이 알아봄은 베드로가 "주는 그리스도시요 살아계신 하나님의 아들이십니다!"와는 완전히 다른 알아봄입니다. 귀신에게 예수는 그냥 하나의 정보고 지식입니다. 그러나 베드로의 고백은 나를 구원하러 이 땅에 오신 하나님의 아들로서의 고백입니다. 그러니 귀신의 다음 말이 "당신이 나와 무슨 상관이 있습니까!" 하는 것이 아닙니까!

간절히 바라기는 나와 아무 관계(상관)없는 지식과 정보로만 처리되는 예수가 아니기를 소망합니다. 인격과 가슴으로 주님을 만나고 삶으로 체험하며 동거동락 하는 예수이기를 기도합니다.

하나님의 말씀인 계시가 오늘 '씨'로 표현된 것은 굉장히 그 의미가 깊고도 심오합니다. 심겨졌다는 것은 제일 먼저 감춰진다는 것이고, 숨겨진다는 것이며, 또한 묻혀있는 것을 말합니다. 지금은 안 보입니다. 씨 비유가 계시의 속성을 아주 잘 표현한 것입니다. 겨자씨 같은 작은 씨가 처음엔 땅에 감춰져있다가 나중에는 나물보다 커서 새들이 깃들이게 되듯이 계시라는 말이 본래는 감춰져있던 것인데 나중에는 밝히 드러낸다는 뜻이 됩니다.

씨를 심을 때에 땅에 심는 것 자체를 목적으로 씨를 심는 사람은 없습니다. 나중에 결실을 보기 위함입니다. 주님이 오늘 계시를 감추는 것은 감추는 것 그 자체가 목적이 아니라 나중에 이것을 밝히 드러내는 데에 있습니다. 저는 이렇게 생각합니다. 영원토록 아무에게 드러나지 않는 밭에 감추인 보화가 있다면 그것은 그냥 흙이고 돌일 뿐이다.

그래서 오늘 예수님이 계속된 16절 이하에서 결정적인 말씀을 하십니다. 씨 뿌리는 비유를 15절에서 끝내는 경우가 많은데 참으로 씨뿌리는 비유의 결론은 16~18절 입니다. 등불을 켜서 그릇으로 덮어두거나 평상아래두지 않고 등경위에 둔다 이 모든 덮어두고 숨기고 감추었던 것이 다 드러난다는 것을 말씀하시는 것입니다. 18절에서 "너희가 어떻게 듣는가 스스로 삼가라!(조심히 잘 살펴서 들어라!) 없는 자는 그 있는 것도 뺏기겠지만 있는 자는 더 있게 되리라!"

씨가 땅에 심겨지듯이 하나님의 말씀이 우리마음에 심겨집니다. (물론 길가와 같이 심겨지지도 않는 경우가 있지만) 지금은 감춰져서 잘 모르지만 시간이 지나면 뿌리를 내리며 자라 올라오는 것입니다. 이것이 세상시련이나 세상염려 그리고 세상향락에 꺽이는 것입니다. 오늘 본문에서 결실은 천국의 비밀을 깨닫는 것이고 동시에 구원을 의미합니다.

좋은 마음으로 말씀을 듣고 지켜 인내하는 자는 30배 60배 100배의 결실로 천국을 더 깊이 깨닫고 더 놀라운 하나님의 구원을 밝히 보게 되지만 그렇지 않은 길가... 돌밭... 가시밭 마음은 그나마 예수를 머릿속에서 안 것(길가)... 그리고 조금 뿌리를 내려서 맛보아 안 것(돌밭)... 더 나아가 좀 더 자라면서 알게 된 것(가시밭) 들이 결국엔 아무 의미 없는 것이었다는 뜻에서 "(결실)있는 자는 받겠고 (결실)없는 자는 그 있는 줄로 아는 것(조금 자란 것)도 빼앗긴다는" 말씀입니다.

세상시련과 세상염려와 세상향락이... 하나님이 우리 안에 심으신 말씀의 뿌리를 상하게 하지 않기를 간절히 기도합니다.

13. 저 분이 누구이기에?

(눅8:22~25)

누가복음 강해가 계속됩니다. 오늘은 예수님께서 바람과 풍랑을 꾸짖으시고 잠잠케 하신 본문입니다. 22절에서 예수님께서 말씀하셨습니다. "하루는 제자들과 함께 배에 오르시며 애들아! 호수 저 편으로 건너가자! 하시매" 예수님께서 가자고 해서 나선 길입니다. 예수님께서 어딜 가자고 하시는 것은 그냥 아무 목적 없이 정처 없이 가자고 하신 길이 아닙니다. 어떤 분명한 목적이 있고 누굴 만나기 위함이며 무슨 사건이 기다리고 있기 때문입니다.

말씀을 시작하면서 축복하기는 예수님이 가라고 해서 간 길이고 예수님이 하라고 해서 하게 된 모든 일이기를 소망합니다. 예수님 말씀하고는 아무 상관없이 가지 말아야 할 곳에 가고 만나지 말아야 할 만남을 지속하며 하지 말아야 할 일도 거리낌 없이 하고 있다면 지난 시간에 드린 말씀처럼 예수님하고는 아무 관계없는 돌밭과 가시밭 같은 심령이 되는 것입니다. 예수님과 상관이 있다 했을 때 그것은 곧 그 분의 말씀의 통제 아래 있는 것을 뜻합니다.

예수님이 하라고 해서 했고 기도해서 했으며 하나님의 뜻을 잘 구별해서 했습니다. 그럼 그 다음은 아무 문제없는 것입니까! 오늘 보세요! 예수님이 가자고 해서 행선한 길이며 더욱이 예수님과 지금 한 배에 같이 타고 있는 것입니다. 오늘 본문에 기록된 배가 영적인 의미로 하면 우리 인생의 배일 수도 있고 우리 심령을 가리킬 수도 있습니다. 예수님과 함께 하는 우리 가정에도 문제는 있을 수 있고 예수님을 모신 우리 마음에도 풍랑이 일 수 있다는 것을 말씀드리기 위함입니다.

중요한 것은 그 어려움과 풍랑이 우리를 어쩌지 못한다는 것입니다. 우리가 두려운 것은 "이러다가 어떻게 될까봐!"입니다. "혹시 이러다가 어떻게 되는 것 아냐! 다 끝나는 것 아냐!" 염려와 걱정근심이 밀물처럼 먹구름처럼 우리 심령을 덮는 겁니다. 여기도 지난 시간과 연결됩니다. 세상의 시련으로 인한 염려, 걱정, 근심이 우리 믿음을 갈아먹고 말씀의 뿌리를 상하게합니다.

이거 하나는 분명히 믿고 갑니다. 풍랑이 일 수는 있습니다. 그러나 예수님이 내 안에... 내 심령에... 내 가정에 함께 계시는 한 절대로 그 배가 암초를 만나 파선하거나 길을 잃고 좌초하거나 침몰하는 일은 없습니다! 예수님이 오늘 풍랑이 이는 바다에 주무시고 계십니다. 오늘도 상황은 극적인 대비를 이룹니다. 제자들은 이제 다 죽었다고 난리가 났는데 예수님은 깊은 숙면을 취하고계십니다. 극도의 불안과 가장 깊은 평안의 상태가 서로 엇갈리는 것입니다.

또 다시 축복합니다. 깊은 숙면을 취할 수 있는 우리 모두 이기를 소망합니다. 세상이 갈수록 육체노동보다는 정신노동에 시달리면서 얻게 된 병이 불면증이 아닌가 싶습니다. 저도 예전에 몸이 좋지 않을 때 불면증까지 같이 얻은 적이 있습니다. 내일 생활을 해야 하는데 새벽 4시까지 눈만 말똥말똥한 것입니다. 잠드는 것이 신비로운 일이었고 감사한 일이었습니다. 머리에 무슨 스위치 같은 것이 있어서 딸깍 끄고 잠들고 싶었습니다.

먼저는 생체리듬이 깨진 것입니다. 이런 말씀드리는 것이 좀 그렇지만 너무 새벽 늦게 까지 깨어 있지 마시고 밤 12시 전에는 주무시기 바랍니다. 어떤 칼럼을 보니까 밤 12~2시 사이에 우리 몸속에 변이가 가장 많이 일어난다고 합니다. 이 때 뇌에서 베타파가 나와서 몸의 항상성을 유지하고 치유한답니다. 그러니까 잠 한 번 잘 자고 낫는 것이고 잠 못 자고 병드는 것입니다. 아이들도 잠잘 때 크는 것이고 식물들도 다 밤에 자란다고 합니다.

생체리듬이 깨진 것도 있지만 걱정근심 싸안고 있느라고 잠 못 드는 경우도 있습니다. 예수님은 오늘 큰 파도가 일고 물이 배 안으로 드리치고 있는데도 주무시는 것입니다. 이 예수님의 평안이 예수를 따르는 우리에게도 있기를 소망합니다. 주무시다가도 큰 파도가 치면 깨어나셔야 하는데 얼마나 깊게 주무시는지 제자들이 죽겠다고 난리가 났는데도 주무시는 겁니다. 옆에서 나팔을 불어도 모르고 누가 엎어가도 모를 정도에 잠은 정말 보약인 것 같습니다.

제자들이 예수님을 깨우면서 "우리가 다 죽게 되었습니다!... 배가 뒤집히기 직전입니다!... 어쩌면 좋습니까!..." 그때 예수님께서 일어나셔서 바람과 바다를 꾸짖으셨습니다. "잠잠하라!... 조용하라!!" 하셨습니다. 늘 말씀드리지만 바람과 바다는 귀가 없습니다. 귀가 없다는 것은 사물이기에 인지기능이 없다는 것입니다. 자연법칙에 따라 바람이 불어 파도는 일렁인 것 뿐입니다.

이 세상은 다 자연법칙이 지배하고 있습니다. 인과법칙에 의해서 원인 없는 결과 없고 아니 땐 굴뚝에는 연기나지 않습니다. 부력이 없으니까 우리가 물위를 걸으면 빠지는 것이고 물은 인력의 법칙으로 오늘도 낮은 곳으로 흘러갑니다. 사람 사는 세상에도 약육강식 법칙이 있어서 강한 자는 약한 자 위에 군림하고 자랑합니다.

그런데 이 모든 법칙을 만유 아래에 두시고 그 법칙 위에 계시며 그 법칙을 운용하시는 분이 계십니다. 그 분이 바로 우리 주님 예수 그리스도십니다. 법칙은 그냥 기계적인 것입니다. 마치 톱니바퀴가 맞물려 돌아가듯 유기적으로 서로 어우러져 지금도 세상은 돌아가고 있습니다. 바람이 부니까 풍력에 의해 파도는 이는 것이고 파도위에 있는 배는 뒤집어지는 것입니다.

그런데 주님은 법칙이 아니라 인격입니다. 대화가 된다는 뜻입니다. 주님이 법칙 위에 계시는 인격이라는 사실을 항상 주지해야 합니다. 이게 적절한 비유인지 모르겠는데 제가 운전하다 황색신호를 잘못 읽어서 신호위반 카메라에 찍힌 일이 있습니다. 순간적으로 지나가는 것과 멈추는 것을 읽어야하는데 앞에 차와 타이밍이 어긋나서 그만... 카메라는 바퀴가 선을 넘은 것을 찍어서 경찰서로 보내면 그만입니다. 그런데 경찰이 있었다고 합시다. 경찰하고는 대화가 됩니다. "앞에 차가 교차로에서 급정거 하는 바람에 어쩔 수 없었어요... 한 번만 봐 주세요... 싼 걸루 해주세요... ㅎ"

카메라가 법칙이라면 경찰은 인격이라 하겠습니다. 꼭 이거다는 아니어도 카메라가 율법 같은 거라면 경찰은 은혜라고 하겠습니다. 율법하고는 대화할 수 없다면 예수님하고는 대화할 수 있습니다. 율법은 기계고 예수님은 인격이십니다. 결국 카메라를 달아 놓은 것이 경찰이니까요. 사정 이야기도 할 수 있고 잘못했다고 용서를 구할 수 있습니다.

인격이신 주님 앞에 구하면 주님은 법칙을 향하여 명령하십니다. 법칙이 주님의 말씀을 듣는 것은 자기를 그렇게 되도록 만드신 분이기 때문입니다. 우리가 법칙에게 가서 아무리 읍소해 봐야 카메라 앞에 경 읽기입니다(?). 그런데 예수님이 법칙에게 말씀하시면 풍랑의 법칙도... 인력의 법칙도... 부력의 법칙도 다 주님의 말씀을 듣습니다. 오늘 제자들이 마지막에 "저분이 누구이기에 바람과 바다도 순종하는고!" 했습니다.

예수님은 법칙위에 계시고 법칙을 땅에 두시고 법칙을 움직이시는 분이십니다. 내가 지금 어떤 법칙에 꼼짝없이 갇혔다 하면 은혜이신 주님 앞에 나아가 말씀드려야 합니다. 계속해서 법칙은 인격(주님) 밑에 있다는 것을 말씀드리는 것입니다.

오늘 예수님이 바람과 바다를 꾸짖으시고 이내 제자들을 향하여 "너희 믿음이 어디 있느냐!" 하셨습니다. 흥미로운 부분은 오늘 이 본문을 공관복음서에 모두 다루고 있으면서도 제자들의 믿음 없음을 책망하는 부분에서 조금씩 다릅니다. 마태는 "믿음이 적은 자들아!" 마가는 "아직도 믿음이 없느냐!" 오늘 누가는 "믿음이 어디 있느냐!"입니다.

마태, 마가가 믿음의 대소와 유무를 말하고 있다면 누가는 믿음의 자리를 언급합니다. "믿음이 쓰여져야 하는 시간이 바로 지금 아니냐! 지금이야말로 너희들의 믿음이 나타나야하는 시간 아니냐! 항상 있다가도 정작 꼭 쓰여져야 할 때 없는 거라면 그 게 무슨 의미가 있겠냐!" 주님의 마음이 전해져야 합니다.

그래서 믿음은 평시에는 잘 모릅니다. 진짜 믿음은 어려움이 닥칠 때 오롯이 드러납니다. 바람이 불고야 알곡은 남고 쭉정이는 바람에 날아가는 것과 같습니다. 지난 시간 씨 비유를 하면서 예수님과의 관계를 끊어지게 하는 것이 세상의 시련이라고 했습니다. 시련의 바람이 불면서 진짜와 가짜의 구별이 명확해집니다. 돌밭에 심겨진 씨가 여기에 해당되었습니다. 그 반대편에는 세상 향락의 바람도 있었습니다. 세상이 너무 좋아서 세상맛에 길들여진 겁니다. 사람이 시간 많고 돈 있으면 이 맛에 취해 있다고 보면 틀리지 않을 것입니다. 가시밭에 떨어진 씨가 여기에 해당 되었습니다. 앞에 바람이 거센 광풍이라면 뒤의 바람은 살랑 살랑 유혹의 바람입니다. 우리의 믿음이 참된 믿음이라면 세상시련의 바람과 세상향락의 바람 앞에 내 믿음을 지키면서 동시에 확인합니다.

제가 가끔 건물마다 비치되어 있는 소화기 비유를 드는 이유가 있습니다. 소화기가 항상 그 자리에 있었다고 해서 소화기가 아니라는 것입니다. 소화기는 불났을 때 실력발휘를 해야 합니다. 불났는데 내용물이 굳어져 소화액이 안 나온다면 그건 가짭니다. 화석화된 믿음이고 쭉정이와도 같습니다. 마찬가지로 우리도 스스로 속을 수 있습니다. 항상 예배시간에 있었고 교회에 있었고 봉사하는 자리에 있었던 것으로 만족하면 안 됩니다.

"너희 믿음이 어디 있느냐!" 다분히 존재론적 질문입니다. 선악과 따먹고 숨어 있는 아담에게 하신 질문이기도합니다. "아담아 네가 어디 있느냐!" 지금 몰라서 물어보시는 것이 아닙니다. "왜 믿는 자리에 있지 않고 의심하는 자리에 있느냐! 왜 순종하는 자리에 있어야지 불순종하는 자리에 있느냐!"는 하나님의 탄식입니다...

바람이 불고 있습니까? 더불어 풍랑까지 일고 있습니까? 그때가 우리의 믿음이 능력으로 나타나고 빛을 발휘해야 하는 시간인 것을 믿습니다. 인격이신 주님 앞에 나아가 우리의 믿음을 보이는 것으로 우리를 둘러 싼 세상의 법칙들이 꼼짝없이 굴복하는 역사가 있기를 기도합니다.

　"두려워 말라 내가 너와 함께 함이라 놀라지 말라 나는 네 하나님이 됨이니라 내가 너를 군세게 하리라 참으로 내가 너를 도와주리라 나의 의로운 오른손으로 너를 붙들리라!"(사41:10)

14. 너에게 난 누구니?

(누가복음9:18~27)

예수님은 오늘 제자들을 이끌고 갈릴리 북쪽 마을인 가이샤라 빌립보로 가셨습니다. 이곳에서 예수님은 복음을 전하시고 병 고치는 사역보다도 제자들과의 어떤 특별한 시간을 가지셨습니다. 기도하시다가 예수님이 난데없이 제자들에게 물으시는 것입니다. "내가 누구니?" 제자들이 좀 당황스러웠을 것 같습니다.

제자들이 생각한 예수님은 누구입니까? 그걸 알려면 제자들이 왜 예수님을 따르게 되었는지를 먼저 알아야 합니다. 물론 예수님 말씀에 은혜 받았습니다. 서기관 같은 식상한 말씀이 아니었습니다. 그리고 예수님에게서 엄청난 능력이 나와서 기적이 일어나고 병자가 치유되며 귀신이 쫓겨가는 것을 보았습니다. 저 분이 보통사람이 아니라는 것을 알았습니다.

베드로 같은 경우를 보면 밤이 맞도록 그물을 내렸지만 허탕쳤는데 예수님 말씀대로 깊은 곳에 내리니 그물이 찢어질 정도로 잡은 것입니다. 저 분이 누구인지에 대한 분명한 이해 없이 놀랍고 굉장한 일이 일어나는 것을 먼저 보고 경험했기 때문입니다.

물론 하나님이 보내신 분이기에 저와 같은 놀라운 표적과 능력이 나타나는 것은 알았습니다. 당시의 시대 사람들 가운데는 공통된 정서가 있었습니다. 우리 민족이 지금은 로마의 압제 하에 괴로움을 당하고 있지만 하나님께서 언젠가는 반드시 옛적 모세나 엘리야 같은 굉장한 지도자를 보내주실 것이라는 믿음이었습니다.

그래서 예수님은 제자들에게 묻기 전에 먼저 "사람들이 나를 누구라고 하더냐?" 물으신 겁니다. 제자들은 19절에서 "세례요한이요... 엘리야요... 선지자중 한사람이 살아났다 하나이다!" 당시 사람들이 생각한 예수님은 다분히 선지자였습니다. 물론 평범한 선지자는 아니었습니다. 그것을 옛 선지자가 다시 살아났다 한 것으로 표현했습니다.

사실 이 내용은 당시 분봉왕이었던 헤롯에게 들리던 것과 같은 것이었습니다. 오늘 본문 앞부분인 6~9절을 보면 예수를 통해서 놀라운 역사가 일어난다고 하는 소문을 헤롯이 듣고는 두려워합니다. "이 모든 일을 듣고 심히 당황하니… (7)" 도둑이 제발 저린 것입니다. 세례요한은 자신이 목 베어 죽였거든요. 사람들이 예수를 가리켜서 제일 먼저 하는 말이 죽은 세례요한의 망령이 예수에게로 들어가서 이런 놀라운 일들이 일어난다고 한 것입니다. 헤롯은 죽은 세례요한이 자신에게 앙갚음 할 것 같은 두려움에 사로잡힌 것입니다. "요한은 내가 목 베었으니 이런 일이 들리는 구나… 이 사람이 누군가 하여 보고자 하더라!"(9)

이와 같은 사람들의 막연한 예수님 이해는 제자들이라고 크게 다르지 않아서 눅8:25절에서 제자들은 "그가 누구이기에 바람과 바다가 순종하는가?"한 것입니다. 저자 누가는 예수가 누구인지 대해 8:25절의 제자들의 질문과 9:9절의 헤롯의 질문을 통해 퍼즐 맞추기 식으로 압축하는 것입니다. 이윽고 9:20절에서 예수님은 나를 누구라 하는지 물으시는 것입니다. 이미 알고 있는 예수입니다. 그러나 오늘 더 깊은 지식으로 예수를 분명이 아는 은혜가 우리 모두에게 있기를 소망합니다.

좀 드문 경우이기는 하지만 이런 경우가 있습니다. 어려서 학생회 청년회 수련회를 다닐 때에 함께 뜨겁게 기도하던 분이고 눈물 흘리며 찬송하던 분인데 나중에 신앙하고 나무 상관없는 길을 가는 것을 보게 되는 것입니다. 이제 와서 보면 그냥 사람들과 함께 어울리는 것 자체가 좋았던 겁니다. 말 그대로 분위기에 휩쓸린 것입니다.

우리의 신앙은 감성에 호소하는 것보다 지성의 권면을 받는 것이 우선합니다. 믿음생활에 감성의 요소가 있지만 스스로에게 속으면 안 됩니다. 의지적 변화 없이 울었다고 해서 회개가 아니며 감미로운 멜로디에만 취한

찬양은 위험합니다. 책상에 오래앉아 있으면 공부 많이 한 줄 아는 것과 같습니다.

예수가 누군지 분명히 알고 그분과 인격적 만남을 갖지 않은 믿음은 모래위에 세운 집과 같습니다. 예수님은 오늘 이 부분을 분명히 해 두기 위해 일부러 제자들을 데리고 가이샤라 빌립보로 가신 것입니다. "너희는 나를 누구라 하느냐!" 이 질문은 사실상 모든 세대에 걸쳐서 예수를 따르고 섬긴다고 하는 사람들에게 공통적으로 물으시는 질문이면서 동시에 자신이 누군지를 가르치시겠다는 주님의 의지적 표현입니다.

제자들의 대표인 베드로가 9:21절에서 주는 그리스도라고 대답했듯이 우리 모두는 나를 구원하러 세상에 오시는 메시아라고 고백해야 할 것입니다. 이 대답을 들으시고 예수님은 22절에서 제자들에게 처음으로 자신이 대제사장과 서기관들에게 끌려가 모진 고난을 받고 죽임을 당하고 삼일 만에 살아나실 것을 말씀하신 것입니다.

예수님은 당신이 누군지에 대해 분명히 알리시고 나서 이내 너희가 누군지도 말씀해 주셨습니다. 23절입니다. "내 뒤를 따라 오려거든 날마다 자기를 부인하고 자신 십자가를 지고 나를 따라야 한다!" 많은 경우 십자가를 이해할 때 짊어져야 할 짐으로 해석하는 경우가 있는데 십자가의 올바른 이해는 빌립보서 2:6절 이하입니다... "그는 근본하나님의 본체시나 하나님과 동등 됨을 취할 것으로 여기지 않으시고 자기를 비워 종의 형체를 가지사 사람들과 같이 되었고 자기를 낮추시고 죽기까지 복종하셨으니 곧 십자가의 죽으심이라!" 십자가는 자신을 낮춤이고 비움이며 부인입니다. 오늘 말씀 23절이 참으로 귀한 것은 한 번 부인하고 그만하는 것이 아니라 '날마다'입니다. '날마다' 내 경험과 지식과 내 공로와 의로움이 부인되는 것으로 우리는 예수의 제자가 되는 것입니다.

예수가 누군지 다시 한번 확실한 지식을 다졌습니다. 내 죄를 대신해서 십자가를 지러 오신 하나님의 아들 그리스도라고 하는 공동의 신앙고백을 함께 했습니다. 그러나 여기서만 그쳐서는 좀 섭섭합니다. 우리의 신앙고백은 공동의 신앙고백과 함께 개인적 고백이 뒤따라야 한다는 것이 저의 주장입니다. 2000년 전 날 구원하러 세상에 오셔서 죽임 당하신 하나님의 아들 예수가 오늘 대한민국에 살아가는 나라고하는 사람에게 누구냐? 하는 개인적 질문입니다. 그래서 사실 오늘 이 예수님의 질문은 조금만 다른 각도로 보면 연인간에 나누는 대화 속에 있는 질문이 됩니다.

"다른 사람이 하는 말은 다 제쳐두고 그렇다면 너에게 있어서 난 누구니?" 이런 말은 사랑의 확인을 위해 묻는 말입니다. 우리의 신앙고백이 개인적인 부분으로 들어가면 거기에는 연인의 고백이 있는 것입니다.

우리는 모두 사랑하는 사람에게 특별한 의미로 다가가고 싶습니다. 사랑하지 않는 사람에게는 아무래도 상관없습니다. 저라는 사람을 예를 들면 저는 누굽니까? 지나가는 사람에게 저는 그냥 아저씹니다. 그러나 절 좀 아는 사람들에게는 한지붕교회 목사님입니다. 그러면 지금 앞에 앉아 계신 성도님들에게 있어서 저는 누굽니까? 그냥 목사라고 하시면 제가 삐칠 수 있습니다... 확실히는 모르겠는데(?) 그래도 성도를 위해 헌신할려고 하는 목사다 뭐 이렇게 저를 알아주기를 바라는 것이 저의 마음입니다.

더 깊이 들어가서 제 식구들에게 저는 누굽니까? 그냥 남편이고 아빱니까? 여기서도 삐칠 수 있습니다. 특별한 의미이고 싶은 겁니다. 정신적 지주... 뭐 이런 진부한 거는 싫습니다. 따뜻한 남편... 우리집안의 청량음료... 존귀아빠... 뭐 이 정도면 만족할 것 같습니다.

오늘 이 말씀을 물어 오시는 예수님의 마음을 읽을 때에 "너에게 난 누구니?"하는 이 질문이 개인적으로 깊이 들어가면 오글거리는 연인간의 질문이기에 아직도 한국 남자들이 잘 대답하기 어렵습니다. 연세 있으신 분들이라면 대번에 무슨 뚱딴지같은 소리야! 할 수 있습니다.

저에게 있어서 예수님은 누구십니까? 라고 물으신다면 이렇게 답하고 싶습니다. "제가 생각한 것보다 훨씬 더 제 가까운 곳에 계시는 분이십니다!...”라고 답하고 싶습니다. “치밀하게 준비하셨다가 허락하시고 섬세한 손길로 이 모든 것을 돌봐주시는 분!...”

구약의 광야 이스라엘백성을 향해서 신명기 1:30,31절에서 “너희 보다 먼저 가시는(앞서 행하시는) 여호와 하나님께서 너희를 위하여 너희 목전에서 모든 것을 행하심같이...(30) 그는 너희보다 먼저 그 길을 가시며(앞서 행하시며) 장막 칠 곳을 찾으시고 낮에는 구름기둥 밤에는 불기둥으로 너희 갈 길을 지시하신 분...”라고 고백한 모세의 고백이 곧 저의 고백입니다.

한 가족을 책임진 전형적인 아버지의 모습입니다. 이사 갈 곳의 터를 미리 살피시며 장막 칠 곳을 찾으시는 주님의 모습을 그려야 합니다. 이곳이 좋을까? 저곳이 나을까? 장막을 챙기시는 주님은 장막 안에서의 먹고사는 일도 책임지십니다. 아침에는 만나가 내리고 저녁에는 메추라기입니다. 비열이 낮은 광야길 임으로 낮에는 구름기둥 그날막 아래 행할 수 있는 것이고 밤에는 불기둥 히터가 돌아야 살 수 있는 겁니다. 이런 말씀까지 드리기가 뭐 하지만 하나님은 “너희들 화장실 갈 때 꼭 부삽 가지고 가야 한다!”라는 것까지 챙기시는 자상하신 아버지이십니다. 성경을 읽으면서 “지금 이 말씀을 하고 계시는 분이 굉장히 자세하신 분이다!”라는 것을 느끼지 못했다면 성경을 잘못 읽은 것입니다.

기억할 것은 우리의 인생길은 꽃길이 아니라 광야길입니다. 중요한 것은 우리 목전에 하나님의 앞서 행하심이 있습니다. 치밀하게 준비하시고 섬세한 손길로 살피시는 아빠 아버지의 깊은 부정을 삶 속 자세한 곳에서(목전에서) 경험하고 누리고 사시는 우리 모든 성도들이 되시기를 기도합니다.

15. 가장 작은 그가 큰 자니라!
(눅9:46~48)

변화산에서 예수님이 영광스럽게 변화되는 것을 보았습니다. 처음과 나중 선지자라 할 수 있는 모세와 엘리야까지 보았습니다. 베드로는 졸다가 형언할 수 없는 모습을 보고는 그만 자기도 모를 소리를 했고 구름 속에서 하나님의 음성을 들었습니다. "너희는 저의 말을 들으라!"는 말씀을 주셨습니다. 이스라엘 민족이 가장 존경하는 모세와 엘리야의 말보다 예수님의 말을 들어야하는 것은 율법보다 선지자보다 크신 분이 주님이기 때문입니다.

변화산에서 내려와서 보니 9제자들이 귀신들린 아들을 데리고 온 아버지와 실랑이를 벌이고 있었습니다. 귀신   아달라고 했는데 못   은겁니다. 예수님은 산 아래 있던 제자들을 크게 책망하셨습니다. 할 수 있는 능력이 없어서 못한 것으로 나무란 것이 아닙니다. 할 수 있는 능력을 주셨는데도 못 했기에 크게 책망하신 것입니다. 안 배웠는데 못하는 것으로 나무라는 선생님은 없습니다. 가르쳐주셨는데 못했기 때문에 야단 맞은겁니다.

오늘본문 앞 절인 9:1절 입니다. "예수께서 열두제자를 불러 모으사 모든 귀신을 제어하며 병을 고치는 능력과 권위를 (주시고)…" 눅10:19에서도 "내가 너희에게 원수의 모든 능력을 제어할 권세를 (주었으니!)"

심지어 49~50절에서는 어떤 사람들이 예수이름으로 귀신을 쫓아내는 것을 보고는 제자 요한이 이를 금하였다고 말씀드리자 예수님은 "너희를 반대지 않는 자는 너희를 위하는 자이니 금하지 말라!" 하신 것입니다. 제자들은 자신들과 함께 하지도 않은 자들이 로얄티도 안 내고 남의 선생님

이름을 도용해서 자신들은 못 쫓아낸 귀신을 쫓는 것을 보고는 약간의 시기심도 보태서 말씀드린 것입니다. 여기서 뭘 하나 배우고갑니다.

예수님의 이름은 꼭 허락받고 사용하는 것은 아니라는 것입니다. 한정된 제자공동체 그룹 안에서만 불리워지는 이름이 아니었습니다. 우리는 친근한 이름인데 귀신들에게는 두려워 떠는 이름입니다. 나사렛 예수의 이름을 사용하라고 주셨는데 묵혀두는 일이 없기를 소망합니다. 나사렛 예수의 이름으로 우리를 둘러싼 어둠의 영들을 쫓아낼 수 있는 믿음이 오늘의 제자 된 우리 성도들에게 있기를 기도합니다.

입이 한 주먹 씩 나와 있던 제자들이 이번에는 서로 누가 높은지를 다투는 것입니다. 그도 그럴 것이 변화산에 올라갈 때 베드로 요한 야고보 세 명만 데리고 가셨고 또한 산 밑에 9제자들은 귀신도 못 쫓았으니 제자들 간 우열에서 밀린 것은 자명한 일이었습니다. 사실 46절에는 누가 더 높은지를 비교급으로 기술하고 있지만 원문에는 최상급으로 누가 톱인지를 놓고 벌이는 일종의 변화산 세 명의 제자들 간의 헤게모니쟁탈 전이라 하겠습니다.

예수님 앞에서는 감히 그럴 수 없으니까 자기들끼리 티격태격하고 있을 때 예수님은 그것을 다 아시고 어린아이하나를 찾다가 곁에 세우시고 말씀하셨습니다. 성경이 외치고 싶은 기독교의 진리가 이 말씀에 있고 천국의 원리가 귀하게 담겨있는 구절입니다.

"어린아이를 영접하는 것이 나를 영접하는 것이고 나를 영접하는 것은 나를 보내신 하나님을 영접하는 것이요... 너희 모든 사람 중에 가장 작은 그가 큰 자니라!"

여기서 어린아이를 들어 비유하심은 어린이처럼 맑고 순수하게 모든 것을 잘 받아드리는 부분을 말씀하자는 것이 아닙니다. 아이라고 해서 다 순수한 것은 아니기 때문입니다. 어린이는 힘과 권력에서 가장 멀리 있는 존재임을 말하기 위함입니다. 제자들 너희들이 생각하는 힘... 세력... 권세... 이런 것과 가장 관계없는 부류입니다. 소위 "애들은 가라!"는 말을 우리는 압니다. 아이들은 무시의 대상입니다. 당시의 아이들 역시 아무렇게나 대해도 되고, 구박해도 되고, 심지어 때려도 자기를 해 입히는 자를 향해서 아무것도 할 수 없는 소유물에 불과했습니다.

예수님은 지금 그런 상태에 있는 사람을 자신과 동일시하신 것입니다. 소자에게 물 떠준 것이 나에게 떠 준 것이다. 소자를 실족케 하느니 연자맷돌 메고 바다에 빠지는 게 낫다. 구약으로 가면 가난한 자에게 꾸이는 것은 나에게 꾸이는 것이다. 가난한 자를 멸시하는 것은 곧 나를 멸시하는 것이다. 성경은 계속해서 가난한 자, 힘없는 자, 약자, 초라한 자, 소자, 어린이, 이런 사람이 곧 당신이라고 하십니다. 참 신비한 말씀입니다.

우리의 믿음이 그 진정성이 드러나는 때가 있습니다. 내가 마음대로 아무렇게나 해도 나에게 대들거나 반항하거나 보복할 수 있는 힘이 전혀 없는 자들에게 내가 어떻게 대하는 것으로 나의 신앙인격이 드러나는 것입니다. 그들 안에 예수님이 계시기 때문입니다.

조롱당하고... 때리면 맞고... 끌려가면 끌려가는 것으로 그렇게 힘없는 아이처럼 주님은 십자가를 지고 골고다를 올라가셨습니다. 아무런 힘없는 자의 모습에서 도리어 가장 크고 강한자의 모습을 보이는 것은 참으로 신비하고 이해하기 어려운 천국을 살아가는 삶의 원리였습니다.

이 세상은 세상의 이치라고 하는 원리와 법칙이 지배하고 있습니다. 물질세계는 만유인력이 작용하는 법칙 아래서 꼼짝없이 살아갑니다. 그런데 정신세계도 꼼짝 못하는 원리가 있습니다. 사람들은 누구나 크고자하고, 높고자하며, "나를 섬겨라! 나를 대접하라! 너희들이 나를 몰라보는구나!" 하구서 서로 간 경쟁하고 암투하고 짓밟는 것으로 위로... 또 위로... 높은 곳을 향해 나갑니다.

그래서 아래로... 뒤로... 물러서는 것은 넘어진 것이며 실패한 것입니다. 여기서 낙심하며 절망하며 괴로워합니다. 두 세 발 뒤처졌다면 이제는 다 끝났다고 여깁니다. 그러나 스스로를 제일 뒤로 보내고 가장 작게 만들며 밑바닥까지 낮추신 분이 계십니다. 그래서 철저하게 실패하신 분이 계십니다.

전율할 정도로 경이로운 사실은 그 가장 나약한 시간과 자리에서 도리어 가장 큰 자의 모습이 발견되더라는 것입니다. 부활입니다. 가장 크고 강한 자라야만이 이룰 수 있는 부활의 권능과 영광이 그곳에 있는 것입니다.

말씀의 메시지는 이것입니다. "너희들이 생각하기에 가장 뒤에 있을 거라고 생각한자가 가장 앞에 있을 것이고, 가장 초라하다고 무시한 자가 가장 높은 자리에 앉아 있을 것이며, 가장 작다고 여긴 자가 가장 큰 자가 되어 있을 것이다..." 세상의 이치에 있어서 완전한 발상의 역전입니다. 성경의 하나님은 철저히 반전의 하나님이십니다. 천국에 가면 드라마틱한 역전의 묘미가 사뭇 남다를 것 같습니다. 모든 성도들이 일어나 면류관을 주께 드리며 하나님의 하신 일에 대한 선하심과 의로우심을 찬양하고 환호하며 박수칠 것입니다.

"너희 모든 사람 중에 가장 작은 그가 큰 자니라!"입니다. 철저히 세상원리와 반대입니다. 마태복음(18장)에서는 이 부분에서 "누구든지 어린아이처럼 자기를 낮추는 자가 큰 자니라!" 하셨고 마가복음(9장)에서는 "첫째가 되고자하면 끝이 되고 섬기는 자가 되어야 한다!" 어린아이처럼 되지 않으면 천국에 못 간다고까지 하신 것입니다. 결국 자신을 부인하고 비우지 않고는 예수 영접하는 일은 불가능한 일이었습니다.

뒤로 가는 것이 물러서는 것이 아닙니다. 실패가 실패가 아닙니다. 성공이 또 성공이 아닙니다. 사람들은 성공하면 아무 생각이 없어집니다. 자기 잘난 자랑만 남습니다. 그러나 실패하면 우리는 스스로를 돌아봅니다. 생각을 합니다. 사람은 실패를 통해서 배우고 우리의 믿음도 나의 부족함과 넘어짐으로 이 만큼 자란 것입니다. 히브리어로 광야는 (믿바르)이며 어원은 (아마르)에서 왔습니다. 아마르는 하나님의 음성입니다. 인생광야에서 하나님의 음성을 듣는 것이지 화려한 도시에서는 결코 들을 수 없습니다.

이 세상은 높은 곳으로 더 높은 곳으로 올라가 봤자 그 끝에는 허망한 죽음이 있습니다. 그러나 내가 비록 세상에서 남들보다 뒤처지고 실패했어도 하나님은 그것을 이용하셔서 내가 생각지도 못했던 더욱 놀라운 것들을 이루십니다. 믿음을 굳세게 하시고 저 앞에 있는 영광을 보게 하십니다. 세상에서 높아지고 성공한 것과는 비교도 할 수 없는 훨씬 영광스런 앞자리로 보내십니다. 부활입니다.

"천지의 주재이신 아버지여 이것을 지혜있고 슬기있는 자들에게는 숨기시고 어린아이들에게는 나타내심을 감사합니다!... 옳소이다! 이렇게 된 것이 아버지의 뜻입니다!..."(눅10:21)

"여호와는 가난하게도 하시고 부하게도 하시며 낮추기도 하시고 높이기도 하시는도다 가난한 자를 진토에서 일으키시며 빈핍한 자를 거름더미에서 드사 귀족들과 함께 앉게 하시며 영광의 위를 차지하게 하시는도다..."
(삼상2:8)

"읽는 설교"
16. 주셨다면 받은 겁니다...

(누가복음10:21)

　　누가복음 9장과 10장은 예수님의 제자 파송사역으로 시작됩니다. 9장에서는 12제자를 파송하시고 10장에서는 외곽 그룹인 70인 제자를 둘씩 짝지어 마을로 파송하시면서 주님은 그들에게 무엇을 주셨습니다. 9:1입니다. "예수께서 열두제자를 불러 모으사 모든 귀신을 제어하며 병을 고치는 능력과 권위를 (주시고)..." 눅10:19에서도 "내가 너희에게 원수의 모든 능력을 제어할 권세를 (주었으니!)"

　　이거 하나는 분명합니다. 예수님이 주셨다면 그건 주신겁니다. 그런데 받은 자들이 이것을 어다다 흘려먹고는 못 받았다 하는 경우가 있습니다. 예수님은 분명히 주셨다 하셨는데 받아야하는 자들이 못 받았다 하면 이건 어디 간 겁니까! 그리고 이거는 뭡니까?

　　9:41절서 주님이 귀신을 못쫓아낸 9제자들에게 "믿음이 없고 폐역한 세대여 내가 얼마나 참으리요..." 크게 책망하심은 이미 그들에게 능력을 주셨음에도 어디다 까먹고는 못했기 때문입니다.

　　예수님이 제자들에게 주신 것은 두 가집니다. 영적으로는 어둠의 악한 영들을 제어하는 권능을 주시고 육적으로는 질병을 치유하는 능력을 주셨습니다. 눈에 보이는 물질이면 손으로 받겠는데 주님이 주시는 것은 믿음으로 받습니다. 특별히 파송받은 자들은 예수의 대리인으로서의 믿음입니다. 내가 지금 예수를 대신해서 여기 있고 아무개를 만나고 있으며 예수의 말씀을 대신해서 전하고 있다는 마음가짐이 곧 믿음입니다. 믿음은 마음가짐입니다.

　　10장 16절입니다. "너희 말을 듣는 자는 내 말을 듣는 것이요 너희를 저버리는 것은 나를 저버리는 것이요 나를 저버리는 자는 나 보내신 이를 저

버리는 것이라 하시니라!"

예수님은 오늘 이 시대에도 제자를 파송하십니다. 파송하실 때 먼저 부르시는 소명감을 주십니다. 우리 모든 성도는 구원으로의 소명만 받은 자들이 아니고 사역으로의 소명을 같이 받은 사람들입니다. 구원만 받고 사명은 안 받았다면 좀 이상한 겁니다. 확고한 소명감이 투철한 사명감을 갖게 합니다. 위임받은자요 대리인이요 사명받은자라는 믿음에서 곧 그의 말 가운데 그 말을 주신 분의 능력이 나타날 것입니다. 주셨다고 하셨으니 받은 줄로 알고(믿고) 담대히 나아가는 것입니다.

70인 제자들이 돌아와 신나서 보고할 때 17절에서 "주의 이름이면 귀신들도 우리에게 항복하더이다!" 했습니다. 그때 주님은 귀신이 쫓겨가는 것으로 기뻐하지(흥분하지) 말고 너희 이름이 하늘에 기록된 것으로 기뻐하라 하심은 너희가 마치 능력이 있어서 그런 일이 일어난 것으로 착각하지 말고 너희를 구원하신 주님을 찬양하라는 말씀을 주셨습니다.

여기서 중요한 말씀이 "주의 이름이면..."입니다. 사실 우리는 예수의 이름이 크다고 하니까 큰 줄 아는 것이지 얼마나 그 이름이 지엄하고 두려운 이름인지 잘 모릅니다. 앞선 8:28절에서 귀신이 먼저 예수를 알아보고 엎드리며 "지극히 높은 하나님의 아들 예수여..." 했습니다.

우리 예수님의 이름은 지극히 높은 이름입니다. 예수이름 아래 모든 만유는 무릎 꿇고 벌벌 떨며 순복합니다. 주의 이름이면 하늘의 해와 달과 바람과 바다가 순종하고 귀신이 도망가며 불치병이 치유됩니다.

문제는 산 밑의 9제자들 처럼 믿음이 없어서 주님이 주신 능력을 내 것화하지 못하고 다 흘려버립니다. 예수님은 귀신을 못쫓은 제자들에게 "믿음이 없는 세대여..." 라고 하셨고 이후에 우리는 왜 못쫓았는지를 여쭈었을 때는 "기도 외에는 이런 유가 나가지 못한다!" 하셨습니다. 우리가 주님께 말씀을 받고 사명을 받았다면 기도함으로 우리의 믿음을 견고히 세워야 할 것입니다.

특별히 "내가 보냄 받은 자로 지금 이 일과 이 사람 앞에 있다!"하면 크신 이름 예수의 이름으로 대언해서 어둠의 영들을 쫓아내며 병 나음을 선포하시기 바랍니다. 병 고침은 약 발라주고 째고 꿰매고 의료행위를 하는 것이 아닙니다. 물론 그것도 필요합니다. 그러나 9:1에서 "병을 고치는 능력과 권위를 주셨다!"하신 것은 환부에 손을 얹고 주의 이름으로 치유와 회복과 나음을 선포하는 것입니다. 주의 이름이면 귀신만 항복하는 것이 아니라 찾아 온 질병도 쫓겨가는 역사가 있을 것입니다.

주님은 10:21절 이하에서 성령으로 기뻐하시며 기도하셨습니다. "천지의 주재이신 아버지여 이것을 지혜 있고 슬기 있는 자들에게는 숨기시고 어린아이들에게 나타내심을 감사합니다...아들의 소원대로 계시를 받는 자 외에는 아버지를 아는 자들이 없습니다..."
예수님의 기도 중에 '이것을' 숨기기도 하시고 나타내기도 하셨다는데 이것은 무엇입니까! 천국구원의 비밀을 아는 것입니다. 소위 잘나고 똑똑하다고 하는 사람들에게는 숨기셨습니다. 이들은 다 스스로가 만든 자기천국을 가지고 있는 사람들입니다. 그런데 어린아이 같이 자신을 낮추고 비우며 부인한 사람들에게는 보여주셨습니다.

내가 지금 예수 믿는 것은 나를 향한 아들이신 예수님의 소원이 있었기 때문입니다. 먼저 찾아와주시고 만져주시고 열어주시고 보여주셨습니다. 예수님께서 기도를 마치시고 제자들을 향해 조용히 이렇게 말씀하셨습니다. 조용히는 비밀스럽고 중요한 이야기할 때입니다. "너희들이 보는 것을 보는 눈은 복이 있다... 보고자 해서 다 보이는 게 아니고 듣고자 해서 다 깨달아지는 게 아니다...!" 예수가 바로 보이고 진리가 깨달아지면 그것은 하나님이 아들의 소원대로 계시의 영을 주셨기 때문이지 내 영적인 지각력이 뛰어나서가 아닙니다. 항상 기억할 것은 귀신 쫓아낸 것으로의 기쁨이 아니라 내가 구원받은 것으로의 기쁨입니다. 이것이 성경이 말하고 싶은 은혜입니다.

예수님이 주셨다고 하셨으니 우리 모두가 받은 줄로 알고(믿고) 오늘날의 전도대가 되어 가는 곳마다 은혜의 복음을 전할 때에 주께서 미리 구원하기로 소원하신 천국의 백성들이 돌아오는 역사가 오늘도 일어날 것을 믿습니다. 더불어서 예수이름의 크신 권세로 어둠의 악한 영들을 쫓아내며 육신의 질병에서도 자유케 하는 역사가 또한 함께 있기를 간절히 기도합니다.

17. 어떻게 읽느냐!

(누가복음10:25~37)

　　오늘은 선한 사마리아인 비유를 통해서 주님이 주시는 말씀을 함께 듣도록 하겠습니다. 율법을 가르치는 어떤 율법교사가 뭘 하나 여쭤보겠다고 예수님께 온 것입니다. 이 사람들 언제나 그랬듯이 몰라서 물은 것이 아닙니다. 예수님을 자신들의 질문에 말려들게 하기 위해서입니다. 사람들이 율법전담 교사인 자기들에게 안 오고 예수님께만 몰리니 시기심도 작용한 것 같습니다.

　　어떻게야 영생을 얻겠습니까? 구원을 물은 것입니다. 예수님은 율법교사의 의도를 간파하시고 그 질문을 되받아서 물으셨습니다. "율법에 무엇이라 기록되었으며 그것을 어떻게 읽느냐?" 이 예수님의 질문은 사실 우리 성도들에게도 매우 중요한 의미를 지닙니다. 성경에 무슨 이야기가 기록되었는지 모르는 사람은 없습니다. 그냥 읽으면 되니까요. 그런데 어떻게로 들어가면 여기서는 너무 많은 분파가 생깁니다.

　　어떻게 읽느냐는 예수님의 질문은 성경을 보는 눈과 관점과 틀을 말합니다. 어떤 안경을 쓰고 성경을 보느냐에 따라 다른 해석을 내립니다. 똑같은 팩트를 앞에 두고도 한계레신문과 조선일보는 전혀 다른 이야기를 하는 것과 같습니다. 급진 좌경신학자들의 눈으로 본 성경은 애굽의 압제에서 자기백성을 구원하신 정치성이 강한 하나님입니다. 세속적 관점을 가지고 성경을 보면 성경의 하나님은 오늘 나를 돈 벌어주고 자식들 잘 되게 해주는 존재 그 이상도 이하도 아닙니다. 제가 아는 어떤 시인의 눈으로 본 예수는 자신의 시적 자아를 표현 해 주는 소재에 불과합니다.

　　성경을 읽는 방법은 먼저 성경으로 하여금 성경을 읽어야 합니다. 세상의 정치논리나 경제관념으로 성경을 보면 안 됩니다. 구약은 신약으로 신약은 다시 구약으로... 복음서는 서신서로... 서신서는 복음서로 ...그래서 우리는 하나님의 말씀이 전해지는 곳에서 지금 저 사람이 성경으로 자기이야기를 하는지 아니면 성경이 자신을 스스로 말하도록 돕고 있는지를 알아합니다.

　성경의 관점을 가졌으면 이후로는 하나님의 절대주권과 회개하는 죄인을 사랑하시는 하나님의 사랑과 그리고 그것을 위해 우리에게 주신 십자가와 예수 그리스도에 포커스를 맞추어 성경을 풀어나가야 합니다. 그런데 많은 사람들이 사람의 공로와 행위 그리고 율법에 포커스를 맞추는 것으로 성경이 그냥 권선징악의 윤리 책이 되어 버립니다. 하나님의 은혜를 말하면서도 결국에는 사람의 자랑만 남아버립니다.

　이단은 무슨 초세복음 중세복음 말세복음하면서 자기들 식대로 만들어 놓은 틀을 가지고 성경을 보게합니다. 자신만이 성경의 진리를 깨달은 자로 입만 열면 지옥 간다고 두려움을 조장하며 그것으로 종교장사를 하는 사람들입니다. 마지막에 자기(교주)가 예수의 대리자인고로 자기에게 충성하는 것으로 구원의 길을 말합니다.

　하나님이 아들예수를 통해 이루어놓으신 완전한 구원의 한 부분을 떼어 자기가 들어앉아 있는 형국을 만듭니다. 잘못된 눈과 틀 관점을 구분해내는 영적 분별력이 있어야할 것입니다. 딱 들으면 척 하고 아니다하는 감이 와야 하는데 그렇지 못하고 미혹되는 분들을 보면 너무나 안타깝습니다.

　오늘 이 율법교사가 예수님의 되받아친 질문에 제대로 된 답을 내었습니다. 영생은 "하나님을 사랑하고 이웃을 사랑하는 것!" 정답을 말했습니다. 모든 율법을 한 구절로 압축시킨 말씀입니다. 만일 행위구원을 말하는 거짓교사라면 25절의 "어떻게 읽느냐?"를 이런 식으로 풉니다. 행위에 포커스를 맞추는 것으로 모든 행위를 통해 하나님사랑하지 않는 것, 그리고 이웃을 사랑하지 않는 것, 하나 하나 들추는 것으로 지옥 간다고 하는 겁니다. 신앙생활의 평안이 없고 두려움만있습니다.

앞서 말씀드린 것처럼 성경은 성경으로입니다. 예수 믿는 자는 하나님을 사랑하고 이웃을 사랑합니다. 이렇게 되어야 합니다. "내 아버지의 뜻은 아들을 보고 믿는 자마다 영생을 주는 이것이니 마지막 날에 내가 그를 살리리라!"(요6:40)입니다. 영생은 예수 믿고 받는 것입니다. 그 영생을 얻은 자는 하나님과 이웃을 사랑하는 행위를 보이며 사는 것입니다...

예수님은 이 율법교사에게 "네 말이 맞다... 이를 가서 행하라!" 하셨습니다. 믿음보다 겉으로 나타난 행위를 중시하는 이 율법사는 29절에서 "자기를 옳게 보이려고" 예수님께 다시 여쭙습니다. 내 이웃이 누굽니까? 첫 질문은 시기심에서 물었다면 지금은 공명심입니다.

먼저 축복하기는 옳게 보이려고 사시지마시고 그냥 옳게 사시기바랍니다. 예수님은 말씀하시기를 사람들에게 착한 사람으로 보이려고 남을 도와주고 믿음 좋은 척 하느라고 시장 사거리에서 기도하는 일 하지 말라 하셨습니다. 위선자들이고 외식하는 자들입니다.

예수님은 여기서 그 유명한 선한 사마리아인 비유를 통해 이웃이 누구인지를 정의 해 주셨습니다. 어떤 사람이 예루살렘에서 여리고로 내려가다가 강도를 만나 가진 것 다 뺏기고 거반 죽게 되었다. 먼저는 제사장이 못 본 척 지나가고 다음으로 레위인이 그냥 지나갔다 그런데 사람들이 거의 사람 취급하지 않는 사마리아인이 그를 거두어 주었다. "누가 강도 만난자의 이웃이 되겠느냐!"

여기서 율법사의 질문과 예수님의 답이 절묘하게 교차합니다. 율법사는 이웃의 정의를 자기를 기준으로해서 내리고 있다면 예수님은 "누가 강도만난자의 이웃이 되겠느냐!"는 말씀을 통해 강도 만난 자의 입장에서 이웃을 정의해 주고계십니다. 이웃은 내가 아무개를 향해서 이웃이라고 하는 것이 아니라 이웃이 나를 향해서 이웃이라고 하는 것입니다. 이 율법사는 이웃의 개념을 자기중심에서 정의하는 것입니다. 이웃이 듣고 기분 나쁠 수 있습니다. 예수님의 가르침은 이웃이 나를 향해서 저 사람은 내 이웃이라고 말해주는 것이지 내가 먼저 말 할 수 없다는 것입니다.

오늘의 메시지는 결국 나 중심에도 탈피하라는 내용입니다. 하나님의 말씀인 성경을 보는 것도 내가 중심이 된 나의 행위를 가지고 해석하면 이렇게 됩니다. "내가 믿었고… 내가 헌신 했고… 내가 열심을 내었고… 그러니 하나님은 내게 복을 주신다…" 이건 내 중심입니다.

그러나 참된 성도는 하나님의 주권 아래 있는 나를 봅니다. 하나님의 은혜와 십자가라고 하는 틀 안에서 내 인생을 해석합니다. 허물 많은 자를 찾아와주시고 오늘도 깨닫게 하시고 은혜주시고… 자녀삼으시고… 돌봐주시고… 살펴주시고 … 이렇게 계속해서 하나님 중심에서 나를 봅니다. "누가 날 향해서 자기 이웃이라고 말해줄까?…" 이것을 생각해야 합니다.

예수님은 마지막으로 "가서 너도 이와 같이 하라!"하셨습니다. 선한 사마리아인은 사회사업가 되어 구제 할 자를 찾아다닌 것이 아니라 매일 매일의 삶을 통해 다니던 길에서 강도만난 자를 만난 것입니다. 예수님이 말씀하신 '이와 같이' 속에는 또한 우리의 지극히 평범한 일상을 통해 만나게 되는 도와야 할 자 앞에서 침묵하지 말라는 메시지가 담겨있습니다.

하나님을 사랑하고 이웃을 사랑해야 합니다. 특별히 이웃을 사랑할 때 내 기준과 중심에서가 아니라 철저히 이웃중심에서 아무개가 너를 향해서 이웃이라고 불리 울 수 있게 "이와같이 하라!"입니다. 진리는 일맥상통합니다. 여기서도 '역지사지'고 "대접받고자 하는 대로 남을 대접하라!"는 황금율입니다. 관점의 수정입니다. "그것을 행하라!"입니다!

18. 마리아와 마르다

(눅10:38~42)

누가복음 강해 스무번째 시간입니다. 오늘은 자매 지간이었던 마르다와 마리아 두 인물을 통해서 주시는 말씀을 받도록 하겠습니다. 베다니에 있었던 이 가정은 예수님과 친인척 관계였던 것으로 추정합니다. 사실 위로 오라비가 한 명 더 있습니다. 예수님이 죽은 지 나흘 된 나사로에게 "나사로야 나오라!"했던 그 나사로입니다. 예수님이 사랑하신 가정이고 종종 들리셔서 말씀도 전하시고 쉬기도 하셨던 집입니다.

오늘 본문도 예수님이 이 집을 방문하시는 것으로 시작됩니다. 오라비 나사로를 살리신 일의 보답으로 이렇게 예수님을 초대한 것인지는 분명치 않습니다. 문제는 예수님과 제자들이 생각보다 좀 일찍 오신 것 같습니다.

언니인 마르다가 시장 봐다가 국도 끓이고 부침개 잡채 열심히 만들었습니다. 그런데 한참 하다 보니까 손이 하나 더 있는 것입니다. 동생 마리아입니다. 이제 예수님 설교 끝나고 축도하면 바로 식사대접 나가야 하는데 아무리 찾아도 없는 겁니다.

그렇게 발이 동동 구르고 있는 중에 그만 마리아가 예수님 발밑에서 있는 것이 보였습니다. 그래서 40절을 보면 마르다가 얼마나 속이 상했는지 예수님 설교도중에 끼어듭니다. 그리고는 마리아를 불러야하는데 예수님께 섭섭한 마음을 토로합니다. "예수님! 내 동생이 나 혼자 일하게 두는 것을 생각하지 않으십니까! 그를 명하사 나를 도와주라 하소서!"

이게 이제 일반적인 상황으로 가자면 예수님은 발 아래 있던 마리아에게 "너 왜 여기 있어! 빨리 언니 도와줘야지!..." 하면 마리아는 언니에게서 귀 내지는 코가 잡힌 채로 부엌으로 끌려가고... 이내 후라이팬 울리는 소리가 나는 것이 일반적인 스토리 전개입니다. 그런데 예수님의 41~42말씀은 도리어 마르다를 책하는 분위기가 되는 것입니다. "마르다야 마르다야 너는 많은 일로 염려하고 근심하나 한가지면 족하니라 … 마리아는 좋은 것을 택했으니 뺏기지 않을 것이다!"

오늘 예수님은 생각이 복잡하고 분주한 마르다와 하나님 말씀을 듣는 한 가지 일에 집중하고 있는 마리아를 앞에 두고 진리의 말씀을 주십니다. 말씀의 본론으로 들어가기 전에 먼저 이 본문을 흑백논리로 접근하는 것을 우려합니다. 하나님말씀에 집중한 마리아는 잘 했고… 말씀보다 봉사하는 것에 치중한 마르다는 잘못했고… 이렇게 이해하면 곤란합니다.

말씀에 집중한 마리아가 믿음이라면 봉사에 분주한 마르다는 행위라고 하겠습니다. 믿음과 행위는 같은 것입니다. 예수 믿는 자가 선한행위를 하는 것이고 선한행위는 예수믿음에서 나온 것입니다. "예수 믿어도 못됐던데요…!" 그건 믿는 척만 한 거지 예수 안 믿은겁니다. 영혼과 육신이 하나인 것처럼 남편과 아내가 하나인 것처럼 믿음과 행위도 하나로서의 두 개입니다. 동전의 앞뒷면이며 불가분의 속과 겉일 뿐입니다. 둘로 나누는 이원론은 이방 헬라철학에서 온 것이며 모든 이단들이 말하는 교리의 기저에 있는 사상입니다.

이원론자들이 근거로 주장하는 요6:63절의 "살리는 것은 영이니 육은 무익하다…"하신 것은 나를 살리는 데에 있어서 영이 살아야 육도 사는 것이지 영만 살고 육은 없어도 된다는 뜻이 아닙니다. 우리의 영육에 있어서 영이 우선하고 본질적 부분이라는 말씀을 그렇게 표현 하신 것입니다. 우리는 육신의 부활을 믿는 사람들입니다. 많은 이단들은 육신은 악한 것으로 치부하여 영의 부활만을 말합니다.

믿음과 행위, 영혼과 육신, 남편과 아내, 하나 더 들어가면 목회자와 성도 역시 하나입니다. 목회자(성직자)는 거룩하고 성도(평신도)는 속되다 이런 가르침은 비성경적입니다. 목회자도 다 같은 주님의 양으로서 잠시 말씀을 맡아 같은 양떼들에게 목양하는 기능을 감당할 뿐입니다. 본질적 하나이면서 분리상 기능상 두 모습일 뿐입니다. 그런데 우선순위는 있습니다. 영혼과 육신에서 영혼이 먼저고… 믿음과 행위에서 믿음이 먼저이며… 남편과 아내 그리고 목회자와 성도역시 마찬가집니다… 오늘 마리아와 마르다도 마찬가집니다… 마리아는 말씀과 믿음이고 마르다는 봉사와 행위입니다… 믿는 자가 봉사하는 것이고 봉사하는 것은 믿었기 때문입니다.

말씀만 중하고 봉사는 없어도 된다는 의미가 아닙니다. 봉사보다 말씀 듣는 일을 더 우선시 해야 한다는 주님의 권고입니다. 오늘 마리아가 언니 몰래 꾀부리느라 예수님 발치 아래 있었던 것이 아닙니다. 말씀의 주림과 사모함과 갈급함으로 자신도 모르게 깊이 빠져 있었던 것입니다.

믿음은 들음에서 나기 때문입니다. 롬10장의 말씀처럼 믿음은 들음에서 나고 들음은 그리스도의 말씀에서 난다 했음으로 듣지 않고는 믿음은 생기지 않습니다. 지금 마리아는 그리스도의 말씀을 들으면서 믿음이 생기는 것입니다. 그러면 예수님의 말씀은 어떤 주제와 내용이었는지 알아야 합니다. 예수님은 세상 이야기 하지 않으셨습니다. 혹시 하셨다 하더라도 천국을 이해시키기 위해서였습니다. 예수님은 천국과 하나님을 말씀해 주셨습니다.

천국의 원리와 윤리는 무엇이고 하나님은 어떤 분이며 하나님은 어떤 목적을 가지고 나와 세상을 지으셨는지… 하나님은 지금 나를 향해서 어떤 계획을 가지고 계신지… 하나님은 나를 사랑한다 하시는데 그 증거는 무엇인지… 이렇게 하나님이 나를 향해 하신 일들을 계속해서 듣는 것이 곧 말씀을 듣는 것입니다. 예수님이 무슨 말씀을 하시든지 그 말씀이 다 내게 하시는 말씀처럼 들리는 것입니다. 아브라함 이삭 야곱의 이야기가 아니라 바로 내 이야기로 들리는 것입니다. 물이 바다를 덮음같이 자세하고 깊고 폭 넓게 하나님을 아는 지식으로 가득할 때 아는 만큼 그 분을 견고히 믿을 수 있습니다.

반면에 마르다는 자신이 하나님께 해야 하는 일들 가운데 분주한 것입니다. 잡채 불면 안 되고 부침개 타기 전에 뒤집어야하는 일들이 이게 다 하나님 위해서 한다고 하는 것이지 나 좋자고 하는 겁니까! 하는 투정 섞인 말이 40절의 마르다의 말 속에 녹아 있는 것입니다. 마리아가 하나님이 내게 하신 일들을 듣고 있다면 마르다는 자신이 하나님께 하는 일들을 말하고 있는 것입니다.

기억해야 하는 것은 자신이 하나님 앞에 한 행위에 집중하게 될 때 율법주의 공로주의 행위론자들이 되는 것입니다. 그런데 하나님이 내게 하신 일들을 계속해서 들으면서 기뻐하고 즐거워 할 때 참된 믿음이 생기는 것입니다. 마리아가 말씀과 믿음 중심이라면 마르다는 봉사와 행위중심입니다. 그러나 사실 마르다와 마리아는 하나로서의 두 부분입니다. 믿는 자가 봉사하는 것이고 주를 위해 봉사하는 자는 역시 믿는 자입니다. 말씀이 봉사보다 우선하는 것입니다. 봉사에 집중하느라 설교시간에 잠 잘 준비를 한다면 위험합니다. 또한 말씀만 듣고 봉사를 무시한다면 이는 영만 중하고 육은 없어도 된다는 이단의 논리와 다르지 않습니다.

개인적으로 저의 아버지는 지금도 제가 어릴적 아버지께서 저를 위해서 하신 일들을 말씀드리면 그렇게 좋아하십니다... 제가 아버지께 아것 저것 해 드릴께요 하면 저의 아버지는 언제나 "너나 잘 살어!"입니다... 이제는 제가 제 자녀들을 볼 때도 똑 같은 마음이 됩니다. 하나님은 육신의 아버지의 마음에 당신을 투영해 놓으셨음을 믿습니다.

19. 못 들은 척 하실 수는 있어도...!

(눅11:5~8)

지난 시간은 주님 가르쳐 주신 기도를 같이 했습니다. 지금까지 기도한 대로 하면 내 필요와 간구를 급한 대로 먼저 말씀드리곤 했는데 아버지의 이름과 아버지의 나라와 아버지의 뜻을 구하는 것이 먼저이고 다음으로 우리의 필요에 따라 일용할 양식을 구하는 것임을 돌아보게 되었습니다. 먼저 그 나라와 그 의를 구하라 그리하면 이 모든 것을 더해 주신다고 하셨으니까요. 무엇을 기도해야하는지에 대한 기도가 주기도문이라면 5절 이하는 어떻게 기도하는지에 대한 기도의 방법입니다.

예수님께서 4절까지 주기도문을 가르치시고 나서 뒤 이은 5절에서 "또 이르노니..."라는 말씀을 통해 기도의 방법에 대한 비유로 "밤중에 친구 집을 찾은 벗"의 비유를 드셨습니다.

어떤 친구가 여행 중에 자신의 집을 늦게 방문했는데 당장 대접할 것이 없는 것입니다. 그래서 가까운 인근에 사는 다른 친구 집에 떡 세 덩이를 구하러 가는 내용입니다. 밤이 늦은 시간이라 실례인 것을 알면서도 사정이 급하다보니 찾아가게 되었습니다.

친구 집을 찾아 계속해서 문을 두들기니까 안에서 소리가 들리길 "문 단속 다 마치고, 아이들은 다 침소에 들고, 나도 잠이 들려는 차였으니 나를 괴롭게 하지 말라. 우리의 우정을 생각해서 줄 수는 없으나 자꾸 귀찮게 하니 그 구하는 것을 내어 준다!"는 비유의 말씀입니다.

여기서 중요한 말씀이 7절의 "...일어나 네게 줄 수 없노라 하겠느냐!"입니다. 지금 상황이 상황이니 만큼 구차하게 구구절절 말하느니 그냥 달라는 것 빨리 줘서 보내는 것이 최선의 선택이라는 말씀입니다. 그래서 문단

속 끝냈고... 불 다 껐고... 아이들 잠들었고... 나도 잠들려 했고... 구구절절... 하겠느냐! 입니다. 그것 말할 기운이면 줘서 보낸다는 것입니다.

그것을 한마디로 한 것이 바로 "벗됨을 인하여 주는 것이 아니라 간청함을 인하여 주는 것"이라는 결론에 해당하는 8절의 말씀인 것입니다.

벗됨은 관계를 말합니다. 그러나 간청함은 관계보다는 구하는 자의 간절함과 절박함이 담긴 말씀입니다. 물론 구하는 벗과의 벗됨과 사귐 그리고 우정이 담보가 되었기 때문에 찾아간 것이지만 실제적으로 그가 원하는 것을 받기까지는 끈기 있게 계속해서 집중적으로 친구 집 문을 두드렸기 때문이라는 것입니다.

기도하는 자는 구하는 바를 반드시 얻겠다고 하는 강한 의지가 있어야 합니다. 저 안에 지금 친구가 있듯이 천국문 안에 하나님이 계시며 내가 구하는 것을 듣고 계신다는 믿음을 가지고 인내심 있게 구해야 합니다. 주실라면 주시고 아니면 말고 식으로 기도하는 것은 기도가 아닙니다! "나를 간절히 찾고 찾는 자가 나를 만날 것이라!" 하셨기 때문입니다.

다음으로는 하나님의 현존에 대한 믿음입니다. 우리가 계속해서 하나님을 찾아가고 천국 문을 두드릴 수 있음은 하나님이 계신다고 하는 믿음이 없이는 불가능한 일입니다. 우리의 믿음은 다른 믿음이 아니라 바로 저 안에 하나님이 계신다고 하는 믿음입니다.

그런데 이것을 생각해야 합니다. 밖에서 누가 계속해서 문을 두드리고 있는데 안에서는 계속 못들은 척을 하고 있다고 가정해 봅시다. 그렇다면 이건 안에 계신 분이 더 힘든 일이 됩니다. 두드리는 자도 물론 힘들지만 그 보다 안에 있는 분이 더 고역이고, 신경 쓰이고, 괴로운 일이 됩니다. 감이 안 오시면 집에서 직접 해 보시면 됩니다.

그래서 7절에 "나를 괴롭게 말라!"는 말씀이 있는 것입니다. 반대로 안에 아무도 없는데 밖에서 계속 두드린다면 이 때는 이야기가 달라집니다. 이 것은 두드리는 자가 헛된 일을 하는 것이고 의미 없고 무익한 일을 고생스

레 하는 것이 됩니다.

사실 이 내용은 눅18장의 불의한 재판장 앞에 나간 억울한 과부의 비유에서도 동일한 메시지를 전하고 있습니다. 예수님이 특별히 우리가 기도하고 낙심하지 말 것을 말씀하시면서 주신 비유입니다. 중요한 것은 안에서 들린다는 것입니다. 불의한 재판관이 처음에는 못 들은 척하고... 없는 척하고... 무시하면 그만이라 했지만 가만히 생각해 보니까 그게 아니더라는 것입니다. 일 좀 할라치면 '재판장님!...' 하고 부르고 전화 좀 할라치면 '재판장님!!...' 하고 소리지를 것이고 좀 쉴라치면 또 밖에서 '재판장님!!!...'하고 낮이고 밤이고 시끄럽게 할 텐데 이러다가는 '재판장님! 노이로제!'에 걸리겠더라는 것입니다.

하나님이 혹 못 들은 척 하실 수는 있어도 들리신다는 것입니다. 그러면 누가 계속해서 두드릴 수 있냐하면 하나님이 저 안에 계신다고 하는 믿음이 있는 자 만이 계속해서 두드릴 수 있다는 것입니다. 기도하는 사람은 이 부분을 붙잡아야 합니다.

그래서 '믿음 장' 이라고 하는 히브리서 11장을 보면 6절에 가서 "믿음이 없이는 기쁘시게 못하나니 하나님께 나아가는 자는 반드시 그가 계신 것과 또한 그가 자기를 찾는 자들에게 상 주시는 이심을 믿어야 할찌니라!" 했을 때 하나님이 기뻐하시는 믿음은 바로 하나님이 계시는 것을 믿는 믿음이라는 것입니다.

한 번도 하나님을 뵌 적이 없고, 경험한 적도 없지만 세상과 나를 지으신 하나님이 반드시 계신다는 믿음을 가지고 있으면 그것이 하나님께 큰 기쁨이 되는 것이고 또한 자기를 찾아온 자들을 거저 돌려보내지 않으시고 상을 주시고 응답을 주시며 좋은 것을 주시는 하나님인 것을 믿을 때에 그 때에 우리의 믿음이 온전한 믿음이 된다는 것입니다.

정말 어떤 때는 안에서 인기척이라도 ... 헛 기침소리라도 한 번 내 주셨으면 좋으련만 ... 하나님께서 너무도 조용히 못 들은 척 하시는 이유가 있습니다. 얘가 정말 끝까지 내가 있다는 것을 믿고 나올 수 있느냐를 보시겠다는 것입니다. 이 말을 바꿔 말하면 하나님이 계신다는 것을 믿는 자라야만이 끝까지 나아와서 구할 수가 있다는 것입니다.

하나님이 못들은 척 하시는 것과도 같은 스탠스를 취하시는 이유는 우리에게 발견되기 위함입니다. 우리가 어려서 숨바꼭질을 해봐서 알지만 숨는다는 것은 숨는 것 자체에 목적이 있지 않습니다. 숨는 것은 발견 될 때의 환희와 기쁨을 보기 위함이라는 것입니다. 하나님은 오늘도 믿음있는 당신의 백성들에게 발견되기를 바라시는 것입니다...

대부분의 많은 사람들은 몇 번 두들겨 보고서 응답이 없으면 '아무도 없나 보다!... 하나님이 안 계시나 보다!...' 하고서는 이내 기도를 포기한다는 것입니다. 그러나 참으로 하나님이 저 안에 계심을 믿는 사람이라면 지금 놓인 상황과 처지에 관계없이 계속해서 나아서 구할 수 있는 동력을 얻을 수 있을 것입니다.

구약의 시편 94:9절에서는 "귀를 지으신 자가 듣지 아니하시랴"하셨고 신약의 요일5:15절에서는 "우리가 무엇이든지 구하는 바를 들으시는 줄을 안즉 우리가 그에게 구한 그것을 얻은 줄을 또한 아느니라!" 말씀하셨습니다.

20. 성령을 주시지 않겠느냐!

(눅11:9~11)

오늘의 말씀은 세상 사람도 다 알고 있는 그 유명한 말씀인 "내가 또 너희에게 이르노니 구하라 주실 것이요! 찾으라 찾을 것이요! 두드리는 자에게 열릴 것이다!"라는 말씀입니다. 그런데 사실 9절 초반부에 기록된 "내가 또 너희에게 이르노니..."의 개역성경의 번역은 좀 약합니다. 새 번역의 "그래서 내가 너희에게 말하는 것이다!"가 더 정확한 의미의 전달을 줍니다.

"벗됨을 인하여 주는 것이 아니라 간청함으로 주는 것"을 받는 말씀입니다. 그러나 여기서의 간청은 먼저 벗됨의 끈끈하고 견고한 결속력이 가정된 상태에서의 간청을 말합니다. 헐거운 관계라면 찾아 갈 수도 없고 찾아갔다 해도 몇 번 두들기다 아니다 싶어서 그만두는 것입니다.

흥미로운 부분은 원문에는 '간청함으로'의 의미가 '수치를 당하지 않도록'으로 되어 있습니다. 여행 중 찾아 온 친구에게 대접을 못하는 것으로의 수치를 말합니다. 따지고 보면 떡 세 덩어리의 필요는 자기의 필요가 아닙니다. 밤늦게 찾아온 친구의 필요를 대신해서 감당하는 것입니다. 찾아온 친구의 마음을 서로 헤아리는 것입니다. 이와 마찬가지로 하나님과 기도하는 이의 관계가 헤아림으로 끈끈해야 합니다. 그 이후에 간청입니다.

구하는 것은 입으로 하는 것이고, 찾는 것은 발로 찾아다니는 것이라면, 두드리는 것은 손으로 하는 것이면서 동시에 두드린 이후에 반응을 지켜보며 기다리는 인내의 시간을 의미합니다. 두드린 이후에 안에서의 반응이 신통치 않다 해서 돌아가지 말라는 것입니다. 포기하지 말라는 것입니다. 기도의 현장감과 긴장감을 유지해야 합니다. 그러니까 우리가 기도하고 있다면 뭐하고 있는 겁니까? 끈끈한 믿음을 가지고 천국 문을 두드리고 있는 것입니다...

　주님은 주기도문의 실제적 마지막 부분이라 할 수 있는 누가복음 11:10~13절에서 우리의 삶 가운데 가장 현실적인 문제에 대해 더욱 구체적으로 그리고 자신있게 구하라고 하시는 말씀을 하시는 것으로 주님 가르치신 기도를 마치셨습니다. 그것이 생선과 계란과 떡(마태복음7:9 에는 떡으로 비유됨)으로 표현된 기도제목입니다.

　마치 비유에 나온 벗이 친구 집 문을 두드리며 떡 세 덩어리를 구하듯이 "하나님! 제게 떡을 주세요!", "하나님! 제게 생선을 주세요!", "하나님 제게 계란을 주세요!" 하는 내 인생의 세 가지 소원을 말하라는 것입니다. 물론 우리 하나님은 우리가 구하기전에 이미 구할 것을 아시는 하나님이시고 우리의 머리카락까지 다 세어 아시는 하나님이십니다.
　그럼에도 우리의 기도는 자세해야 합니다. 그것을 주님이 원하십니다. 두리 뭉실 넘어가는 기도는 안 됩니다. 우리의 기도 가운데는 마치 뜬 구름 속에 있는 기도가 있는 것을 발견합니다. 자상하신 하나님은 당신의 자녀들인 성도들이 인생의 필요를 상세히 아뢰기를 원하십니다!

　오늘 본문과 동일한 내용이 기록된 마태복음 7:10절에서는 "성령을 주시지 않겠느냐!"의 자리에 "좋은 것을 주시지 않겠느냐!"로 되어 있습니다. 또한 히브리서11장에서는 자기를 찾는 자들에게 '상'주시는 이심을 믿어야 한다고 했습니다. 끝까지 믿음을 잃지 않고 아버지를 찾아 문을 두드린 우리에게 하나님은 '상'을 주시고, '좋은 것'을 주시며, '성령'을 주시는 자상하신 아버지이신 것을 믿습니다.

　결국 우리가 구하고, 찾고, 두들긴 것은 우리의 기도제목이기도 하면서 동시에 하나님 당신이었음을 말씀하는 것입니다. 하나님께서 직접 우리가 두드린 천국 문을 열고 나오신 것입니다. 하나님이 일어나신 것이고, 하나님이 나오신 것입니다. 천국 문은 우리가 죽은 다음에 들어가는 곳만이 아납니다. 그곳은 또한 살아서는 우리의 두드리는 소리를 들으시고 하나님이 나오시는 문이기도 합니다.

우리의 일은 언제나 최선을 다해 구체적으로 구하는 것입니다. 그런데 하나님은 오늘 말씀처럼 우리가 구한 것을 주신다기보다 좋은 것을 주십니다. '구하는 것'과 '좋은 것' 사이에 딜레마가 있습니다. 이것을 극복해야 합니다. 우리는 우리가 구하는 것이 다 우리에게 좋은 것인 줄 압니다. 그러나 아버지의 시각에서는 그렇지 않습니다.

주님이 하신 13절의 말씀인 "악한자라도 자기자식에게 좋은 것을 줄 줄 알거든."의 뜻을 분명히 알아야 합니다. 이것은 악한 아버지가 좋은 것을 그 자녀에게 줄 줄 알면. 선한 아버지는 그냥 좋은 것을 주는 것이 아니라 가장 좋은 최고의 것을 자녀에게 줄 줄 안다는 것입니다. 이를테면 내 인생 소원 세 가지 떡과 생선과 달걀을 달라했다면 아예 어떤 음식이든 해 줄 수 있는 전속 요리사를 주시는 것입니다.

부모는 언제나 자녀가 달라고 하는 것보다 더 좋은 것, 가장 좋은 것, 최고의 것을 주시는 분입니다. 아버지가 이렇게 저렇게 생각해 보았을 때 자녀에게 가장 좋은 최고의 베스트중의 베스트는 바로 아버지의 영인 성령입니다. 성령 안에는 우리가 구하는 것이 다 들어 있습니다. 우리가 구할 때에 성령이 오십니다... 그 분이 우리의 모든 것을 살피시고 돌보실 것입니다.

21. 말씀을 참되게 듣고 바르게 지키는 자...

(누가복음11:14~32)

오늘 말씀은 예수님이 14절에서 귀먹고 어눌한 병인을 고치신 치유사건이 발단입니다. 사람들이 이 놀라운 사건을 보고 '참 놀랍다! 하나님께서 보내신 분이 맞구나...!' 하면 되겠는데 성경기자는 '더러는' 이라는 두 부류에 사람들을 안타까워하고 있습니다. 15절에 "더러는 바알세불의 힘을 빌어 기적을 일으킨다!"는 사람들과 16절에 "더러는 예수를 시험하려고 하늘로부터 오늘 더 큰 표적을 구했다!"

먼저 부류의 사람들은 예수의 능력을 보고는 바알세불(파리대왕) 즉 마귀 수장의 힘을 빌어 능력을 행세한다는 것입니다. 이런 발상을 보면 당시의 사람들이 예수님을 향해 얼마나 뿌리 깊은 적대감을 가지고 있었는지 알 수 있습니다. 생각 자체가 삐뚫어져있습니다. 심히 왜곡되어 있습니다. 예수님이 24절 이후에 이들을 향하여 8귀신 들린 자의 말씀을 하셨습니다.

한 귀신이 사람에게서 나갔는데 돌아다니며 쉴 곳을 구하다가 마땅치 않아 다시 있던 곳으로 돌아가니 청소되고 수리되어 있어서 친구 일곱을 데리고 들어가는 것으로 그 사람의 사정이 더욱 악하여졌다는 말씀입니다.

당시의 종교지도자들을 빗 댄 말씀입니다. 그러니까 자신들은 율법 준수하는 것으로 마귀가 쫓겨가고 깨끗이 청소된 것으로 아는 겁니다. 마음으로 하나님을 섬기지 않고 겉으로 나타난 종교행위에만 집중하는 것으로 자기 할 일 다 했다고 하는 자들에게 결국에는 완전 수를 의미하는 일곱귀신이 들어가는 것으로 더 이상 그들은 깨닫고 돌이키고 회개할 길이 없다는 것을 말씀하신 것입니다.

우리는 항상 우리의 신앙을 점검할 때 종교행위보다 정말 내 마음이 하나님을 향해 있는지를 먼저 살펴야 할 것입니다. 42절에서 예수님은 바리새인들에게 "너희가 박하와 채소의 십일조는 드리면서 공의와 사랑은 버렸다!"는 말씀을 하셨습니다. 쌀 한 톨을 세어 십일조 하는 사람이 정작 그것을 받으시는 하나님의 마음은 헤아리지 않는 것입니다.

그래서 저는 사람이 하나님의 말씀을 참 되게 받고 그것을 바르게 삶으로 가지고 가는 것이 얼마나 소중한지 깨닫게 되는 것입니다. 오늘 27절에서 예수님의 말씀 중에 한 여인이 은혜받고는 큰 소리로 "당신을 밴 태와 당신을 먹인 젖이 복이 있습니다!" 하고 외쳤습니다. 그때 주님께서 28절에서 "하나님의 말씀을 듣고 지키는 자가 복이 있다!"하셨습니다.

정확한 표현은 '하나님의 말씀을 참 되게 듣고 바르게 지키는 자'입니다. 하나님의 말씀을 이상하게 듣고… 삐딱하게 받고… 왜곡해서 해석하고는 말씀을 다 아는 자의 행세를 한다는 것입니다. 차라리 몰랐으면 길이 있을 텐데 안다고 하니까 길이 없는 것입니다.

이런 율법주의자의 모습은 어느 시대에나 있었습니다. 사실 율법주의라는 말은 당시 유대민족의 역사 속에서 생겨난 말입니다. 다윗 이후에 사독 계열의 제사주의가 발달했다가 이후에 나라가 망하고는 우리 민족이 살길은 하나님의 말씀인 율법을 가르치고 지키는 것 밖에는 없다 해서 율법을 전승 보존 계승하자는 뜻에서 발달한 것이 율법주의입니다.

문제는 폐단입니다. 예수님 말씀처럼 "너희가 조상들의 유전으로 하나님의 말씀을 폐하는도다" 입니다. 말씀을 더 자세히 깊이 알자고 해서 성경 밑에 주석을 달아놨는데 나중에 가니까 성경은 없어지고 주석이 성경이 된 것을 말합니다. 즉 조문으로 율법을 지키는 것입니다. 그러니 가는 곳마다 조문을 드리대는 것으로 가리키려들고 지적질 하고 공격하는 겁니다. 웃긴 거는 그것을 자기에게는 가져가지 않습니다. 그 말씀을 46절과 52절에서 연속해서하시는 것입니다. "화있을진저 율법교사여 지기 어려운 짐을 사람에게 지우고 너희는 손 하나도 이 짐에 대지 않는다. 너희가 지식의 열

쇠를 가져가서 너희도 들어가지 않고 들어가고자 하는 자도 막았느니라!"

율법의 기능은 로마서의 말씀대로 "율법으로는 죄를 깨달음이라!"입니다. 율법으로 내가 완전히 청소되었다하면 하나 더하기 일곱 해서 여덟 귀신 들어온 것입니다. 입만 열면 자기 같지 않은 사람을 지적하고 찌르고 상처를 줍니다. 그러나 제대로 참 되게 하나님의 말씀을 받은 자의 모습은 언제나 말씀을 들고 내 혼과 골수와 영혼을 찌르는 곳으로 갑니다. 옆 사람 찌르지 않습니다. 찌른다는 것은 정죄하는 것입니다. 찌르면서 뭘 확인하냐면 자긴 너 같지 않다는 것입니다. 많이 찌르고 깊이 찌를수록 자신은 그 반대쪽에 두는 것입니다. 자신의 거룩함의 근거를 상대를 정죄하면서 찾습니다.

그러니까 진리를 알 때 제대로 알지 못하고 어설프게 알면 차라리 모르니만 못한 결과가 나옵니다. 자기는 상 받으려고 한 일인데 그게 형벌이 되는 것입니다. 어리석은 아말렉 소년이 다윗의 정적인 사울왕을 자기가 죽였다고 다윗에게 고하면 상 받을 줄 알았는데 그것은 자기 무덤 파는 일이었습니다. 이어서 똑같은 일이 일어납니다. 림몬의 아들 레갑과 바아나가 이스보셋 목 따가지고 오면 다윗이 기뻐할 줄 알았는데 그것 역시 자기무덤이었습니다. 열심히 하는 만큼 자기 무덤 파는 일이 있다는 것을 알아야 합니다.

하나님의 말씀을 참되게 듣고 바르게 지키는 자가 복이 있다고 하신 28절의 말씀이 귀한 것입니다. 하나님의 말씀을 참 되게 들으면 어떻게 되냐면 은혜 주시는데도 여전히 깨닫지 못하는 나를 봅니다. 은혜의 맛을 주시는데도 여전히 세상맛이 좋은 나를 봅니다. 육신의 정욕과 이생의 자랑으로 가득한 내가 보입니다. 그런데 잘못 들으면 이렇게 됩니다. 이만하면 괜찮은 내 믿음이 보입니다. 나의 의를 하나님 보다는 사람 앞에 가지고가서 높임받으려합니다. 속 보다는 겉모습만 치중합니다.

마귀역사로 삐딱하게 된 사람이 하는 것 첫째가 '지적질'이라면 다음으로 두 번째는 뭔가를 좀 보여달라는 '쇼중독'입니다. 기적이나 환상이나 굉장한 것을 보이라고 하는 것입니다. 눈앞에 번쩍이는 것이 나타나는 것으로 믿겠다는 것입니다. 16절에서 "더러는 사람들이 하늘로부터 오는 표적을 구했다!"는 말씀을 29절 이하에서 주님은 악한 세대가 표적을 구한다고 하시면서 당신이 보이실 표적은 요나의 표적밖에는 없다 하신 것입니다. 요나가 물고기 뱃속에 삼일 있었듯이 주님이 땅속에 삼일을 장사되었다가 부활하실 것이 너희에게 보일 유일한 표적이라 하신 것입니다.

참된 믿음은 뭘 보여달라 하는 쪽으로 가지 않고 귀로 듣는 쪽으로 갑니다. 믿음은 본 것으로 말미암지 않고 들은 것으로 말미암기 때문입니다. 가끔 보면 예수님을 보았다고 하고 천국을 보았다고 하는 분들이 계십니다. 신비체험입니다. 신비체험은 우리 신앙에 분명 도움이 됩니다. 어느 정도 우리의 믿음을 자라게 하는데 일조하는 것은 사실이지만 딱 그만큼입니다. 꿈에 예수님을 보았다 하면 뭔가 정신을 차리고 이전 같지 않게 자기믿음을 돌아보게 될 테니까요. 문제는 중독현상입니다. 기도하기 전에 자꾸 뭐가 보이기를 기다립니다. 그래야 진짜 기도하는 것 같은 겁니다. 잘못하면 마귀가 장난치기 딱 좋은 상태가 됩니다.

신비체험은 일종의 목발과도 같은 것입니다. 우리가 똑바로 걷는 데에 어느 정도 도움을 받는 장치일 뿐이지 그것을 평생 의지하려한다면 큰 문제입니다. 절뚝일 때에 목발의 도움을 받았다면 이제 온전해진 이후로는 목발은 내어던져야 합니다. 두 다리로 걸어야 합니다. 이것이 바로 말씀위에 서는 것입니다. 이 모든 신비체험은 하나님께서 우리로 신실한 말씀위에 서게 하시기 위한 목발임을 기억해야 합니다.

악한세대가 보이는 것을 구하는 것입니다. 그럼 선한 세대는 무엇을 구합니까! 선한 세대는 보이는 것을 구하지 않고 말씀을 구합니다. 믿음은 주님이 주신 말씀위에 든든히 서는 것이지 결코 보이는 것으로 세워지지 않습니다. 중독이기 때문에 '더 큰 것'... '더 놀라운 것'... '더 신기하고 굉장한 것' 이렇게 가는 것입니다.

오늘은 두 가지입니다. 말씀을 잘못들은 것으로 스스로 의인되어 지적질 하고 있지 않는지... 다음으로 말씀위에 세워야하는 우리의 믿음을 버려야 할 신비체험위에 세우고 있지 않는지...

"온전한 것이 올 때는 부분적으로 알던 것이 폐하리라 내가 어렸을 때에는 말하는 것이 어린아이와 같고 깨닫는 것이 어린아이와 같고 생각하는 것이 어린아이와 같다가 장성한 사람이 되어서는 어린아이의 일을 버렸노라!" (고전13:10~11)

22. 안경

(누가복음11:33~36)

사람은 눈이 두 개입니다. 왼쪽하나 오른쪽하나해서 두 개가 아니라 육신의 눈, 마음의 눈 해서 두 개입니다. 아침에 깨어나서 저녁에 눕기까지 우리의 눈은 계속해서 사물과 상황을 바라보고 인식합니다. 그래서 본 것에 따라 반응합니다. 슬퍼하기도 하고 기뻐하기도 하고… 행복해 하고 불행해하고…

그런데 성경은 단순히 사물을 식별하고 확인하는 기능으로서의 눈을 말씀하시는 것이 아니라 역으로 눈을 통해서 그 사람의 상태가 어떠한지 알 수 있다는 말씀을 하고 있습니다. 의사가 눈을 통해 환자의 상태를 보는 것과 같다고 하겠습니다. 오늘 눅11:34절에 '네 몸의 등불은 눈이라'라는 말씀이 그렇습니다. "네 눈이 성하면 온 몸이 밝을 것이요 만일 나쁘면 네 몸도 어두울라! 그러므로 네 속에 있는 빛이 어둡지 아니한가 보라!"(눅11:34-36)

이 말씀은 눈으로 사물을 인식한다는 말씀이라기보다 도리어 거꾸로 눈을 통해 그 눈의 주인인 몸을 들여다보게 해 준다는 말씀입니다. 눈으로 사물과 상황을 보기 전에 먼저 네 마음을 보라는 말씀입니다.

우리 육신의 눈은 사실상의 진짜 눈인 마음의 눈이 밝은지, 어두운지, 건강한지, 병들었는지를 알려주는 기능을 합니다. 이것이 성경이 말하는 눈입니다. 하나님은 생물학적이고 기능적인 눈이 아니라 신학적이고 성경적인 눈을 말씀합니다. 세상을 보기 전에 자신을 보게 하십니다.

그러므로 성경대로 하면 육신의 눈이 앞에 있고 진짜 눈은 뒤에 놓입니다. 우리 눈이 안구 뒤의 망막에 비춰서 사물을 보듯이 육신의 눈은 위치상으로는 앞에 있지만 거꾸로 뒤에 있는 마음의 눈을 통과해서 세상을 본다는 것입니다. 그런 의미에서 마음의 눈은 우리 육신의 눈이 끼는 진짜 안경입니다. 안경이 눈 뒤에다 끼는 거라서 좀 이상할 뿐입니다.

　뿌옇고 누런 마음의 안경을 눈 뒤(망막)에다 끼고 평생을 살아가는 사람이 있습니다. 마음에 눈이 어두우신 분입니다. 그 분 앞에 펼쳐진 모든 세상은 다 뿌옇고 누런 것입니다. 금방 돋아난 파란 새싹도 노랗게 보이는 겁니다. 파란 새싹이지만 '싹이 노랗다!'고 말하게 된다는 것입니다. 맑은 날인데도 항상 흐리다고 하는 것입니다. 마찬가지로 마음의 눈이 병들었기 때문에 세상에서 병든 것만 보입니다. 더러운 것만 보이고, 치사한 것 만 보이고, 죄만 보이고 유혹만 보입니다.

　그러나 마음에 눈이 파란색이면 파란색안경을 낀 것입니다. 세상이 다 파란 것입니다. 마음이 건강하고 밝으면 세상이 다 건강하고 밝은 것입니다. 흐려도 맑게 보입니다. 더러운 것 분명히 있습니다. 흐린 날도 분명히 있습니다. 그러나 그런 것은 하나도 안보이고 아름답고 고귀하고 사랑스러운 것만 눈에 들어옵니다. 세상이 아름답고, 받을만하고, 이해할만하고, 품을만하고, 덮을만 합니다.

　어두운 마음의 눈을 가지고 사신 분은 빨리 천국 안경점으로 가서 시력조정해달라고 하셔야 합니다. 밝은 안경으로 다시하나 맞춰달라고 기도하면 하나님이 새로 하나 근사한 것으로 맞춰주십니다. '예수안경'입니다. 이거 끼면 침침하고 어둡게 보이던 온 세상이 환히 밝아집니다. 더러운 것은 안 보이고 깨끗한 것만 보이는 신비한 안경입니다. 이 귀한 안경을 받고는 값을 치룰려 하니까 돈은 안 받으십니다. 왜 돈을 안 받으시냐고 점원에게 물어봤더니 안경점 사장님이 나오시는데 알고 보니까 우리 '아빠'가 나오시네요(?)

　거기가면 죄로 인해 더러워지고 오염된 우리 마음의 눈을 닦아주시고, 밝혀 주시기 위해 우리가 오기를 기다리시는 아버지가 계십니다. 그 아버지를 꼭 만나시기를 간절히 소원합니다.

　'아버지께서 지혜와 계시의 정신을 너희에게 주사 하나님을 알게하고 너희 마음의 눈을 밝히사 부르심의 소망이 무엇인지 알게 하며...'(엡1:16)

23. 근심하지 말라!

(누가복음12:22~32)

오늘 본문은 성경말씀 가운데 특별히 근심걱정에 있는 성도들에게 가장 큰 위로와 힘이 되는 말씀입니다. 아이들도 다 알아들을 수 있는 참 간단하고 쉬운 비유입니다.

"공중을 나는 새를 봐라 농사지어서 먹고사는 것이 아니다. 들에 핀 꽃을 봐라 자기가 길쌈해서 저렇게 예쁜 자태의 옷을 입고 있는 것이 아니다. 이런 하찮은 것들까지 하나님은 자상하신 손길로 돌보시는 분이신데 하나님의 자녀들인 너희들을 안 돌봐주시겠냐... 세상에 자기집 문 앞에 강아지 끼니마다 밥 주고 화초는 돌 볼 줄 알면서 자기 몸에서 난 자식 챙기지 않는 부모는 없다... 그러니까 너희들 뭐 먹고 사나... 하고 걱정하지 마라... 이건 하나님 모르는 사람들이나 하는 것이다... 너희가 하나님의 나라와 의를 구하고 살면 하나님아버지께서 이 모든 것 다 알아서 챙겨주실 것이다"라는 말씀입니다...

새는 먹어야 살고 꽃은 입어야 사는데 애들은 자기들의 하루를 살고 수명을 다하기까지 자기가 하는 일이 특별히 없다는 것입니다. 새들이 하는 일은 부지런히 날아다니는 일입니다. 날아다니면 하나님이 먹이를 보여주십니다. 꽃은 돌아다닐 수 없으니까 해만 바라고 있으면 하나님이 알아서 비를 내려 주시고 예쁜 옷으로 입혀주십니다.

사람은 먹고 살려면 농사짓고 일해야 먹는 것이고 옷 입으려면 실 뽑아서 길쌈하는 것으로 수고해야 입는 것인데 하늘을 나는 까마귀와 들에 핀 백합은 그렇지 않다는 것입니다. 예수님 말씀의 요지는 이것입니다. 공중 나는 까마귀와 들의 백합은 일 안하니까 먹지 못하고 입지 못해야 하는데 그게 아니라는 것입니다. 하나님이 직접 먹이고 입히시는 것으로 자기들의 수명을 산다는 것 즉 애들은 은혜로 산다는 것입니다.

반면에 사람은 은혜로 살지를 않고 자기가 삽니다. 자기가 농사짓고 자기가 공들여 일궈놓고 자기가 수확해서 이 많은 수확물을 어쩌나? 옆집 나눠줄까?... 아니다! ... 창고를 더 지으면 된다. 창고를 지어라... 하고 창고 짓는 노래를 부릅니다. 이 이야기기 오늘 본문 바로 위에 연결되어 있습니다. 형제가 재산다툼하며 예수님께 중재를 부탁하자 예수님께서 사람의 생명이 그 소유에 넉넉한데 있지 않다 하시면서 물욕에 빠져서 자기영혼을 돌보지 않은 자를 어리석다 하셨습니다.

물론 사람은 동식물과 달리 일하고 살아야 합니다. 나도 동식물처럼 아무것도 안하고 탱자탱자 놀면서 하나님이 주시는 은혜로만 살란다. 이건 아닙니다. 하나님이 사람을 지으실 때 하나님의 형상을 따라 지으셨다했는데 그것은 우리도 하나님처럼 생각하고... 하나님처럼 계획과 뜻을 세우고... 하나님처럼 일하는 존재로 지으셨다는 의미에서의 하나님 형상입니다.

심지 않은데서 거둘 수 없는 것이고 헤치지 않은데서 모을 수 없습니다. 한 마디로 꽁짜가 없다는 것입니다. 많은 경우 우리의 구원도 롬3장의 말씀처럼 예수 그리스도로 말미암아 하나님의 은혜로 값없이 의롭다함을 받은 것이라 해서 거저인 줄 아는데 결코 거저가 아닙니다. 받는 우리 입장에서는 거저 받는 것이지만 주시는 하나님은 독생자의 핏값을 치루고 우리를 사신 것입니다.

사람이 세상을 사는 것은 수고한 만큼의 결과이고 노력한 만큼의 대가이며 고생한 것만큼의 보람과 수확이라는 것입니다 아니 땐 굴뚝에 연기 안 나는 것처럼 심지 않았는데 거둘 수 없는 즉 원인 없이 결과 없는 인과법칙의 세상에서 사는 것입니다. 인과법칙의 세상이 바로 자연계이며 상식의 세계입니다. 하나님은 이곳을 기본 베이스로 두셨습니다.

그런데 우리는 이곳을 넘어서는 세상이 있다는 것을 믿는 사람들입니다. 상식을 넘어선 기적의 세계... 자연계를 넘어서는 초자연의 세상... 그리고 인과법칙보다 높은 곳에 있는 은혜의 나라가 있다는 것을 믿습니다.

하나님은 우리로 하여금 먼저는 열심히 일한 만큼 얻는 세상에서 살아가게 하셨습니다. 이곳을 무시하고 처음부터 나는 은혜의 세상에서 살겠다하면 넌센스입니다. 우리가 알아야하는 것은 심은 데서 거두는 이 세상이 먼저 있다는 것입니다. 그러나 그곳을 넘어서서 심지 않았는데 거두는 세상 헤치지 않았는데 모으는 나라가 있다는 것입니다. 그 세상의 일부가 까마귀가 하루를 은혜로 먹는 세상이고 백합이 하루를 은혜로 입고 사는 세상입니다. 얘들은 심지 않고 헤치지 않았으니까 굶어야 되고 못 입어야 하는데 그게 아니더라는 것입니다.

오늘은 심지 않았는데 거두고 헤치지 않았는데 모은다는 의미를 깊이 이해합니다. 이 말씀은 본래 마25장에 달란트비유에서 한 달란트 받은 자에게 예수님이 하신 책망 중에 하신 말씀입니다. "악하고 게으른 종아 내가 심지 않은 데서 거두고 헤치지 않은 데서 모으는 줄 알았더냐…" 우리가 살아가는 상식의 세계에서 성실히 살지 않은 것으로의 징계입니다. 항상 기억해야 합니다. 자연계와 상식과 인과법칙의 세상이 먼저입니다.

문제는 뭐냐면 내가 최선을 다해서 열심히 산다고 해서 다 잘 되는 게 아니라는 것입니다. 힘들게 심었는데 못 거두고 애써서 헤쳤는데 모으지 못하는 때가 있다는 것입니다. 바로 그때 염려하지 말라는 말씀입니다. 내가 힘들고 애쓰지 않았지만 내게 주시는 세상 즉 은혜의 세상이 있습니다.

이 부분을 구약의 신명기 6장 10절 이하에서 이렇게 기록하고 있습니다. "네 하나님 여호와께서 네 조상 아브라함과 이삭과 야곱을 향하여 네게 주리라 맹세하신 땅으로 들어가게 하시고 네가 건축하지 않은 크고 아름다운 성읍을 얻게 하시고… 네가 채우지 아니한 아름다운 물건이 가득한 집을 얻을 것이며… 네가 파지 않은 우물을 얻게 하시고… 네가 심지 않은 포도원과 감람나무를 얻게하실 것이다…"

이 나라는 사람이 수고로이 힘쓴 공로로 주어지는 나라가 아니라 하나님의 약속으로 주어지는 나라입니다. 이스라엘은 애굽에서 종살이하며 나라 없는 백성이었습니다. 하나님은 그들에게 모세를 보내셔서 출애굽 시키시고 젖과 꿀이 흐르는 가나안 땅을 주신 것입니다. 이스라엘이 달라고 해서 주신 땅이 아니라 하나님이 그들의 조상인 아브라함과 약속하셨기 때문입니다. 하나님은 아브라함에게 "네가 지금 밟고 있는 땅에 네 후손이 바다의 모래처럼 밤하늘의 별들처럼 가득하게 될 것이다!" 라고 약속하신 것입니다.

우리의 구원도 마찬가지입니다. 우리는 모두 죄 아래 종노릇하고 있었는데 하나님은 모세와 같은 선지자인 예수님을 보내시고 그 분의 십자가를 통해 우리를 천국으로 인도하셨습니다. 우리의 구원은 우리의 애씀이나 공로로 주어진 나라가 아니라 하나님의 맹세와 약속에 근거해서 은혜로 주어지는 나라입니다. 무엇을 해서 들어가는 나라가 아니라 믿음으로 들어가는 나라입니다.

오늘 본문의 맥락은 이것입니다. 예수님 말씀 중에 어떤 사람이 "우리 형이 혼자 부모님 재산 다 가지려하는데 재산 좀 나누라고하십쇼!" 하자 예수님이 "이 사람아 나를 무슨 재산 나누는 자로 알았더냐...!" 하시면서 "탐심을 버리라! 사람의 생명이 소유의 넉넉함에 있지 않다!"고 하시면서 까마귀와 백합이 어떻게 사는지 보라고 말씀하신 것입니다.

24절 "까마귀를 생각하라!" 27절 "백합화를 생각하라!"입니다. 예수님이 생각하라 하셨으니까 생각해야 합니다. 저는 사람이 없는 이른 아침 까마귀가 저희 동네를 선회 비행하는 것을 자주 보았습니다. 그런데 추운겨울 영하15도 이상 떨어지는 날이 열흘 이상 계속될 때 얼은 음식쓰레기를 먹는 것을 보는 것입니다. 보면서 어떻게 저렇게 얼은 음식을 먹고 소화시킬 수가 있나? 어쩌다 한번 먹는 것도 아니고 겨우 내내 먹는 것을 보고 저것으로 어떻게 자기 몸을 덮히는지 신기했습니다. 어릴 때 어른들이 하시는 말씀 중에 "까마귀 얼어죽었냐!"라는 말이 있습니다. 그만큼 까마귀는 추워도 죽지 않는다는 말이었습니다.

어떻게 안 죽고 사는지에 대한 결론은 하나님이 직접 돌보시기 때문입니다. 얘들은 은혜의 세상에서 자기들의 수명을 삽니다. 백합이 하루 옷을 입는 것도 마찬가집니다. 어떤 일을 계획하고 추진하고 그것에 대한 결과물을 스스로 만들어낼 수 없는 세상에서 사는 애들입니다. 옷감을 만드는 것으로 옷을 입는 세상이 아니라 하나님이 직접 입히시고 돌보시는 세상입니다.

그러나 사람은 그렇게 간단하고 단순한 구조와 질서에서 살게 하시는 것이 아니라 보다 고등한 세상에서 살게 하십니다. 생각하고 계획하고 추진하고 부딪치고 넘어지면 일어나고 하는 것으로 얻어내는 결과물을 가지고 살게 하십니다. 그러나 그 외에 내가 어쩌지 못하는 부분에 관해서는 내 공로로 이루는 세상이 아니라 자비를 베풀기를 기뻐하시는 은혜의 세상이 있다는 것을 바라며 하나님을 의지해야 합니다. 내가 힘써서 들어가는 세상이 아니라 약속에 의해서 주어지는 세상이 있다는 것입니다.

답답한 일이 있으신가요? 까마귀를 생각하세요!... '까마귀야! 너는 어떻게 그 추운 겨울 얼은 음식을 먹고도 열을 내고 몸을 덮힐 수가 있냐!'... '니가 오늘을 은혜로 산다면 나는 너 하구는 비교도 할 수 없는 큰 은혜로 오늘을 살 거다!!', 백합을 보고도 말해야 합니다... '백합아!...' '너는 어찌 그리 예쁜 옷의 자태를 뽐내는 것이냐?', '누가 너를 디자인 했냐? 내일이면 땔감이 되는 하찮은 네가 오늘을 솔로몬보다 훌륭한 옷을 입고 있다면 나는 너 하구는 비교할 수 없는 아름다운 옷으로 디자인되어 오늘을 입을거다!!!', 믿음을 고백하세요!!

까마귀를 쳐다보라가 아니라 까마귀를 생각여보라입니다. 그리고 그 생각에 대한 결론으로 무엇을 도출해 내라 하시는 것입니까? 믿음을 말하라는 것입니다. 수고하고 먹는 세상이 아니라 은혜로 주어지는 세상이 있다는 것을 발견해라입니다. 힘써서 들어가는 나라가 아니라 약속해서 들어가는 나라가 있다는 것을 믿으라는 것입니다.

　까마귀와 백합은 하찮은 것들이예요. 하찮은 것들은 그냥 놔둬도 지들이 사는 것예요. 그럼에도 자상하신 하나님의 손길이 있어요. 그런데 사람은 존귀해요. 존귀하다는 것은 그 만큼 디테일하게 살피고 돌보며 캐어해야 하는 섬세함이 있어야 한다는 것입니다. 사람만큼 태어나서 사람노릇 하기까지 손이 많이 가고 살펴야 되는 존재가 어디에 있습니까!

　이 부분을 앞선 7절에서 "너희에게 심지어 머리털까지 다 세신 바 되었으니 두려워 말라"로 말씀하셨습니다. 심지어 머리털까지입니다. 절묘한 예수님의 표현입니다. 사람은 머리털을 다 셀 수 없습니다. 그런데 하나님은 저와 여러분들의 머리털 개수를 개별적으로 다 알고 계십니다. 여기서 무슨 말씀을 더 보태야하겠습니까!!

24. 속히 오심과 더디 오심

(누가복음12:35~48)

오늘 누가복음 12장 말씀의 전체적인 맥락은 깨어 있으라! 준비하라! 분별하라! 입니다. 우리의 신앙생활은 결코 널널한 문화생활이 아닙니다. 넋 놓고... 마음 놓고... 긴장이 풀어진 상태에서 하는 것은 믿음생활이라 할 수 없습니다. 35절 말씀이 잘 표현해주고 있습니다. "허리에 띠를 띠고 등불을 들고 서 있으라!"입니다. 혼인집에 갔다 돌아오는 주인을 기다리며 문을 두드리면 열어주길 기다리는 종된 이의 자세입니다.

무엇에 대한 깨어 있음이며 긴장이며 준비입니까? 그것은 예수님의 다시 오심입니다. 예수님이 부활승천하시면서 내가 구름타고 오리라! 속히 오리라! 너희 보는 그대로 오리라! 하셨기 때문입니다. 성경의 제일 마지막인 계시록 22:21의 말씀이기도합니다. "내가 네게 속히 오리라 아멘 주 예수 여 오시옵소서!" 한마디로 '마라나타'의 신앙입니다.

예수님이 내일 오신다! 못 박아 놓고서 하는 것은 이단생활입니다. 신앙 생활은 예수님이 마치 내일 오실 것처럼 오늘을 사는 것입니다. 많은 수의 이단들은 날짜를 못 박았다가 예수님이 안 오시자 우리가 잘못 믿었구나! 해야 하는데 도리어 "우리가 날짜 계산 잘못했다 ! 주님이 우리를 시험하 기 위함이다!" 하면서 더 폐쇄적으로 똘똘 뭉치더라는 것입니다.

주님의 다시 오심은 사도행전1:7의 말씀과 같이 "때와 시기는 아버지께 서 자기권한에 두셨으니 너희의 알바 아니요..."입니다. 알바가 아니라 했 는데 자꾸만 알려고 드는 것이 문제입니다. 주님께서 날짜를 비밀에 부치 신 것은 우리로 하여금 현실을 잃어버리지 않게 하심입니다. 날짜가 명시 되면 그 순간 현실은 없습니다. 직장생활 그만두고 돈 다 바치고 가족과 도 단절하고 흰옷입고 산위로 올라가는 것입니다.

뭐 이단 집회에 아버지가 딸 찾으러 갔더니 딸이 하는 말이 "당신이 누군데 나를 찾고 나와 무슨 상관이냐!"는 말을 듣고 아버지가 충격을 받는 곳이 이단집단입니다. 오늘 12장 말씀 중에 "내가 세상에 불을 던지러 왔다. 평화를 주러온 것이 아니다. 부모와 자식이 서로 분쟁할 것이다"라는 말씀으로 쇠뇌 된 것입니다.

물론 진리에 관해서 우리는 한 치의 양보도 있을 수 없습니다. 오직 예수만이 길이요 진리요 생명이십니다. 진리를 지키고 보존하기위한 투쟁이 있을 수 있습니다. 문제는 교주가 예수님이 아니라는 것입니다. 교주들은 마치 자신이 구원을 주기도 하고 뺏기도 하는 모양으로 가족을 이간시키고 파괴한다는 것입니다. 오늘 본문과 맞물려있는 마태복음 24장5절을 보면 "그 때에 많은 사람이 자기가 그리스도라 하며 사람들을 미혹한다!" 했습니다.

오늘 40절입니다. "생각하지 않은 때에 인자가 오리라!" 46절에도 "생각하지 않은 날 알지 못하는 시각에..."입니다. 두 사람이 함께 길을 가다가... 두 사람이 함께 맷돌 갈다가... 두 사람이 함께 밭을 갈다가... 한 사람은 가고 한 사람은 남는 것입니다. 너무도 평범한 일상을 사는 가운데 휴거되어 공중재림하신 주님을 영접하게 될 것을 말씀하는 것입니다.

지극히 평범한 일상을 살아가는 중에 오시는 것이지 흰옷 입고 기다릴 때 오시는 것이 아닙니다. 기억할 것은 일상을 살아가지만 그날을 사모하며 그날을 기다리며 그날을 준비하고 그날에 깨어 있던 것입니다.

준비함과 깨어 있음은 열처녀 비유에서도 알 수 있는 메시지입니다. 미련한 5처녀는 신랑이 그렇게 늦게 올 것이라고 미처 생각지 못해서 여분의 기름을 준비하지 못한 것이고 지혜로운 5처녀는 더디올 것을 미리 준비한 것입니다.

준비하지 않았다... 깨어 있지 못했다... 분별하지 못했다... 이게 다 같은 말씀입니다. 우리는 누구나 피할 수 없는 종말의 시간을 운명처럼 맞을 것입니다. 죽어서 예수님을 뵙는 것이 개인적 종말이라면 예수님이 구름

타고 오시는 것을 본다면 영광스런 우주적 종말입니다. 우리 모두는 죄 된 세상과 짝하지 않고 믿음에 깨어 있어야 합니다. 점도 없고 흠도 없는 순결한 신부의 모습으로 신랑 되신 예수님을 영접하고 어린양의 혼인잔치에 들어가는 모든 성도가 되어야 할 것입니다.

문제는 예수님이 말씀하신 "속히 오리라!"와 비유에 기록된 "더디 오리라!" 사이의 긴장입니다. 초대교회 성도들은 예수님의 "내가 속히 오리라!" 이 한 말씀을 붙들고 고난과 핍박을 이기며 로마황제들의 박해를 피해서 카타콤 지하동굴로 들어간 것입니다. 이제 곧 속히 주님이 오실 것이기 때문에 이 정도 고난은 아무것도 아닌 것입니다. 내가 세상의 정욕과 욕심을 쫓을 시간마저 없는 것입니다.

그런데 그 세월이 무려 2000년이 지났습니다. 예수님이 뭔가 잘못 말씀하신 것이 아니냐! 속히 오신다 해 놓고 2000년 무소식이면 뭔가 문제가 있다. 그래서 "예수 재림 없다! 종말은 없다!"는 자유주의 신학이 일어났습니다. 이에 대한 답은 베드로후서 3:8이하입니다.

"사랑하는 자들아 주께서는 하루가 천 년같고 천 년이 하루 같다는 이 한 가지를 잊지 말라 주의 약속은 어떤 이의 더디다고 생각하는 것 같이 더딘 것이 아니라 너희를 대하여 오래 참으사 아무도 멸망하지 아니하고 다 회개하기를 원하시느니라 그러나 주의 날이 도적같이 오리니... 하나님의 날이 임하기를 바라보고 간절히 사모하라!" (벧후3:8~)

마치 아버지가 아들에게 "아빠 오늘 선물 들고 일찍 들어간다!" 했다면 자녀는 당장에 오길 바라는 마음이지만 아버지는 이 모든 일에 최우선 순위를 집에 오는 시간을 중심으로 해서 일하시는 것입니다. 생각처럼 5분 뒤가 아닙니다. 더디 오심은 주의 택한 백성의 수가 다 차기까지이며 많은 이들이 회개하며 돌아서길 기다리는 주님의 참으심의 시간이기도합니다.

오늘 본문 42절 이하를 보면 주님은 지혜 있고 진실한 청지기 비유를 통해 주님의 오심을 기다리는 자의 마음자세에 대해 기록하고 있습니다. 성경에 청지기 비유가 얼마나 많이 나오는지 모릅니다. 달란트비유도 결국 청지기비유입니다. 눅 16장의 또 다른 청지기 비유에서는 이 청지기는 주인이 온다하니까 갑자기 가지고 있던 것을 자기 맘대로 합니다. 주인에게 빚진자를 다 불러다가 백 만원 빚진 자에게 오십 만원짜리 차용증으로 바꿔주는 것입니다. 주인 돈을 자기 돈처럼 횡령합니다. 나중에 주인이 공금횡령으로 고발하는 것이 아니라 도리어 칭찬합니다.

이 비유는 공금 횡령 이야기가 아니라 이 모든 것이 다 결국은 내 것이 아니었다는 것을 가르치는 비유입니다. 내 것이라면 창고 더 짓자는 말을 하는 것이지 나눠주지 못하는 것입니다. "내 것이 아니었구나!... 하나님이 오늘 밤 나의 영혼을 거두시면 이 모든 것이 누구의 것!"이 맞는 것이었습니다.

주님의 오시는 때를 준비하는 지혜 있고 진실한 청지기를 오늘도 주님은 찾으십니다. 주님의 '속히 오심'과 '더디 오심'의 차이입니다. 이제 예수님이 오실 때가 멀지 않았다 거의 문밖에 이르셨다 하면 우리는 긴장하고 깨어 있고 준비하는 것입니다. 그런데 예수님 오실려면 아직 멀었다하면 여기는 방탕하는 것입니다. 이 모든 청지기 비유에서 방탕의 뿌리는 주인의 더디오심입니다. 주인이 더디 옴으로 방탕하는 것이고 신랑이 더디 옴으로 다 졸며 자는 것입니다.

사랑하는 성도 여러분! 실로 주님은 속히 오시는 것입니다. 문밖에 이르신 것입니다. 그러면 우리는 결코 지금처럼 살수 없는 수 많은 부분을 발견합니다. 정신을 차리게 되고 돌아보게 되며 긴장합니다. 주님이 내일 오신다는 날짜를 못 박고 오늘을 사는 것이 아니라 주님이 내일 오실 것처럼 긴장하여 오늘을 사는 것입니다.

예수님이 54절 이하에 말씀하십니다. "서쪽 하늘에 구름이 일면 비가 오겠구나... 남풍이 불면 덥겠구나... 그게 맞다... 너희가 천지의 기상은 분별하면서 어찌 시대를 분변치 못하냐...!" 시대를 분별한다면 주님이 문 앞에 이르신 것입니다... 주의 날이 도적같이 오리니...

25. 하나님을 즐거워하라!
(눅13:10~17)

오늘도 예수님은 안식일을 맞아 회당에서 말씀을 가르치고 계셨습니다. 자연스럽게 예수님의 시선은 귀신들려 꼬부라져있는 한 여인을 향하셨습니다. 팔이 꼬부라졌는지 허리가 꼬부라졌는지는 정확하지 않습니다. 새번역은 허리가 굽은 것으로 번역했습니다. 중요한 것은 성경이 이 여인의 꼬부라짐을 자연 상태의 꼬부라짐이 아니라 사단의 메임에 의한 꼬부라짐인 것을 강조합니다. 예수님은 안수하심으로 18년간 귀신에 메여 조금도 펴지 못하던 여인에게 자유를 주셨습니다.

문제는 이것을 현장에서 지켜본 회당장이 화를 내는 데에서 비롯됩니다. 엿새 동안의 시간이 있는데 왜 하필이면 그 많은 날 놔두고 안식일 날 병 고치는 일을 한다는 것입니다. 흥미로운 것은 14절을 보면 예수님께 직접 화를 내는 것이 아니라 무리에게 역정을 내고 있습니다.

예수님의 권위에 대놓고 따질 수가 없으니까 엉뚱하게 예수님 앞에 있던 무리들에게 화를 내는 것입니다. 예수님은 바로 회당장에게 말씀하셨습니다. "외식하는 자야! 위선자들아! 너희들은 안식일이어도 메어 있던 소나 나귀도 풀어다가 물을 먹이지 않냐! 혹 길가다 구덩이에 빠지면 끌어내지 않냐! 하물며 18년 마귀에게 메어 있던 아브라함의 딸을 안식일이어도 그 메임에서 풀어주는 것이 마땅한 일 아니냐!"

오늘은 꼬부라진 것을 펴는 일에 관련된 말씀입니다. 팔이 펴졌는지 허리가 펴졌는지 알수 없지만 저는 이 꼬부라졌다는 말씀의 의미를 조금 더 확대해서 마귀가 우리의 몸만 꼬부라지게 하는 것이 아니라 우리의 마음도 꼬부라지게 한다는 부분을 살펴려합니다. 몸이 꼬부라지면 그 육신이 힘들고 고달프듯이 마음이 꼬부라지면 인생이 힘겨워집니다. 어쩌면 육신의 고통 보다 더 혹독합니다...

마음이 꼬부라지면 뭐든지 꼬부라져서 들어갑니다. 생각도 꼬부라지고... 말씀도 꼬부라져서 들어가고... 결국은 인생도 꼬부라집니다. 육신의 꼬부라진 것은 보이기라도 하는데 마음꼬부라진 것은 보이지도 않습니다. 마음 꼬부라진 것은 말하는 것을 보고 압니다. 말하는 것 보고 '저 사람 무엇인가 꼬여있구나! 왜곡되어 있구나! 병들어 있구나!' 하고 알게 됩니다.

먼저는 자신이 꼬부라져있는 것을 아는 일이 가장 중요합니다. 오늘 18년 꼬부라져있던 이 여인처럼 내가 꼬부라졌다함으로 펴짐이 있는 것이고 내가 병들었다함으로 나음이 있는 것이며 내가 죄인이다 할 때 의인의 길이 열리게 됩니다. 꼬부라졌음에도 안 꼬부라졌다하고 병들었음에도 병없다 하고 죄인임에도 의인이라 하는 것으로 길이 없는 것입니다. 오늘 말씀 중에 대표적으로 꼬부라져 있는 사람이 회당장입니다. 예수님에게 감정이 있으면서 화풀이를 엉뚱하게도 무리에게 하고 있습니다.

하나님 말씀에 관한 이해가 온전치 못하고 율법을 왜곡해서 알고 있습니다. 율법은 하나님이 사람을 살리기 위해 주신 것이지 죽이려고 주신 것이 아닙니다. 율법의 정신은 철저히 살리기 위한 것입니다. 그런데 반대로 사람은 율법으로 사람을 죽이게 됩니다. 회당장은 하고 많은 날들 중에 하필 안식일 날 병 고치냐고 화를 낸다면 예수님은 안식일이어도 아픈 사람 고치고 메인사람 놓아주고 죽어가는 사람 살려주는 것입니다. 법은 사람을 위해 만든 것입니다. 안식일이 사람을 위해 있는 것입니다. 그런데 안식일이 사람을 죽이게 됩니다. 법이 사람을 죽이는 겁니다. 그래서 실제로 어떤 유대 랍비는 자신의 딸이 죽어 가는데도 안식일이라고 치료를 거부해서 결국 죽게 두었습니다.

율법은 한마디로 하면 '금'입니다. 사람들이 살면서 '금'을 그어놓는 것은 그 '금'안에서 자유를 누리기 위함입니다. 찻길에 '금'을 그어놓는 것은 오고가는 사람들의 편의와 안전과 자유와 누림을 위함입니다. 찻길에 '금'이 없다며 서로 오지도 가지도 못하는 불편과 혼란만 있는 것입니다. '누가 길에다 금을 그어놓아서 나를 힘들게 하냐...' 이런 경우는 없습니다.

먼저는 금이 있고 금 안에 준법이 있고 금 밖에 범법이 있습니다. 금이 없으면 준법도 범법도 없습니다. 이 말씀이 로마서4:15절에 기록되어 있습니다. "율법이 없는 곳에는 범법도 없느니라!"

제가 어려서는 동네에 공터가 많았습니다. 동네 아이들이 공터에 모여 금을 그어놓고 하는 놀이들이 참 많았습니다. 지금은 그 이름도 다 잊었지만 하루 종일 해가 뉘엿뉘엿 지도록 배고픈 것도 모르고 놀았습니다. 금 안에 있으면 사는 것이고 금 밟으면 죽는 것입니다. 기를 쓰고 금안에 들어갔습니다. 사람들이 열광하는 모든 구기종목과 스포츠에도 금이 있습니다. 금이 없는 게임은 없습니다.

하나님께서 우리에게 금이라고 하는 율법을 주신 것은 마치 금 안에서 놀이를 즐기듯이 금 안에서 게임에 열광하듯이 하나님의 말씀인 율법 안에서 너희들의 인생을 풍요로이 누리게 하시기 위함입니다. 금을 밟고 금을 벗어나는 것으로는 결코 너희들은 인생을 누릴 수 없고 즐길 수 없고 평화가 없고 행복이 없다는 것입니다. 금 밖의 세상이 아무리 별천지 처럼 보인다고 해도 그것은 물고기가 물 밖을 바라보는 세상이다. '너울대는 저 파도넘어 은빛 모래사장에는 무엇이 있을까!' 하고서 물 밖으로 나가는 순간 '곧 죽음이다!'는 것입니다.

말도 안 되는 질문이지만 하나님은 물고기에게 왜 물을 주셨나요? 물 안에서 살라고 입니다. 그래서 몸은 유선형이고 가슴지느러미 등지느러미 눈은 양옆에 달려 생물 중에 유일한 360도를 보며 다닙니다. 물고기는 물이라고 하는 환경에 최적화되어 살게끔 하나님이 지으셨습니다. 마찬가지로 하나님은 사람을 지으시고 하나님의 법 안에서 살 때 가장 안전하고 평화롭고 행복하도록 최적화되어 지음 받은 것입니다.

그러니까 우리는 하나님의 말씀인 '금'안에서 하나님의 부요하심과 하나님의 풍성하신 은혜를 누리는 것입니다. 하나님의 자녀 된 자의 명예로움과 영광과 긍지를 만끽하는 것입니다. 좀 더 쉽게 하면 금 안에서 노는 것입니다. 아이들이 금 안에서 놀이를 즐기듯이 물 만난 물고기가 물속을 자유로이 유영하듯 스포츠 선수들이 금 안에서 마음껏 기량을 발휘하며 경기를 즐기듯이 금을 누려야 합니다.

오늘 우리가 이렇게 주일을 지키며 하나님을 예배하는 것도 분명이 이것이 '금'입니다. 지켜야하는 것입니다. 그런데 '지킨다!'고 하는 개념을 사람들이 이해 할 때 소극적 부정적의미로만 이해합니다. 지키지 않은 것으로 벌 받고 … 저주받고 …

지킨다는 것은 금 안에서 하나님의 부요하심을 누린다는 것이고 하나님의 은혜를 만끽한다는 것이며 금 안에서 누리고 즐기고 논다는 것입니다. 구약의 모든 절기들이 다 축제로서의 절기들입니다. 제사를 드린 이후에 하나님 앞에서 먹고 마시고 즐거워하는 것입니다. 사람들이 먹고 마시고 즐거워하는 것은 다 죄인 줄 압니다. 영지주의에 물들어서 그렇습니다.

금이 형식이면 금 안에서 즐기는 것은 내용입니다. 누리는 것은 없고 금만 있으면 이거는 껍데기만 있는 것입니다. 오늘 말씀 중에 다른 말로 하면 '외식하는자!'고 '위선자'입니다. 예수님께 화난 것을 무리에게 화풀이한 회당장과 서기관들입니다. 이 사람들은 금(율법)안에서 누리고 즐기고 놀 줄은 모르고 금(율법) 해상도 화소 높이는 작업만을 한 것입니다. 씹고 뜯고 맛보라고 이를 주셨는데 이 꽉 깨물고 인상만 쓰고 산 것입니다.

금 안에서 누리는 하나님의 부요함과 풍성함을 만끽 할 줄은 모르고 다시 말하면 형식만 있고 내용은 없는 사람들이 할 수 있는 것이 바로 뭐냐면 화내는 것입니다. 오늘 회당장이 화내잖아요. 예수님이 금 밟았다고 대번에 달려와서는 사람들에게 화내는 것입니다.

예수님 말씀이 "금이 왜 있냐! 너희를 위해서 너희를 살리고 너희를 복되게 하시려고 주신 것 아니냐! 안식일에 메어 있는 짐승도 놓아주고 살려주는 판에 18년 메어 있던 하나님이 딸 자유케 하는 것을 뭐라 하는 것이 말이 되냐!" 11절의 "앓으며 꼬부라져 조금도 펴지 못하는..." 이란 표현이 의사인 누가의 절절함이 베인 구절입니다.

예수님이 "내가 율법을 폐하러 온 것이 아니라 완전케 하려고 왔다!" 말씀하신 이유가 여기 있습니다. 예수님이 보신 율법의 불완전한 꼬부라진 모습은 금 해상도만 높이고 금만 쳐다 보면서 두려워하고 화내고 정죄하는 것입니다. 율법의 완전한 펴진 모습은 금안에서 하나님을 누리고 하나님을 기뻐하며 하나님을 만끽하며 하나님 자녀 된 자의 경기를 치루는 것입니다.

우리 모두는 하나님 나라의 대표선수로서 세상이라는 경기장에서 실력을 겨루어야 합니다. 대표선수는 명예로운 것입니다. 대표선수들 축구장에 들어가는 모습 보십시오! 경기자에게는 금이 있습니다. 그리고 그 금안에서 경기를 치루고 즐기고 만끽해야 합니다. 경기 할 생각은 안하고 금만 쳐다보고 있으면 꼬부라지게 말씀을 받은 회당장과 서기관들이 되는 것입니다.

아울러 경기자는 금을 지키고 관리하며 보존해야하는 책무가 동시에 주어집니다. 금이 있음으로 내가 있는 것입니다. 금이 나를 우선 한다는 것이 아니라 금이 있음으로 내 복된 삶의 내용이 주어진다는 것입니다. 금이 있음으로 내가 하나님 자녀로 기도할 수 있는 것이고 예배드릴 수 있는 것이며 하나님의 돌보심 가운데 복된 인생을 살 수 있기 때문입니다.

바라기는 하나님 앞에서 놀 줄도 모르고... 즐길 줄도 모르고... 만끽할 줄도 모르는 세상에 재미없는 신앙생활이 아니기를 ... "인생의 제일 되는 목적은 하나님을 영화롭게 하고 그를 영원토록 즐거워하는 것이라!"

26. 좁은 문
(누가복음13:22~30)

누가복음 강해 26번째 시간입니다. 오늘도 어떤 사람이 예수님께 나아와 질문하는 것으로 시작됩니다. 23절에서 "어떤 사람이 여짜오되 주여 구원을 받는 자가 적으니이까?" 구원받아 천국 가는 사람이 많은지 적은지를 물었습니다. 이에 대한 답으로 예수님은 "구원 받을자가 많다! 아니면 그리 썩 많지 않다!" 하시는 답을 주셔야 하는데 뜬금없이 좁은문 말씀을 하시는 것입니다.

24절입니다. "좁은 문으로 들어가기를 힘써라! 많은 이들이 들어가려해도 못 들어간다! 주인이 일어나서 문을 닫으면 너희가 아무리 두들겨도 주인이 너희를 모른다고 할 것이다"

'좁은문' 다른 말로 하면 구원의 문이고 천국 문입니다. 예수님은 이 사람의 질문에 구원받은 자가 많다 적다 결과만을 단답식으로 말씀하신 것이 아니라 사람들이 구원을 받는 과정과 그 때의 일을 자세히 풀어서 풀이식으로 답을 주셨습니다.

천국 문의 성격은 제일 먼저 한 번 닫히면 다시 열리지 않다는 것입니다. 열처녀 비유에서도 늦게 간 미련한 다섯 처녀가 아무리 애원해도 신랑은 너희를 모른다하며 열어주지 않았습니다. 노아의 방주도 한번 닫으면 밖에서 열 수 없는 구조로 되어 있습니다.

천국은 가고 싶습니다. 천국가기 싫은 사람 없습니다. 그래서 천국 문 앞으로 갔더니 문이 너무 작고 좁은 겁니다. 내 몸이 끼어서 못 들어갑니다. 이게 24절의 "들어가기를 구하여도 못하는 자가 많으니라!"입니다. 안 들어가는 게 아니라 못 들어가는 것입니다.

여기서 우리가 다 아는 예수님과 부자청년의 만남을 언급하지 않을 수 없습니다. 어떤 부자청년이 예수님께 나와서 영생을 얻고 싶다고 했습니다. 천국가고 싶습니다. 구원받고 싶습니다. 영생을 얻고 싶습니다. 다 같은 말입니다. 예수님은 "너의 재산을 팔아서 가난한자에게 나눠주고 그리고 나를 따르라!" 그러자 부자청년은 재물이 많은 고로 근심하며 돌아갔습니다! 오늘 본문이 사실 딱 이 이야기입니다. 들어가고는 싶은데 재물에 끼어서 못 들어가는 것입니다.

예수님은 "부자가 천국에 들어가느니 낙타가 바늘귀로 들어가겠다!"하신 것입니다. 예수님의 과장법이면서 재치있는 워드플레이입니다. 제자들의 입꼬리가 피씩 올라가면서 동시에 놀라서 그럼 부자들은 천국못가겠네요 하자 예수님은 사람으로는 할 수 없으되 하나님으로는 하느니라. 여기서 예수님은 오늘 제목인 좁은 문을 더 작게 만드시는 것으로 바늘귀라 하셨습니다. 그러니까 구원받고 천국가고 영생얻고 싶어도 못 받고 못 얻고 못 들어가는 것입니다. 내가 너무 비대해서 입니다. 결국 하나님으로 하신다는 예수님의 말씀은 우리를 슬림하게 만드시는 일입니다.

오늘 말씀은 "좁은 문으로 들어가라!"가 아니라 "좁은 문으로 들어가기를 힘쓰라!"입니다. 힘쓰라는 원문의 의미는 싸워라... 분투하라... 투쟁하라는 전쟁용어입니다. 여기서 마태복음 7장 13절의 '좁은 문'을 같이 봅니다. 마태복음에서의 '좁은 문'은 '넓은 문'과의 비교입니다. "좁은 문으로 들어가라 멸망으로 인도하는 문은 그 문이 크고 넓어서 많은 사람이 찾지만 생명으로 인도하는 문은 그 문이 좁고 길이 협착해서 찾는 이가 없다!" 하셨다면 누가복음에서의 좁은 문은 조금 더 우리가 의지적으로 결단하고 힘써서 스스로를 작게 만들어야 들어갈 수 있는 문이 비로소 '좁은 문'인 것을 권고하고 있습니다.

사람들은 모두가 모으고, 쌓고, 달고 살지 나누고, 버리고, 떼어내고 살지 않습니다. 큰 문과 넓은 길은 사람에게 인기를 얻고 사람에게 높임을 받고 사람에게 대접받는 길입니다. 성공하고 높아지고 자랑하는 것으로 내가 이 만큼 커진 것입니다.

반대로 좁은 문은 사람들에게 인기가 없고 대접받는 길이 아니라 종처럼 섬기는 길이고 내 자아... 내 지식... 내 재산... 내 지위... 내 권력... 내 배경... 내 공로... 내 의로움... 이런 것들을 사도바울처럼 다 배설물로 버리고 십자가만 붙드는 길입니다. 내가 아주 작아진 것입니다.

이것을 사람이 스스로 하기는 어렵습니다. 그래서 부자청년 근심하며 돌아갔을 때 제자들에게 말씀하신 "사람으로는 할 수 없으되 하나님은 하실 수 있느니라!"(눅18:27)입니다. 그럼으로 우리는 깨달아야 합니다. 살면서 고난을 겪고 힘든 일이 있으면 "하나님이 나를 작게 만들고 있구나!! 내 지식과 내 능력과 내 자랑을 작게 만들고 오직 예수십자가만 크게 만들려고 이러시는구나!!" 하고 깨달아야 합니다.

낙타가 바늘구멍에 들어간다는 말씀은 구원에 관한 매우 역설적인 말씀이면서 동시에 예수님 당신의 모습을 숨겨서 보이신 것입니다. 가장 커다란 분이 가장 작게 되신 분이 있습니다. 그 분이 예수님입니다. 하나님의 본체이신 분이 사람의 몸을 입고 낮고 천한 세상으로 성육신하신 사건이 바로 낙타가 바늘귀를 통과해서 오신 것과 방불합니다. 그러니까 여기서도 다른 모습의 "하나님은 하실 수 있느니라!" 입니다.

이제 예수님은 똑같은 잣대를 당신을 따르는 제자들에게도 요구하십니다. "너희도 천국에 들어가려면 내가 바늘귀를 통과해서 세상에 온 것처럼 너희도 비우고, 부인하고, 깎아내고, 작아져서 바늘귀 통과해서 천국들어가라!" 입니다. 그 말씀이 "누구든지 나를 따르려거든 자기를 부인하고 자기십자가를 지고 나를 따를 것 이니라!"입니다.

"하실 수 있느니라!"가 두 가지 의미를 담고 있습니다. 먼저는 우리를 작게 만드실 수 있고 그 보다 앞서서는 당신이 그렇게 하실 수가 있으신 것입니다.

　오늘 본문을 다시 봅니다. 23절 이하입니다. 천국 문이 닫힌 후에 사람들이 애원하며 열어달라 하니까 예수님이 "너희들 모른다!" 그러시는 거예요. 그 때 사람들이 "우리가 주님과 함께 먹고 마셨고 길에서 우리를 가르치셨잖습니까!" 항변합니다. 또 다시 예수님은 "너희들 어디서 왔는지 모른다!" 하셨습니다.

　먼저 축복합니다... 저와 여러분을 주님이 아심을 믿습니다. 결론적으로 구원 못 받는 사람들이 듣는 말은 "내가 널 모른다!" 그러시는 거예요. 열 처녀 비유에서도 나중에 문 닫힌 후에 온 미련한 다섯 처녀에게 예수님은 너희를 모른다고 하셨습니다.

　특별히 우리가 어디서 왔는지 아시는 주님이십니다. 그 말씀이 29에 있습니다. "사람들이 동서남북으로부터 와서 하나님 나라의 잔치에 참여하리니..." 바로 저와 여러분들이 동서남북에서 온 이 사람들입니다. 예수님은 28절에서 아브라함과 이삭과 야곱과 선지자는 천국에 있다! 그러나 유대인들 너희들은 없다! 대신에 동서남북에서 온 사람들이 천국잔치에 참여한다! 먼저 된 자가 나중되고 나중 된 자가 먼저 될 것이다!

　그러니까 지금 무슨 이야기가 진행되고 있냐하면 어떤 한 사람이 예수님께 나와서 "구원받는 자가 적겠습니까!" 물은 겁니다. 이 질문의 뉴앙스를 아는 것이 오늘 말씀의 키입니다. 이 질문은 궁금해서 물어 본 것이 아니라 자기를 자랑하기위해서 한 것입니다. 이 질문은 이런 겁니다. 이를테면 학교 다닐 때 선생님이 종례시간에 숙제검사를 잊을라치면 "선생님! 숙제 검사 안 합니까!"하는 경우가 있습니다. 이 말 속에는 무엇이 있냐면 "나는 숙제를 다 했다!"가 있는 겁니다. 그러면 "구원받은 자가 적습니까!" 이 말 속에는 무엇이 있는 겁니까! "나는 당연히 구원을 받았다!"가 있는 것입니다.

　당시 유대인들의 머리구조는 자신들이 아브라함의 후손이고 선민이며 이레에 두 번 금식하고, 구제하고, 기도하고... 하니까 구원 못 받을 거라고는 감히 상상을 못하는 것입니다. 하나님이 나를 모른다고 하는 일은 꿈에라도 없는 일입니다.

그러나 주님 말씀은 지금 "구원받는 자가 적으니이까!"라는 질문을 통해서 자기는 당연히 그 속에서 제외시키는 이 사람에게 구원으로 인도하는 문은 그 문이 좁아서 너희같이 자기 의에 충만한 자들은 못 들어간다! 하신 것입니다.

자기 의가 충만한 것은 무엇입니까? 혈통과 행위가 근거가 된 것입니다. 유대인들은 내가 아브라함의 후손이고 내가 하나님을 위해 이렇게 많은 일을 했는데... 우리식으로 하면 이겁니다. 우리 집안이 4대째 목사님 집안이고 내가 목사로 평생 목회했고 내 아들이 목사가 됐다. 하면 이 목사님이 자기를 구원에서 제외시킬 수 있겠습니까.

물론 비약해서 한 이야기지만 오늘의 말씀은 이 부분을 말씀하시는 것입니다. 혈통과 행위가 근거가 된 자기 의와 공로가 깨어지고 부서지고 가루가 되고 나서야 오직 예수 십자가 의만을 붙들고 좁은 문 바늘귀 앞에 서는 것입니다. 그리고 그 문 앞에서 그 문을 통해 오신 예수님을 보는 겁니다. 오늘은 이것 기억합니다. 예수님이 하늘영광 버리고 바늘귀를 통과하여 성육신하여 오셨습니다. 그 큰 권세와 능력을 부인하고 아무것도 없는 것처럼 십자가를 지셨습니다. 우리도 바늘귀 통과해서 천국 갈 때 우리의 모든 공로와 의가 부인됩니다.

기독교는 한마디로 자기 의를 부인하는 것입니다. 천국 문은 좁은 문이며 바늘귀이며 예수님이 이 문으로 오셨고 우리 또한 이 문을 통해 천국에 이르게 됨을 믿습니다.

"아무든지 나를 따라오려거든 자기를 부인하고 날마다 제 십자가를 지고 나를 따를 것이니라!"(눅9:23)
"누구든지 자기 십자가를 지고 나를 따르지 않는 자도 능히 내 제자가 되지못하리라!" (눅14:27)

27. 잔치비유

(눅14:15~24)

예수 믿는 기독교인의 삶의 원리는 끊임없이 자신을 작게 만드는 과정에서 찾는다고 하겠습니다. 예수 믿고 높아지고 예수 믿고 돈 벌고 성공하고 커다란 내가 되려는 것은 결국에 그 중심에 '나를 섬기라!'는 사상이 있습니다. 성경은 나를 낮추고 나를 작게하며 나를 버리고 반대로 '이웃을 섬기라!'는 가르침으로 가득합니다.

물론 예수 믿고 높아지는 때도 있습니다. 그러나 그 시간이 주어짐은 먼저 철저히 나를 낮추고 부인한 그 다음의 경우입니다. 하나님은 낮아진 나를 높이고, 섬기는 나를 존귀하게 하시며 내가 부인된 나를 들어쓰십니다.

예수님의 성육신은 빌립보서의 표현대로 하면 그는 근본이 하나님의 본체이시지만 자기를 부인하는 것으로 이 땅에 종의 모습을 하고 오신 것입니다. 섬김을 받으러 오신 것이 아니라 도리어 섬기려고 자기목숨을 대속물로 주려고 오셨습니다. 빌립보서2:9절 이하가 귀합니다. "이러므로 하나님이 그를 지극히 높여 모든 이름위에 뛰어난 이름을 주사 모든 무릎을 예수의 이름에 꿇게 하시고 모든 입으로 예수를 주라 시인하여..." 이러므로입니다. 자기를 낮추는 것으로 하나님이 높이셨습니다.

성경은 어딜 봐도 다 이야기입니다. "큰 자가 되기를 원하거든 작은 자가 되라!", "어린아이같이 되지 않으면 천국에 못 간다!", "자기를 낮추는 자가 높은자이고 자기를 높이는 자는 실제로는 낮은자다", "먼저 된 줄로 착각하고 있으면 결국은 나중된다!"

오늘 말씀 7절 이하입니다. 어떤 잔치 집에 사람들이 초대됐는데 한 사람이 목에 기부스하고 들어와 가지고는 높은 자리에 앉았다! 그러자 주인이 와 가지고 당신자리는 저 밑에 있으니 그리 가라 했다면 세상에 이 같은 망신이 어딨냐! 차라리 잔치 집에 가거든 말석에 가서 앉아라! 주인이 와서 당신자리는 저위에 있습니다! 할 때 영광이 되는 것이다.

스스로를 절대 높이지 말라는 겁니다. 스스로의 지식 스스로의 공로 스스로의 자리 이런 것들로 자기를 높이지 말고 항상 나보다 남을 낮게 여기며 다른 사람이 너를 높이게(칭찬하게)하라! 입니다. 그랬더니 또 어떤 이는 '다른 사람이 나를 입에 침이 마르게 칭찬하더라구...'하는 말로 자기를 높입니다. 이것도 아닙니다.

결국 무슨 말씀이냐면 하나님이 나를 높여야 한다는 의미입니다.

유대인이 구원에서 멀어지게 된 것은 자기를 높였기 때문입니다. 구원을 당연한 것으로 알았습니다. 하나님이 이스라엘민족을 자기백성 삼으신 것은 출애굽기19장의 말씀처럼 제사장 나라를 삼기 위함이었습니다. 그러나 이 사람들은 몸에 할례를 행한 것으로 구원을 삼고 예수는 배척한 것입니다. 스스로의 민족적 우월감과 자기 의가 너무 견고한 사람들이라 하나님이 주신 의로움인 예수십자가의 의는 받을 수가 없었습니다.

그렇다고 구원의 확신을 갖지 말라는 뜻은 아닙니다. 언제나 "나 같은 죄인을...", "마른 막대기만도 못하고 티끌보다 못한 나를...", "죄인 중에 괴수인 나를..." 항상 이 마음이어야 합니다. 성전에 들어와 감히 머리를 못 든 세리와 창기의 그 상한 마음입니다. "하나님께서 구하시는 제사는 상한 심령이라 하나님이여 상하고 통회하는 마음을 주께서 멸시하지 아니하시리이다!"(시51:17)

15절 이하는 조금 더 심오합니다. 예수님이 바리새인집에서 식사중이셨는데 어떤 사람이 "하나님의 집에서 떡을 먹는 자가 복됩니다!"했습니다. 이 말이 참 희한한 말이 됩니다. 이 말이 드러난 의미로는 맞는 말이지만 속으로 들어가 보면 구원을 당연한 것으로 아는 자기 의에 충만한 말이 됩니다.

예수님이 이 말을 들으시고는 비유로 또 다시 잔치비유를 들으셨습니다. 어떤 부자가 큰 잔치를 열고는 초청장을 정식으로 발부해서 사람들에게 나눠줬다. 그런데 초대된 사람들이 하나같이 먹고살기 바빠서 못가겠다고 했다. (지금 우리가 전도하면 흔히 듣는 말) 그러자 주인이 진노했다. 21절입니다. 시내 거리와 골목으로 가서 가난한자, 맹인, 저는 자, 몸 불편한자를 데려오라! 22절... 종이 답하기를 명하신대로 했지만 그래도 자리가 남습니다! 23절... 그러면 길과 산울타리로 가서 사람들을 강권하여 내 집을 채우라! 24절 결론입니다. "전에 청하였던 사람은 하나도 내 잔치를 맛보지 못하리라!"

예수님의 결론은 천국에서 당연히 떡을 먹는 것으로 알고 있는 너희들은 실제로는 거기 없다는 것입니다. 이 식사자리는 결코 편치 않은 예수님과 바리새인 간의 치열한 불꽃이 튀는 긴장구도인 것을 알게 됩니다. 여기서 우리는 21절에 바쁘다고 초대를 거절한 사람들을 대신해서 오게 된 가난한자, 맹인, 저는 자, 몸 불편한자들이 누군지를 좀 알아야 합니다. 이 사람들이 앞선 13절에도 똑같이 나오기 때문입니다.

이게 지금 전부 잔치비유인데 내용인 즉은 마지막 때에 있을 어린양의 혼인잔치를 의미합니다. 12절, 13절입니다. "너희가 잔치를 열려거든 형제나 친척이나 부자이웃을 초청하지 말고 가난한자, 몸 불편한자, 저는 자, 맹인을 초대해라 그리하며 그들이 갚을 것이 없는 것으로 너에게 복이 될 것이다. 의인들이 부활할 때 갚아줄 것이다!" 여기도 동일하게 나옵니다. 가난한자, 맹인, 저는 자, 몸 불편한자들...

우리가 사는 세상은 다 '기브앤테이크'의 세상입니다. 줬으니까 받는 것이고 받았으니까 줄 생각을 하면서 사는 것입니다. 그래서 어떤 때는 받는게 부담되는 것입니다. 공짜는 없으니요. 그런데 우리 주위를 둘러보면 기브를 분명히 했는데 테이크가 안 되는 세상이 있습니다. 바로 이 동네 사람들입니다. 가난한자, 맹인, 저는 자, 몸 불편한 자들...

사실 은혜라는 말이 그렇습니다. 어떤 조건과 배경과 이해관계를 넘어서서 아무 자격도 없는 자에게 그냥 주는 것입니다. 13절과 21절에 동시에 기록된 이 사람들은 한 마디로 하면 무엇인가를 받았을 때 그것을 조금도 갚을 수 없는 사람들로서 누군가가 이렇게 자신에게 은혜를 베풀 것이라고는 감히 상상도 못한 위치에 사람들이라는 것입니다.

예수님 말씀의 요지는 이것입니다. 너희가 13절의 이 동네에다가 은혜를 베풀고 은혜로 터치하며 은혜로 섬기는 것으로 이들이 갚을 것이 없을 때 그것이 너희에게 복이라는 말은 그것으로 너희가 하나님을 배우고 알게 된다는 것입니다. 21절의 가난한자, 맹인, 저는 자, 몸 불편한자들이 가리키는 것은 사실상 저와 여러분인 이방인이며, 지난 시간에 한 대로 하면 동서남북에서 온 자이며, 23절의 표현대로 하면 길과 산울타리까지에 해당되는 사람들입니다. 유대 땅에서 보면 대한민국은 땅 끝에 있는 민족이니까요.

22절에 "종이 아직도 남은자리가 있습니다!"하는 것은 지정석의 자리를 뜻합니다. 만세전에 택하신 것으로 와서 앉아야 할 백성이 있다는 것입니다. 유대인들은 자기들이 당연히 택한 백성인줄 알고 당연히 구원이고 당연히 높은 자리며 당연히 대접받는 자들이었습니다. 그러나 이들은 아니었습니다. 24절 예수님 말씀대로 "전에 청하였던 사람들은 하나도 내 잔치에 참여치 못하리라!"입니다.

진정한 의미의 택한 백성은 유대인과는 '당연한 게' 반대입니다. 지금은 그래도 사회가 발전해서 국가 행사에도 장애인들이 참여하지만 이 당시에는 부정한 자들로 감히 잔칫상에 초대되는 것은 상상할 수 없는 일이었습니다. 이 동네 사람들에게 초대는 당연히 상상 못한 것이고 반대로 유대인들은 초대 못 받으리라고는 상상을 못하는 것입니다.

극적인 반전입니다. 유대인들은 구원과 선택과 초대가 당연한 거니까 당연히 감사가 없는 겁니다. 그러나 생각지도 못했는데 초대되었으니 그 감사가 얼마나 큰 것이겠습니까! 구원은 혈통과 종교행위를 통해 받는 것이 아니라 하나님이 마련하신 은혜의 자리로 초대되어 그냥 들어가는 것입니다. 그 은혜의 자리가 바로 십자가입니다. 십자가로 우리를 구원하시는 모든 일을 다 끝내놓으신 것입니다. 마치 잔칫상을 미리 다 배설 해 놓으셨듯이 십자가 핏 값으로 다 해결하시고 그리고 나서 초대하신 것입니다. 성경이 말하는 구원은 받을만한 아무 자격 없는 자가 은혜로 받는 것이라면 유대인에게 구원은 자격 있는 자가 당연히 받는 것이었습니다.

오늘 눅14장에 잔치비유가 연달아 3번 나오는데 이 비유의 메시지는 다 뭐냐면 하나님은 세상을 은혜로 다스린다는 것입니다. 하나님이 우리에게 무엇을 받으셨기 때문이 아닙니다. 하나님이 그냥 은혜이십니다. 은혜로 찾아가시고, 은혜로 구원하시고, 은혜로 초대하시며, 은혜로 다스리십니다. 죄인 중에 괴수같은 나에게 은혜를 그냥 주시는 것이 너무 감사해서 우리의 모든 종교행위가 있는 것입니다.

그러나 유대인들은 자기들은 아브라함의 후손이고 종교행위 했고 할례 받았기 때문에 당연히 구원받을 것으로 안 것입니다. 소위 하나님과 '기브 앤테이크'를 한 것입니다.

천국의 원리는 '기브앤테이크'가 아닙니다. 그냥 하나님 '기브'에 대한 우리의 '땡큐'만 있는 겁니다. 하나님과 '기브앤테이크'하는 율법주의자들은 목이 곧고 교만합니다. 우리 주위에도 이런 사람있습니다. 소위 종교행위에 있어서는 나무랄 데가 없습니다. 모든 게 반듯합니다. 행동도 나무랄 데가 없습니다. 그런데 인간미가 없습니다. 결정적으로 옆에 가기 싫고 불편합니다. 모든 삶이 자기의 높음, 자기의 꼿꼿함, 자기의 자랑으로 점철되어 있습니다. 자기만 못한 사람을 향한 손가락질만 있습니다. 사람들이 내 옆에 오는 것을 불편해 하는지 보아야 합니다. 그렇다면 나는 오늘날의 율법주의자 바리새인이 되는 것입니다.

내가 무조건적 은혜를 입은 21절의 사람이라는 것을 진정 깨달았다면 먼저는 13절의 동네에 받을 생각하지 않고 베풀 것입니다. 역시 돌려받을 생각하지 않고 내 옆에 있는 모든 사람들을 은혜로 바라보고 은혜로 대할 것입니다.

28. 회개

(누가복음11:11~24)

오늘 말씀은 잃어버린 것 찾는 것입니다. 눅15장 전체가 잃은 것 찾는 비유의 말씀이면서 누가복음 전체의 맥을 이루는 장이기도 합니다. 세 가지 비유가 연 이어서 기록됩니다. 먼저는 잃은 양 한 마리입니다. "너희 중에 일 백 마리 양이 있는데 그 중 하나를 잃었다면 그것 찾기까지 찾지 않겠느냐! 찾아가지고는 어깨에 들쳐 메고 돌아와서 동네잔치를 열지 않겠냐! 이와 같이 죄인 하나가 회개하면 천국에서는 회개할 것 없는 아흔 아홉 마리 양으로 기뻐하시는 것보다 더 큰 기쁨으로 여기신다!"

다음은 잃은 동전비유입니다. "한 여인이 열 드라크마가 있었는데 그 중 하나를 잃었다 그러면 방에 불을 환히 켜고 바닥을 쓸며 찾기까지 찾지 않겠느냐! 찾아가지고는 역시 잔치를 벌인다! 이같이 죄인 하나가 회개하여 돌아오면 하나님은 천사들 앞에서 큰 기쁨으로 여기신다!"
앞선 잃은양 비유가 온 데를 돌아다녀야 함으로 발이 부지런한 것이면 잃은 동전비유는 손이 바쁜 겁니다. 온 방을 뒤집다시피 해야 하니까요. 전방위적인 찾음을 말씀하는 부분입니다. "찾기까지 찾지 않겠느냐!"에서 찾는 이의 강한 의지가 표현되었습니다.

잃은 양을 찾고 잃은 동전을 찾기 까지는 찾는 측에서 주도권을 가지고 있습니다. 잃은 양이 주인을 찾아온 게 아니고 동전이 데구루루 여인 앞에 나타난 것이 아니니까요. 반면에 죄인이 회개하여 돌아온다고 하는 것은 찾음을 당하는 측에 주도권이 있어 보입니다. 오늘은 하나님의 찾으심과 죄인의 돌아옴 사이에 어떤 상관관계가 있는지 살피는 시간을 갖도록 하겠습니다. 마지막 세 번째 비유인 돌아온 탕자비유를 통해서 더욱 깊이 이 부분을 이해하도록 하겠습니다. 돌아온 탕자비유는 우리 모두가 다 아는 비유입니다.

방탕한 둘째 아들이 아버지 재산 미리 달라 해서 먼 타국으로 건너가 허랑방탕하다가 알거지가 되어서는 돼지 먹는 쥐엄나무 열매로 연명하게 되자 생각하길 "아버지 종들은 먹을 게 넉넉한데 나는 아들임에도 굶어죽는구나!" 해서 돌아갈 생각을 한 것입니다. 아들이라고 돌아가는 것은 뻔뻔하니까 감히 못 하겠고 "품꾼 중에 하나로 여겨 달라 하면 그래도 받아주시지 않을까?"였습니다. 탕자가 돌아오는 것을 멀리서 본 아버지가 버선발로 뛰어나가 뽀뽀를 하고 "새 옷을 입혀라! 반지를 끼워라! 살진 송아지를 잡아라! 동네잔치를 열어라! 내 아들이 죽었다 살아왔다! 잃었다 얻었다!" 하면서 기뻐 뛰며 춤추는 것입니다.

지금 이 비유에 나오는 아버지의 마음 우리가 섬기는 하나님 아버지의 마음입니다. 우리는 탕자의 비유를 통해서 하나님 아버지가 어떤 분인지를 알게 됩니다. 특별히 아버지의 마음 중에 하나를 알게 되는 것이 있습니다. 이 둘째 탕자가 평시에 말과 행동과 처신이 온전치 못한 것을 다 알고 계신 아버지가 왜 재산을 미리 주었냐고 하는 부분입니다. 유산을 미리 달라할 때 "이 놈아 아버지 멀쩡히 살아 있는데 죽은 것으로 여기고 내어주는 법은 없다!!!" 그리고 종들을 시켜 매질을 시켰으면 아들을 잃을 일도 다시 찾을 것도 없는 것이 아니냐는 우리의 질문입니다.

우리가 섬기는 하나님 아버지는 당신이 가진 힘으로 자녀들을 억압하고 속박해서 당신아래 두시는 아버지는 아니라는 결론입니다. 자유를 주시는 거예요. "너희가 하고 싶은 대로 해봐라!" 하고 놔두시는 하나님입니다. 불신앙도 불순종도 그냥 놔두십니다. 물론 여기서의 놔두심은 로마서 1장 24절에 기록된 유기된 자들(버림받은자들)의 놔두심과는 다릅니다. 무엇인가 그를 향한 하나님의 깊은 경륜과 섭리가 배어 있는 놔두심입니다.

탕자는 누구냐면 아버지를 떠나서 세상으로 만족을 얻으려는 사람들은 모두가 다 탕자입니다. 아버지 밑에 있는 것은 고리타분하고 답답하다고 여기며 세상에 별천지가 있을 것으로 기대한 것입니다. 엄밀한 의미에서 둘째아들이 아버지께 요구한 것은 자유가 아니라 방종이었습니다. 자유라는 말이 그것이 책임과 함께 주어질 때의 무서움을 알지 못했습니다.

탕자가 아버지께 돌아오는 결정적 모멘트가 되는 것은 바로 쥐엄나무 열매의 경험입니다. 탕자가 허랑방탕 하는 것으로 결국 돼지치기가 되었는데 돼지가 먹는 열매인 쥐엄나무열매로 자신도 연명하게 되었습니다. 유대인이 제일 혐오하고 가증스럽게 여기는 동물이 돼지입니다. 그러나 먹고 살아야 하니까 돼지치기라도 한 것인데 이제는 그것마저 없어 굶어죽게 생긴 것입니다.

그래서 회개합니다. 17절입니다. "스스로 돌이켜 이르되…" 스스로 돌이켰다는 말이 회개의 주체가 당사자인 탕자에게 있는 것 같은데 사실 원문의 의미는 그렇지 않습니다. 새번역이 제대로 번역했습니다. "그제서야 제 정신이 들어서…"입니다. 영어성경도 "그의 생각이 돌아왔을 때"로 번역했습니다.

그러니까 지금까지는 무엇인가 씌워있었던 것입니다. 이 씌움이 벗겨지기까지 제 정신이 들어오기까지는 비참하고 처절한 쥐엄나무 열매의 경험이 있어야했던 것입니다. 더 이상 밀릴 수 없는 자신의 밑바닥을 경험한 것입니다. 탕자는 자신의 지식… 자신의 능력… 자신의 안목을 믿었습니다. 아버지께 받은 유산을 이리저리 굴리면 아버지보다 더 큰 부자가 될 줄로 알았습니다. 그러나 탕자는 자신의 능력이라는 것이 티끌만도 못한 것임을 깨달은 것입니다. 이렇게 완전히 부서지는 경험이 회개의 사건입니다.

회개는 나의 모든 것을 아버지께 온전히 의탁하는 것입니다. 이제 후로는 아버지께 감사와 헌신과 섬김과 충성을 다짐하는 것입니다.

가끔 회개한다고는 하는데 이런 경우가 있습니다. 아버지께 돌아와서는 "아버지! 그때 계산 잘못해서 조금 더 주셔야했습니다. 제가 사업하다가

한 끝 빨이 모지라서 망했는데 다시 조금만 더 내어주신다면 제가 다시 아버지께 와서 아쉬운 소리 하는 일은 없을겁니다... 제가 재벌이 되어 돌아와 아버지 집도 지어드리고 승용차도 바꿔드리고 해외여행도 보내드리겠습니다..."

이런 식의 회개기도가 실제로 있습니다. 교회 와서 기도한다고 하는데 "하나님! 제가 잘못하기는 했지만 이건 아니지 않습니까! 하나님! 이번이 마지막입니다... 조금만 도와주시면... 이번 일만 해결해 주시면... 그래서 제가 재벌이 되면 그때 제가 교회도 지어드리고 헌금도 많이 하고 하나님 소원을 이루어드리겠습니다..."

저는 가끔 교회 표어 중에 "하나님소원을 이루어드리는 교회"를 봅니다. 물론 열심을 품자는 말이지만 지극히 인본주의적인 발상입니다. 하나님은 내가 도와드리지 않으면 소원도 혼자 못 이루시는 분이 됩니다. 어리석고 경망스러운 말입니다. 아버지를 모욕하고 더 나아가 능욕하는 말이라는 것을 모릅니다.

회개는 완전하고도 전인격적인 돌이킴이지 잠시 돌아와서 헛소리(?)하는 것이 아닙니다.

안타까운 경우가 또 있습니다. 이런 경우입니다. '회개의 시간'과 '쥐엄나무의 경험'이 그것마저 '자기의'가 되는 것입니다. 가끔 보면 프로필 사진으로 강대상위에서 거룩하게 기도하고 있는 사진을 올리고 그 밑에 '평신도 간증섭외 1순위 해외집회일정...'

거룩하게 기도하는 사진은 거룩한 자기홍보이며 사람 앞에 보이는 의로움이지 결코 하나님 앞에 보이는 의는 아닙니다. 회개가 밥벌이 수단이고 종교상품이 되었습니다. 내용은 대동소이합니다. 내가 예수믿기 전 세상 모르고 날 뛰다가 고생했는데 예수 믿고 복 받고 형통했다!

한국교회의 병폐는 온전한 회개의 부재에서 찾게 됩니다. 회개가 있다 해도 '쇼'로서의 회개이지 진정한 돌이킴이 아닙니다. 패자는 말이 없다는 말이 있는 것처럼 회개한 자는 말이 없는 것입니다. 그런데 말이 너무 많습니다. 유구무언이어야 할 회개의 경험이 특유의 입심과 재간으로 포장되고 치장되어 경건이 이익의 수단이 된 것입니다. 아무리 생각해도 돌아온 둘째 아들 탕자가 자신의 회개경험을 하나의 아이템으로 종교상품화해서 다른 나라로 가지고 가서 값싼 은혜를 전하고 다니지는 않았을 것 같습니다.

우리를 죄에서 돌이키고 교만에서 돌이키고 '자기 의'에서 돌이키게 된 것은 결코 우리의 힘으로 된 것이 아닙니다. 성령이 우리를 완전히 사로잡음으로 무엇인가 씌워있는 상태에서 제정신이 들게 하신 것입니다. 다시 말하면 내가 회개하기까지 회개의 주도권이 내가 아니라 아버지께 있다는 의미입니다.

그러니까 아버지께서 처음에 자유를 주신 것도... 돼지우리도 ... 쥐엄나무열매도... 이게 다 방탕한 아들 돌아오게 하시려는 연출자 하나님 아버지의 세트장이고 무대장치였다는 것입니다. 미리 하나님이 섭외하신 것입니다. 탕자비유가 겉으로는 탕자가 깨닫고 돌아온 형국을 취하고 있지만 실제로는 아버지께서 기획하신 일이라는 것입니다. 앞선 비유인 잃은 양 비유와 잃은 동전비유에서 말씀하신 "찾기까지 찾지 않겠느냐!(찾으리라!)" 말씀하신 것과 같이 찾는 이가 이 모든 주도권을 가지고 계십니다.

돌이킴과 회개의 주도권이 사람에게 있다하면 그것마저 '자기 의'와 '자기 자랑'이 되어 버립니다. 우리는 십자가의 의 밖에는 없다는 것을 잠시도 잊어서는 안 됩니다. 오늘 내게 주시는 말씀에 귀 기울이며 나를 드러내지 않고 삶의 낮은 자리에서 유구무언으로 섬기며 사는 인생들이 저와 여러분인 것을 믿습니다.

"아버지께서 이끌지 아니하시면 아무도 내게 올 수 없으니 오는 그를 내가 마지막 날에 다시 살리리라!"(요6:44)

29. 살진 송아지와 염소새끼

(누가복음15:25~32)

언제나 우리와 함께하시는 하나님을 경험하는 일에 있어서 말씀드리고 싶은 부분이 누가복음 15장에 기록되어 있습니다. 그곳을 보면 예수님의 비유중에 탕자의 비유가 나오는데 주님은 한 아버지에게 두 아들이 있었다 하면서 두 아들을 주목해서 보라고 말씀하셨습니다.

우리가 다 아는 탕자는 둘째 아들입니다. 아버지 재산 미리 달라고 해서 허랑방탕하다가 돼지우리에서 쥐엄나무 열매먹는 신세가 되었습니다. "아버지의 품꾼은 풍족하여 주리는 일이 없는데 나는 아들임에도 주려 죽는구나!"하면서 한탄하다가 아버지에게 나아가서 품꾼중에 하나로 여겨달라고 하는 마음을 먹고 집에 돌아가게 됩니다.

탕자 둘째 아들이 집으로 돌아온 것을 본 아버지는 옷을 갈아 입히고, 반지를 끼우고, 살진 송아지를 잡고 내 아들이 죽었다 살았고 잃었다 얻었다 하면서 기뻐하며 동네사람 다 불러다 놓고 잔치를 열게 됩니다.

여기까지는 우리가 익히 아는 탕자를 용서한 사랑 많은 아버지 스토리입니다. 그런데 그 비유의 뒷 부분에서 주님은 또 다른 한 아들의 이야기를 말씀하고 계십니다. 어찌보면 여기가 주님 말씀의 포인트가 있는 부분이라고 하겠습니다. 바로 첫째 아들이야기입니다.

첫째가 들에서 일하고 있는데 멀리 집에서 시끌벅적한 잔치 소리가 들리는 것입니다. 어찌된 일인지 궁금하던 차에 종들이 와서 말하기를 당신의 탕자 동생이 집에 돌아왔는데 아버지가 그를 혼 내기는 커녕 살진 송아지를 잡으라하고 동네사람 불러 잔치를 열었다고 했습니다.

이 말을 전해 듣고는 첫째가 무슨 일을 벌이냐면 집에를 안 들어가는 것입니다. 얼굴이 빨개졌다 파래졌다 하면서 아버지를 향하여 하는 말이 이제 의

미심장합니다. 자신을 위로하러 온 아버지에게 하는 말이 이렇습니다.

"이제까지 아버지 말씀 한 번도 어긴 일이 없고 아버지를 위해 일한 나를 위해서는 염소새끼 한 마리 잡아준 일 없으면서 저 아버지의 재산을 창기와 함께 삼켜버린 나쁜 놈을 위해서는 어떻게 살진 송아지를 잡아주실 수 있습니까!!!"

여기서 '염소새끼'와 '살진 송아지'가 절묘하게 대비되고 있습니다. 이 두 단어에 첫째아들의 아버지를 향한 섭섭함이 그대로 담겨있다 해도 과언이 아닐 것입니다. 가축이 나은 새끼 중에 가장 작고 가치가 떨어지는 것이 염소새끼입니다. 그에 비해 살진 송아지는 명절이나 잔칫날이나 되어야 먹는 고깁니다.

이 말을 지금 우리의 말로 살짝 바꾸면 이렇게 됩니다. "아무개는 예수 믿은지 얼마 되지도 않았고 저 사람 옛날에 죄도 많이 졌는데 하나님은 저런 사람에게는 잘 되고 성공하게 하시고 이제까지 하나님을 섬기고 교회를 섬긴 내게는 어떻게 이것밖에 안주십니까!" 하는 것과도 같다고 하겠습니다. 눅15:32을 보면 집에 들어가지 않으려는 첫째에게 아버지가 이렇게 말씀하시는 것으로 비유를 마치고 계십니다.

"애야! 너는 항상 나와 함께 있으니 내 것이 다 네 것이로되 네 동생을 죽었다 살았고 잃었다 얻은 고로 우리가 즐거워 하는 것이 마땅하지 않겠냐!"

주님의 말씀 중에 특별히 비유는 미괄식으로 되어 있는 경우가 대부분입니다. 제일 마지막 말씀에 비유의 핵심이 되는 메시지가 담겨있다는 의미입니다. 사실 둘째 탕자의 모습은 겉으로 드러난 모습이기 때문에 금방 알 수가 있습니다. 실지로 성도 중에는 세상에서 방탕하다가 회개하고 돌아온 탕자가 적지 않은 것이 사실입니다.

그러나 우리 중 참으로 많은 성도들의 마음가운데는 첫째 아들의 마음이 있음을 보게 됩니다. 아버지가 항상 나와 함께 거하는 것으로는 그다지 만족을 얻지 못하고 아버지가 무엇을 내게 주었느냐로만 아버지를 평가하려는 믿음입니다.

본문의 말씀으로 하면 염소새끼 타령하면서 원망 불평하는 것입니다. 저녁에 집에 들어오시는 아버지 자체보다는 아버지의 손에 들려있는 것만 관심 있는 철없는 아이의 마음이라고도 할 수 있겠습니다.

둘째가 집나간 탕자라면 첫째는 집에 안 들어가는 탕자라는 것입니다. 집나간 것이나 집에 안 들어가는 것은 살짝 말만 바꾼 것이기 때문입니다. 그런데 우리가 집나간 탕자는 금방 구별하는데 반해서 집에 안 들어가는 탕자는 잘 모른 다는 것입니다.

우리 안에 교묘하게 자리 잡고 있는 이와 같은 첫째 아들 탕자의 마음을 품고서는 우리가 결코 온전한 믿음이 될 수 없음을 지적하시는 비유라고 하겠습니다. 주님은 탕자의 비유를 통해 집 나온 탕자보다도 오히려 집에 안 들어가는 탕자에 더욱 비중을 두고 말씀하시는 것 이었습니다.

첫째 아들 증후군은 돌아온 탕자동생을 용서한 아버지를 받아들이지 않는 마음입니다. 더 나아가서 나처럼 반듯하게 살아온 착한 아들을 향한 대접이 고작 이것이었냐고 반항하는 꼬부라진 마음이기도합니다.

사람들은 문제를 일으키는 둘째 탕자에만 관심을 갖습니다. 그러나 사실 더 큰 문제는 첫째 아들에게 있습니다. 매사에 완벽하고 모든 부분에서 모자람이 없었던 도덕주의자 첫째는 동생을 용서한 아버지를 불합리하고 불의한 아버지로 치부했습니다. 그리고 그 아버지를 더 이상 가까이 하려 하지 않았다는 것입니다.

대표적인 기독교 변증가인 C.S. Lewis가 쓴 환타지 소설 중에 "천국과 지옥의 이혼"이라는 책을 보면 여기에도 첫째 아들 부류의 사람이 등장합니다. 세상을 살 때 부자 사장이었던 유령이 지옥에서 고통 받다가 잠시 천국 주변을 여행하는 부분이 나오는데 거기서 그만 자기친구를 죽인 종업원 잭이 천국에 있는 것을 보고 깜짝 놀라게 됩니다.

잭은 사장에게 말하기를 하나님은 나 같은 죄인에게도 자비를 베푸셨으니 당신이 지금이라도 하나님께 나아가서 자비를 구한다면 나와는 비교도 안 되는 더 많은 은혜를 주실 것이라고 했습니다.

그러자 사장은 말하기를 평생을 의롭게 산 내가 왜 너 보다 못한 대우를 받고 지옥에서 고생해야 하는지에 대해서 버럭 화를 내고는 너 같은 나쁜 놈을 받아주고 나 같은 의인을 지옥 보낸 하나님이라면 나는 그 하나님이 있는 천국이 싫다며 지옥으로 다시 돌아갔다는 것입니다.

그러면서 지옥을 경험하는 3가지를 교훈하고 있습니다. 먼저는 철저히 내가 받고 누려야할 권리만을 주장 할 것, 그리고 내 기준에서만 의와 불의를 논할 것, 마지막으로 나보기에 악한 자는 절대 용서하지 말 것이었습니다.

사실 이 첫째 아들의 가치관과 사고방식은 세상을 살아가는 우리 모두가 가지고 있는 생각입니다. 그러나 성경의 관점은 분명히 세상을 사는 우리 내 방식하고는 많이 다르다는 것입니다. 우리는 첫째아들의 모습을 마태복은 20장의 포도원 품꾼의 비유에서도 똑같이 찾을 수 있습니다.

주님께서 오전10시에 부름 받은 품꾼이나 오후 5시에 부름 받음 품꾼이나 똑같은 한 데나리온을 지급하자 오전 10시에 온 품꾼이 주님에게 따집니다. 어떻게 오후 5시에 부름받은 품꾼과 나를 똑같이 대우할 수 있냐는 것입니다. 첫째 아들의 마음과 같이 주님을 부당하고 불의하다하며 잘못됐다고 하는 것입니다. 그때 주님은 "네 것이나 가지고 가라!" 하셨습니다.

사람들은 하나님이 하시는 일이 잘못됐다 하며 자신이 받아야 할 몫이 정당하게 지급되지 못했다 하며 계속해서 자신이 받을 권리를 주장하는 것입니다. 그러면서 불쑥불쑥 염소새끼 타령을 하는 것입니다. 하나님은 의로운 나를 몰라주고 푸대접 하시고는 저렇게 나쁜 놈에게는 은혜를 베푸시는 불의한 하나님이라고 하면서 하나님을 왜곡하는 것입니다.

우리 모두는 첫째 아들 증후군에서 벗어나야 합니다. 그러기 위해서는 지금 내 곁에서 나와 함께 계시는 주님을 볼 수 있어야 합니다. 주님의 위로와 소망주심 그리고 부드럽게 터치하시는 말씀의 손길을 경험하는 것입니다.

우리 모든 성도는 하나님이 첫째에게 주신 말씀인 "너는 항상 나와 함께 있으니 내 것이 다 네 것이 아니었냐!" 라고 토닥이시는 말씀으로 충분히 만족할 수 있어야 할 것입니다. 주님이 내게 무엇을 주셨냐가 아니라 주님이 내 곁에 계시고 함께 거하는 것으로 세상을 다 가진 자의 마음이 된다면 정말로 주님이 기뻐하시는 성도가 될 것입니다.

주님이 가지신 그 이름의 권세와 그 무한하신 능력과 크신 사랑이 그리스도 안에서 하나님 아버지를 모시고 사는 우리 성도들의 것임을 믿습니다.

30. 불의한 재물

(눅16:1~8)

오늘 누가복음 16장은 전체가 하나님과 재물을 사이에 두고서 어떻게 할 것 인지를 물어 오시는 주님의 설득이요 권고요 또한 경고라고 할 수 있습니다. 오늘은 먼저 초반부에 기록된 '불의한 청지기 비유'를 통해서 하나님의 마음을 읽는 시간을 갖도록 하겠습니다. 불의한 청지기 비유는 상식선에서 듣기에는 거북한 내용입니다. 청지기가 옳지 않은 불의한 청지기인데도 불구하고 도리어 주인이 이 청지기를 칭찬하기 때문입니다.

내용은 이렇습니다. 어떤 주인이 청지기에게 모든 경영을 맡기고 타국에 있는데 어느날 소문이 들리기를 자신의 소유를 청지기가 낭비한다는 것을 들은 겁니다. 그래서 이제 청지기를 불러다 놓고 "네 보던 일을 셈하라! 직무를 더는 계속하지 못하리라!"

여기서 뭘 하나 집고 넘어갑니다. 주님이 바로 "너 해고야! 낼부터 나오지 마!"한 게 아니라 어느 정도 말미를 주었다는 것입니다. 이에 돌아온 청지기가 생각해 낸 것이 이제 기가찹니다. 주인에게 빚진 자들을 부르더니 차용증을 자기 맘대로 깎아주는 것입니다. 요즘 대기업회장들이 무서워하는 죄가 회삿돈 자기 맘대로 쓰는 횡령배임죄인데 이 청지기는 자기 돈도 아니면서 자기 맘대로 횡령배임하는 것입니다.

그런데 8절에서 주인은 "이 옳지 않은 청지기가 지혜있게 행하였다!"하면서 당시에 칭찬할 때 쓰인 관용구인 "이 시대의 아들들이 빛의 아들들보다 지혜롭다!"고 까지 한 것입니다.

난해한 비유이고 해석도 여러 갈래입니다. 비유이기 때문에 비유의 포인트를 찾아야 합니다. 핵심을 놓치면 엉뚱한 알레고리로 가게 됩니다. 우선 비유전체에서 흐르고 있는 메시지는 '종말'입니다. '종말'을 관점으로 이야기를 하나씩 풀어나가야 합니다. "네 보던 일을 셈하라!" 영적인 의미는 "네 인생을 결산하라!"입니다.

이 모든 것이 다 주인의 소유인데도 불구하고 네 것인 줄 알고 주인의 소유를 낭비한 너에게 더 이상의 시간은 없다고 선언하신 것입니다. 여기서 낭비의 의미는 성경에서 방탕과 동의어입니다. 지난시간 둘째아들 탕자가 허랑방탕했다는 말과 오늘 본문의 낭비가 같은 단어입니다. 방탕이 도덕적이고 윤리적인 탈선과 타락을 말하는 것이 아니라 하나님을 떠나있는 모든 시간은 그것이 다 허비와 낭비와 무가치한 시간임을 가리켜서 성경은 방탕이라고 하는 것입니다. 낭비의 의미가 우리가 일반적으로 아는 것과 다릅니다. 그러니까 성경에서 "방탕하지 말라!"는 말은 "하나님을 떠나지 말라!"는 의미입니다.

오늘 이 청지기가 방탕한 것은 이 모든 것이 주인의 소유임에도 자기 것인 줄 알고 자기 맘대로 했다는 것입니다. 주인(하나님)을 떠나서 사용한 것입니다. 그래서 주인은 "네가 방탕(낭비)했으니 네 보던 일을 셈하라! 결산하라!" 하시니까 4절에서 이 청지기가 "내 할 일을 알았도다! 내가 직분을 빼앗기고 난 후에 사람들이 나를 영접하리라!" 하고는 공금횡령배임하고 있는 것입니다. 그러나 이 비유는 비유를 통해 주님이 무슨 말씀을 하시는지에 초점을 맞추어야지 지엽적인 해석에 치우쳐서는 안 됩니다.

큰 그림 속에서 이 비유를 보아야 합니다. 공금횡령 이야기가 아니라 이 청지기가 짤리고 난 다음을 미리 준비하고 대비했다는 것입니다. 짤린다는 것은 무엇입니까? 마지막이라는 것이고 종말이고 죽음 이후를 뜻하는 것입니다. 주인은 불의한 청지기에게 진노하고 매질해야하는데 반대로 지혜있다 한 것은 하나님은 우리가 이생이라고 하는 땅의 시간에 집착하는 것을 어리석다 하시고 죽음 이후의 영원한 처소를 준비하는 것으로 지혜롭다 하시는 것입니다.

죽음 이후의 영생의 시간이 있다는 것을 믿는다면 그리고 그곳에 시간이 이 땅에서 결정된다는 것을 믿는다면 우리는 예수를 믿어야 하고 또한 전해야 합니다. 이 땅에서의 삶이 의미를 지니는 것은 여기서만 예수 믿을 수 있기 때문입니다. 사도바울처럼 예수 그리스도 외의 것들은 다 배설물처럼 여기고 믿음의 주요 온전케 하시는 예수를 바라보는 것입니다.

특별히 오늘 말씀 중에 9절의 '불의한 재물'을 잘 이해해야 합니다. "불의한 재물로 친구를 사귀라!"는 말씀입니다. 이 말씀은 예수님의 파라독스입니다. '불의한 재물'의 의미를 푸는 것이 이 비유 전체를 푸는 단서와 실마리가 됩니다. 8절까지가 예수님의 비유라면 9~13절을 잘 이해해야 합니다. 비유에 대한 예수님의 해석이기 때문입니다.

불의한 청지기가 도리어 칭찬을 들은 것은 불의한 재물로 친구를 사서 직무를 그만둔 이후를 대비한 것입니다. 청지기가 갑자기 채무자들을 불러서 빚을 깍아준 것은 무슨 일이 있었기 때문입니까! 주인이 와서 "너 이제 그만이다!"해서입니다. 지금까지는 이것이 다 내 것이고… 내 돈이고… 내 소유인 냥 살았는데 언제 정신이 들어서 "내 것이 아니었구나!"가 되었냐면 어느날 주인이 와서 "네 보던 일을 셈하라!(너 이제 그만이다!)"를 들은 이후입니다.

이후로는 할 수 없는 일이 할 수 있는 일이 됩니다… 퍼 주고… 나눠 주고… 깍아 주고… 차용증 바꿔주고 하는 일은 내 것이라면 결코 할 수 없는 일입니다. 내 것이 아니라 하니까 이것이 가능한 일이 되더라입니다. 내 것이라면 결코 이렇게 못합니다.

결국 주님은 이 이야기를 하는 것입니다. 하나님의 소유임에도 네 것인 줄 알고 움켜쥐고 있는 재물이 곧 '불의한 재물'이라는 뜻입니다. 하나님은 "이 땅에 있는 은과 금은 다 내 것이라!" 하셨는데 사람들은 자기통장에 넣어놓고 등기소에 등기해 놓은 것으로 자기 것으로 아는 것입니다. 창고 더 짓자는 사람을 향해서도 주님은 오늘밤 네 영혼을 도로 찾으면 그것이 뉘 것이 되겠느냐 하시는 것입니다. 결국은 모든 소유가 하나님의 것이라는 말씀입니다. 하나님과 소유권분쟁하려는 사람을 가리켜 성경은 어리석은 사람이라는 것입니다.

불의한 재물이 언제 의로운 재물이 되냐면 이것이 내 것이 아닌 것을 안 이후입니다. 아낌없이 베풀고 꾸어주고 나눌 수 있습니다. 하나님은 '네 것인 줄 알았던 재물'(불의한 재물)을 의롭게 사용하는 것으로 믿는 사람의 행위를 보인 것(불의한 재물로 친구를 사귀는 것)을 칭찬하시는 것입니다.

불의한 청지기 비유를 이렇게 이해해야만 10절 이하가 자연스럽게 풀립니다. 10절의 "지극히 작은 것에 충성된 자가 큰 것에도 충성되고 지극히 작은 것에 불의 한 자는 큰 것에도 불의하다!" 는 말씀은 지극히 작은 것은 지극히 기본적인 것을 뜻합니다. 이 모든 것이 하나님의 것임을 인정하지 못하고는 그 다음으로 넘어갈 수가 없는 겁니다.

이 세상이 하나님의 창조임을 믿지 못하고 어찌 인간의 타락과 구원을 논할 수 있겠습니까! 11절도 마찬가집니다. "불의한 재물에 충성치 않으면 누가 제대로 된 것으로 맡기겠느냐!" 불의한 재물에 충성한다는 것은 "네 것인 줄 알았던 재물(불의한 재물)로 자비를 베풀고 은혜를 베풀라!"입니다.

12절 "남의 것에 충성치 않으면 어찌 너희 몫을 얻겠느냐!" 여기서 남의 것은 하나님이 내게 맡겨주신 하나님의 것입니다. 결론은 13절입니다. "이 모든 것이 자기 건 줄 알고 사는 사람은 돈을 주님으로 섬기고 살 것이지만 이 모든 것을 하나님의 것으로 아는 사람은 하나님을 주님으로 섬길 것이다. 맘몬을 섬기던지 하나님을 섬기던지 둘 중의 하나를 섬기는 것이지 같이는 섬길 수 없다"

오래 전 이야긴데 어떤 교회장로님이 사업체 운영하다가 은퇴하시고 은퇴기념으로 건강 검진받았다고 합니다. 회사 키우느라 젊은 시절 다 보내고 이제 사모님과 여행다닐 계획이셨는데 그만 건장검진에서 폐암말기에 6개월 남았다는 청천벽력 같은 말을 듣고 그 자리에서 입원하셨답니다. 바로 목사님께서 병실 찾아가니 손을 묶어놨더랍니다. 하도 "인생 헛 살았어!" 하고 가슴을 치는 바람에 … 그러면서 목사님께 말하기를 자식들에게 "젊어 돈 벌어 놓으라!"는 말은 했어도 "예수 믿으라!"는 소리는 한 번도 한 적이 없다는 거예요… 오늘 말씀이 이 이야깁니다… 6개월 남았다는 그 의사의 말이 곧 "네 보던 일을 셈하라!" 이 때 정신이 드는거예요…

재물을 섬기면 나누는 것을 못합니다. 인색하게 움켜쥐려고만 하고 주위가 보이지를 않습니다. 그러나 하나님을 섬기는 사람은 이게 다 하나님의 것이니까 나눌 수가 있는 것입니다. 안타까운 것은 예수님의 이 말씀을 듣고 14절에서 바리새인들이 비웃고 조롱했습니다. "그래도 돈이 있어야지… 돈이 최고지 무슨 말이야!" 한 것입니다.

그 때 예수님이 이들의 속성을 14절 이하에서 3가지로 말씀하셨습니다. 돈 좋아하는 자들, 스스로 옳다하는 자들, 그리고 높임받기 좋아하는 자들입니다. 돈 이야기만 나오면 눈이 번쩍 뜨이고 자신이 틀릴 수도 있다는 생각 전혀 못하며 "나를 높여라! 나를 섬겨라! 나를 대접하라!…" 여기서 우리는 어디에 해당이 되는지 살펴야 합니다. 이런 것은 15절 말씀에 하나님이 미워하십니다. 원문의 의미대로 하면 하나님이 극히 혐오하십니다.

마지막 18절 말씀은 생뚱맞게 전체 내용과 매치가 안 되는 "간음하지 말라!"는 말씀이 나옵니다. 그러나 금방 알게 됩니다. 구약의 이스라엘이 우상숭배하면 하나님은 그것을 가리켜서 간음죄를 짓는 것으로 여기셨습니다. 이스라엘은 한 번도 하나님을 버린 적이 없습니다. 우상과 하나님을 같이 섬겼지요. 내 아내를 옆에 두고 다른 여인을 만나는 것은 아내를 버리는 행위인데도 어리석은 남편은 이것이 함께 되는 줄로 아는 것과 같습니다.

하나님을 섬긴다고 하면서 재물을 사랑하면 이거는 하나님께 간음죄를 짓는 것이라는 말씀입니다. 하나님께 가기까지 결국은 빈손으로 갈 텐데 모든 것이 하나님의 소유요 나는 잠시 맡은 청지기라는 사실을 다시 한 번 되새기는 은혜가 있기를 기도합니다...

31. 부자와 나사로

(눅16:19~31)

오늘은 누가복음 31번째 강해로 그 유명한 '부자와 나사로'비유입니다. 극단적인 두 인물의 이생에서의 삶과 죽음 이후의 삶을 번갈아 비교하면서 주님은 오늘의 우리에게 너희들은 어떻게 할 것 인지를 물어 오시는 경고성 짙은 비유라고 하겠습니다.

먼저 알아야하는 것은 이 비유가 어떤 배경아래에서 주님이 말씀하게 되신 것인지를 보아야 합니다. 바로 윗 구절에서 무슨 일이 있었냐면 예수님께서 불의한 청지기비유를 통해 하나님 것임에도 너의 것 인줄 알고 움켜쥐고 있던 재물(불의한 재물)을 나누고 베풀고 주는 것으로 하나님의 사람임을 증명하라 하셨습니다.

그것이 바로 16:9절의 "불의한 재물로 친구를 사귀라 그것이 없어질 때(나눌때) 너희가 영주 할 거처를 얻게 된다!"는 말씀이었습니다. 비유를 설명하시며 마지막 13절에서 주님은 우리가 익히 아는 말씀인 "너희가 하나님과 재물을 같이 섬길 수 없다!"고 하셨습니다. 이 말씀을 듣고 바로 다음 14절에서 바리새인이 예수님의 말씀을 비웃었습니다. 예수님 말씀을 들었으면 은혜 받아야 하는데 이 사람들은 비웃었습니다.

예수님은 그들에게 너희들은 돈 좋아하고 스스로 틀렸다는 생각 꿈에라도 할 수 없고 나를 높이고 나를 섬기고 나를 대접하라 하는데 사람들에게 높임 받으려는 마음은 하나님이 아주 질색으로 싫어 하시는 것이다. 이어서 하나님의 말씀은 반드시 이루어질 것이라 하시면서 "재물을 하나님과 같이 섬기는 것은 마치 이스라엘이 우상을 하나님과 같이 섬겼을 때의 영적간음인 것과도 같은 것이다!" 라는 말씀을 18절에 "간음하지 말라!"는 말씀을 통해 우회적으로 말씀하셨습니다.

그리고 이제 "어떤 부자가 있었다!"하고 시작하시는 것입니다. 바리새인들의 비웃음에 예수님의 마음이 지금 언짢으신 상태인 것을 감지하고 읽어야 합니다. 부자는 자색 옷(비탄옷)을 입고 사람들을 초청하여 날마다 파티의 밤을 즐겼다. 그런데 그 집 쓰레기통 옆에 나사로라는 거지가 살았다. 부자에게 구걸하다가 내침을 당한 것이다. 부자는 그 흔한 감기 한 번 걸리지 않고 살았는데 나사로는 온몸에 종창이 나는 것으로 고름을 흘리며 살았고 심지어 개들이 와서 고름을 핥았다…
세월이 흘러 둘 다 죽었고 부자는 지옥엘 그리고 나사로는 천국엘 갔다. 지옥에 있던 부자가 얼마나 고통스럽던지 천국에 있는 나사로에게 손가락으로 물 한 방울만 찍어다가 내 혀를 좀 서늘하게 해달라고 했다가 거절당했다… 중략…

여기까지가 이제 개략적인 내용입니다. 타는 불 가운데 지옥에서 고통당하는 부자의 청원이 거절당했을 때 25절에서 아브라함(하나님의 대리자로서의 표현)이 대답하기를 "너는 살았을 때 좋은 것을 받았고 나사로는 고난을 받았으니 너는 여기서 괴로움을 받고 나사로는 위로를 받는다!"라고 말씀하셨습니다. '부자와 나사로' 비유는 25절의 말씀을 온전히 이해하는 것으로 효소분해가 됩니다. 그러지 않고 밑도 끝도 없이 부자는 지옥엘 가고 가난한 자는 천국에 간다는 논리는 분명 말이 되지 않습니다.

'부자와 나사로' 비유에서 놓치면 안 되는 것은 바로 믿고 섬기고 의지하는 대상이 무엇인지를 아는 것으로 이 비유가 감춰 놓은 비밀이 풀립니다. 부자는 재물을 하나님 섬기듯이 섬긴 것이고 재물을 믿고 재물을 의지하며 재물로 든든한 것입니다. 부자가 어리석은 것은 그 든든함이 마치 죽음 이후에도 이어질 것으로 알았다는 것입니다. 앞선 4절의 불의한 청지기처럼 재물을 나누고 베푸는 것으로 영원한 처소를 예비할 줄 몰랐던 것입니다. 불의한 청지기는 '내 할 일을 알았도다!' 했는데 이 부자는 향락에 취해 자신이 해야 할 일을 몰랐습니다. 16장의 비유들은 서로가 긴밀한 연관성을 지닙니다.

반면에 거지 나사로에게 의지할 데라고는 하나님 밖에 없는 겁니다. 하나님만 생각하고 하나님만 의지하고 하나님만 바라보는 것입니다. 그러면 "하나님만 의지하는 나사로를 하나님은 왜 그 지경으로 만드셨냐!!" 이리로 가면 안 됩니다. 예수님은 지금 극단적인 두 인물의 비교를 통해서 하나님과 재물을 같이 섬길 수 없다는 말씀을 주시기 위함입니다. 이 말씀 때문에 바리새인이 예수님을 비웃었거든요.

부자는 극단적으로 돈을 하나님처럼 여기고 살았고 나사로는 극단적으로 하나님 외엔 다른 여지가 전혀 없었습니다. 그렇다면 이것을 생각해야 합니다. 돈 많은 부자로 살면 하나님을 섬길 수 없는 것이고 반대로 가난하면 모두가 하나님을 잘 섬기는 것인지? 돈은 부자만 좋아하고 가난한 자는 싫어 하는 것인지? 교회는 가난한 동네에만 있고 부자 동네에는 없는 건지? 이건 아닙니다. 오히려 가난하기에 더 돈을 쫓고 더 매달리고 더 좋아 할 수 있습니다.

예수님이 지금 하시려는 말씀은 재물이 세상에서 자기가 무슨 인격인 것처럼 위로하고 소망주고 힘을 주고 하는데 거기에 치우치고 빠져들면 안 된다는 말씀을 주시는 것입니다. 참으로 우리에게 힘과 용기와 소망을 주시는 분은 참된 인격이신 하나님이심을 말씀하기 위함입니다. 거짓 인격 짝퉁인격이 맘몬이라는 것입니다. 맘몬은 마치 죽음이후도 자기가 책임질 것처럼 우리를 속이고 미혹합니다.

예수님은 지금 앞선 '불의한 청지기비유' 9절의 말씀을 염두 해 두시면서 '부자와 나사로비유'를 말씀하시는 것입니다. "불의한 재물로 친구를 사귀고 그것이 없어질 때에 그들이 너를 영원한 처소로 영접하리라!" 재물은 결국 없어지는 것입니다. 하나님 것임에도 내 것인 줄 알고 사용한 재물이기에 불의한 재물이고 거짓 맘몬의 인격으로서 우리를 위로하는 것이기에 불의한 재물이며 인색하게 움켜쥐고 나누고 베풀지 못하는 것으로 불의한 재물입니다.

그러니까 항상 확인해야 합니다. 내가 지금 돈이 있어서 이렇게 맘이 편한지 아니면 정말 하나님을 의지해서 이렇게 평안한 것이지를 계속해서 스스로 물어야 합니다. 부자냐 가난한자냐를 따지는 것이 아니라 하나님보다 돈을 더 의지하고 하나님보다 돈을 더 사랑하고 하나님보다 돈을 더 미더워한다면 그것을 다 영적 간음죄입니다.

그리고 또 하나 확인해야 하는 것이 있습니다. 돈 많은 부자로 사는 것이 이생에서의 축복임을 부정할 사람은 아무도 없습니다. 그런데 그 부와 재물이 나로 하여금 하나님께 나아가는 길을 가로막고 방해하며 맘몬의 거짓 인격으로서 날 위로하고 소망주고 있다면 이 부와 재물이 진정한 복입니까? 아닙니까? 여기에 대한 답을 내리고 오늘을 살아야 합니다...

반대로 내가 이 땅에서 없이 사는 것이 분명히 복은 아닙니다. 그런데 그렇게 없는 것이그래서 고달픈 것이 하나님께로 나아가는 다리가 되고 통로가 되고 끈이 되어 참 인격이신 하나님을 바로 섬기고 의지하고 위로받는 매개가 되었다면 가난이 축복입니까? 저주입니까?

그래서 성경은 사람들이 이해할 수 없는 가난한자가 복이 있다고 하시는 것입니다. 재물이 없는 것으로 나사로는 하나님만 커진 것입니다.

성경이 정말로 묻는 것은 "네가 부자냐? 가난하냐?"가 아닙니다. "네가 정말 하나님을 의지하냐? 아니면 맘몬을 의지하냐?" 이걸 묻는 것입니다. 부자임에도 이 모든 것 하나님이 잠시 내게 맡기신 것으로 알고 청지기의식을 가지고 나누고 베풀고 주는 것으로 하나님 섬기는 사람으로의 모범이 되는 사람이 있지만 가난함에도 불구하고 돈을 하나님처럼 섬기고 돈의 노예가 되어 맘몬 신을 섬기는 사람이 있는 것입니다.

그러나 확률적으로 볼 때 사람이 돈이 많으면 자신도 모르게 그것을 의지합니다. 돈이 없으니 하늘만 쳐다봅니다. 그래서 교회에서도 돈 많이 번 것을 축복으로만 부추깁니다. 가난은 저주처럼 말합니다. 그리고는 돈을 위해서 예수를 믿으라고 합니다. 예수 믿으면 축복받고 부자 되고 잘 되고 또 잘 된다. 그러나 이건 분명히 복음이 아닙니다. 기독교는 부를 목적으로 예수를 믿는 것이 아니라 예수를 목적으로 부를 버리는 것입니다.

구약의 모든 축복개념을 말할 때는 그것이 예수 안에서 재해석되어야 합니다. 우리는 모세를 믿는 유대교인 아니라 예수를 믿는 크리스천이기 때문입니다. 예수님의 12제자 그리고 우리가 아는 사도바울이 세상에서 어떻게 되었는지 모르는 사람이라면 크리스천이라 할 수 없습니다.

오늘 본문에 부자가 지옥엘 간 것은 재물이 목적이고 하나님이고 유일한 의지에 대상이었기 때문입니다. 이 부자가 자기 형제 5명이 있는데 나사로를 보내서 나 있는 곳에 오지 말게 해 달라고 하고 있습니다. 주님이 복음 전도자를 통해서 들으라고 하시니까 부자는 죽은 자가 살아나야 들을 것이라고 합니다. 주님은 복음전도자에게 듣지 않으면 죽은 자가 살아나서 전한다 해도 소용없다고 하셨습니다. 우리의 하나님은 굉장한 것을 보이는 것으로 말씀하시는 하나님이 아니라 하나님의 말씀을 대언하는 자들을 통해서 일하시는 하나님이신 것을 밝히시는 본문입니다.

오늘의 복음전도자가 말씀을 전했습니다. 재물이 있건 없건 오직 하나님을 의지하는 것으로 천국이 보장된 저와 여러분이기를 크신 이름 예수 이름으로 기도합니다.

32. 가해자와 피해자
(눅17:1~2)

누가복음 17장1~2절을 보면 주님은 사람을 실족하게 하는 자에게는 화가 있을 것이라고 말씀하시면서 너희 중에 작은 소자 하나를 실족하게 하느니 차라리 연자 맷돌을 그 목에 메고 바다에 빠지는 것이 낫다고 하시는 말씀을 주셨습니다. 주님은 그 만큼 누군가를 힘들게 하고, 상처 입히고, 괴롭히는 것을 크게 단죄하고 계신다는 말씀입니다.

주님이 주신 사람간의 계명인 십계명을 보아도 모두가 서로 간에 피해를 입히지 말 것에 집중되어 있습니다. 사람 간에 주신 구약의 거의 모든 법령들은 누군가에게 해악을 끼쳐서는 안 된다고 하는 규약들이라는 것입니다.

성경을 모르는 세상 사람들도 다 알고 있는 구약의 문구는 "눈은 눈으로 이는 이로 갚을지라..."(출21:24, 신19:21, 레24:20)라는 말씀입니다. 그런데 이 말씀처럼 곡해되어 사람들에게 잘못 알려진 말씀도 없는 것 같습니다.

이 말씀의 본래의 뜻은 네가 상대방의 눈을 다치게 했으면 너도 똑같이 눈을 다치게 되고 상대의 이를 하나 부러뜨렸다면 너의 소중한 이도 한 개가 부러지게 될 것이니까 비록 다른 이의 것이라고 할지라도 그것을 네 것처럼 아끼며 소중히 여기라고 하는 '사랑의 법'으로 주신 법령이라는 것입니다.

그런데 안타깝게도 세월이 흐르면서 후대의 사람들은 법을 주신 하나님의 마음을 전혀 헤아리지 못하고 하나님의 율법을 눈 몇 센티 부었고, 이빨 몇 개 부러뜨렸는지 계산하고만 있는 '계산법'으로 만들어 놓았다는 것입니다.

즉 다시 말하면 "눈은 눈으로 이는 이로..."라는 말씀의 본래의 법 정신은 피해자의 입장에서 피해 본 것 계산하고 원수 갚는 것을 정당화하기 위한 취지에서 주신 법이 아니라 철저히 가해자의 입장에서 가해자가 될 자들에게 남의 것은 너의 것과 똑 같이 귀한 것이니 다른 이에게 절대로 가해를 행하여서는 안 된다고 하는 법정신에서 주신 말씀이라는 것입니다.

그런고로 혹 사람이 인생을 살다가 피치 못하게 누군가에게 정신적 물적 피해를 입히는 경우가 생기거든 마치 자신이 피해를 입은 것과 같은 마음으로 보상을 하라는 취지에서 주신 법조문이 "눈은 눈으로 이는 이로라!"는 말씀의 참된 의미가 된다는 것입니다.

그러나 사람들은 하나님의 법을 오직 피해자의 입장에서만 해석하고 적용하게 된 것입니다. 그러니 이 법의 본래 취지인 사랑의 법은 온대간대 없어지고 계산기 두드리는 계산법으로만 남게 된 것입니다. 심한 경우에는 네가 당한만큼 복수해도 된다는 '복수법'이 되어 버렸다는 것입니다.

세상이 악한 세상이 되어 질수록 나타나는 현상이 있습니다. 그것은 가해자는 없고 피해자만 있는 이상한 세상이 된다는 것입니다. 나쁜 짓을 해놓고도 한 줄도 모르고 남의 가슴에 대못을 박아놓고도 전혀 양심의 가책을 받지 않습니다. 사회적으로 물의를 일으킨 범죄자들 가운데에도 전혀 자신의 잘못을 반성 할 줄 모르는 악한 자들이 많다는 것입니다. 도리어 자신들이 마치 사회의 구조적인 모순 속에 생겨난 희생자인 것처럼 말하는 경우도 있습니다. 죄가 발각된 이후에 검찰청 포토라인 앞에 서는 사람들은 무슨 모델들 마냥 당당하게 카메라 후레쉬 세례를 받는 세상이 되었습니다.

국가적으로도 그렇습니다. 일본은 제국주의 시절에 국제적으로 그 못된 짓을 해놓고는 뻔뻔하게 부인으로 일관하고 도리어 적반하장으로 나오더라는 것입니다. 아시아를 그 끔찍한 광란의 전쟁 통으로 몰아넣은 전범국가(가해국가)이면서도 해외에서는 자신들 스스로를 가리켜서 언제나 원폭 피해자인 것처럼만 행세하더라는 것입니다. 손바닥으로 하늘을 가린다고 하는데 이 얼마나 우스운 이야기입니까.

좀 이상한 말인지는 모르겠지만 반대로 가해자는 있다고 하는데 피해자가 없는 세상을 상상해 보니 그곳은 천국은 아니라 해도 괜찮은 사회 같았습니다. 도적맞아 놓고 뭔가 뒤가 구려서 신고도 안하고 피해가 없었다고 하는 의미에서가 아니라 그 마음이 세심하여 부지불식간 누군가에게 자신도 모르는 어떤 피해를 입히지 않았나 하는 사려 깊은 발상을 말하는 것입니다. 우리가 어떤 의미에서는 하나님 앞에 알고 지은 죄보다 모르고 지은 죄가 더 많이 있는 것과도 같습니다.

우리가 꿈꾸는 이상사회는 피해자가 자신이 입은 피해를 계산하기 이전에 가해자 스스로가 자신의 죄를 인정하고 피해자가 입은 손해를 마치 자신이 피해 입은 것과도 같은 마음으로 배상하는 세상입니다. 말 그대로 법원이 필요 없는 세상입니다. 모든 사람이 혹시 모르게 상대에게 피해 입힐 것을 세심하게 돌아보며 말과 행동에 있어서 사려 깊은 배려를 하는 세상이 아름다운 세상이라는 것입니다.

그래서 잠언 21:29절을 보면 "악인은 자기의 얼굴을 굳게 하나 정직한 자는 자기의 행위를 삼가느니라!"고 되어 있습니다. 악한 사람들은 해악을 끼치고도 뻔뻔함으로 얼굴이 두껍습니다. 그러나 하나님의 사람들은 자신의 행위로 인해 누군가가 힘들어 하지 않는지를 항상 생각한다는 것입니다.

피해자들 또한 피해의식에 사로잡혀 가해자를 향한 미움과 분노가운데 살아간다면 이것 역시 결국 스스로에게 가해를 행하는 일이 됨을 알아야 합니다. 그래서 주님은 먼저 가해자가 될 자 들에게 누군가를 실족하게 해서는 결코 안 된다는 말씀을 하신 이후에 누가복음17:3~4에서 피해자인 실족한 자에게도 말씀을 주셨습니다.

그것은 "하루 일곱 번이라도 회개하거든 용서하라!"는 말씀입니다. 사도들이 그 말씀들 듣고는 아무래도 불가능할 것 같으니까 5절에서 "주여 우리에게 믿음을 더 하소서!" 했습니다. 그때 주님은 6절에서 너희에게 겨자씨만한 믿음이 있다면 뽕나무가 뽑혀 바다에 빠질 것이라고 하신 것입니다. 결국 용서는 큰 믿음이 있고서야 할 수 있는 것이라는 말씀입니다.

  또한 자신이 입은 피해를 보상받는 데에 있어서 무슨 보험사에서 한 몫 챙겨야하는 것처럼 생각하는 발상을 버려야 한다는 것입니다. 조금 피해 입은 것을 과장하여 침소봉대하는 일이 없어야 한다는 것입니다. 이 모든 일에 있어서 "하나님 앞에서 이렇게 할 수는 없다!"는 마음이 피해자들에게도 있어야 할 것입니다.

  우리가 학교에서 이웃을 사랑하고 예의를 다하는 윤리 도덕교육을 받는다고 하지만 이 모든 일 가운데에 하나님 앞에서 살게 하는 것보다 더욱 확실한 윤리교육은 없을 것입니다. 가장 훌륭한 윤리교육은 네 이웃을 네 몸과 같이 사랑하라는 그 말씀 하나로 다 이루어지는 것을 믿습니다.

33. 믿음을 더 하소서!

(눅17:1~)

　　지난 시간 예수님이 "너희가 우상과 하나님을 같이 섬길 수 없다! 마찬가지로 재물과 하나님을 같이 못 섬긴다!" 하신 것으로 바리새인들이 비웃었습니다. 그래서 예수님이 극명하게 대비되는 부자와 나사로 비유를 말씀하신 것입니다.

　　그리고 이제 오늘 본문입니다. 실족하게 하는 일이 없을 수는 없다. 그러나 그렇게 하는 자는 화가 있을거다. 그렇다면 실족하게 하는 자는 누구며 실족당하는 자는 누구를 말하는 것입니까? 앞에 나온 부자와 나사로 이야깁니다. 부자는 나사로를 내치는 것으로 실족하게 했습니다. 나사로가 부자에게 먹을 것을 구걸했는데 쓰레기통으로 가란 소릴 들은 겁니다.

　　예수님은 이와 같이 누군가를 실족하게 하는 일을 무엇에 비유하셨냐면 "연자맷돌을 목에 매고 바다에 빠지는 것과 같다!"고 하셨습니다. 내가 옆에 있는 사람을 실망시키고 힘들게 하고 넘어지게 하며 상처를 주는 일이 없을 수는 없다 그러나 이것을 기억해라! 그렇게하는 일은 마치 그를 연자맷돌을 목에 매이고 바다에 빠뜨리는 것과 같은 것이다.

　　이 말씀을 흔히 잘못 아는 경우가 있습니다. '실족하게 하는 자가 연자맷돌매고 바다에 빠지는 벌을 받는다!'라는 말이 아니라 실족이 미치는 충격이 마치 그를 연자 맷돌을 매게 하고 바다에 빠뜨리는 것과 같다. 즉 그 강도와 세기가 '실족하는 것'과 '바다에 수장되는 것'이 같은 비중이라는 말씀입니다.

　　예수님은 지금 우리가 상처를 입고 실족하는 마음을 아주 깊이 들여다

보시는 것입니다. 그러면 누가 주로 실족하게 하고 누가 실족을 당합니까? 높은 자와 낮은 자 힘 있는 자와 없는자 부자와 가난한자 중에 어느 쪽입니까? 일반적인 경우에는 힘이 없고 약하며 아래에 있는 사람이 그렇지 않은 쪽으로부터 실족 당하게 됩니다. 그러나 또 어떻게 보면 좋게 말하면 편한 사람 나쁘게 말하면 아무렇게나 대해도 되는 사람에게 상처를 주고 실족하게 하는 일이 비일비재한 것입니다.

그러면 가장 편하면서도 아무렇지도 않게 대해도 되는 사람은 누구입니까? 가족입니다. 형제간에 부모 자식 간에 그래서 가까운 사이일수록 더욱 조심하고 더 신경쓰고 살펴야 합니다. 숨겨지고 묻혀져서 그렇지 너무도 많은 실족과 상처가 가족 간에 일어납니다.

오늘 본문에 의하면 상처주고 실족하게 하는 자는 부자이고 상처받고 실족하는 자는 나사로입니다. 상처를 주는 쪽에서는 지금 "내가 지금 아무개를 실족하게 하는 것으로 그를 연자맷돌 매게 하고 바다에 빠뜨리는 잔혹한 일을 하고 있다..."를 기억해합니다. 상처받는 쪽에서는 상처 받은 것으로 자신 안에 쓴 뿌리를 만들고 언젠가는 보복하리라는 앙심을 품는 것도 큰 죄악인 것을 깨달아야 합니다.

"무슨 말 한마디 가지고 그렇게 심약하게 실족하냐!... 거지 주제에 무슨 상처를 받냐!..." 이러고 나오는 사람들이 있습니다. 그러나 무심히 던진 돌에 개구리가 죽는 것입니다. 예수님은 언제나 가장 약한 개구리의 입장에서 살피시는 것입니다. 그러나 개구입장에서는 나는 개구리니까 다들 날 조심히 대해라 이건 또 아닙니다. 개구리에게는 거북이 등의 맷집이 좀 필요합니다. 처음에는 좀 아프겠지만 금방 털고 일어나 가던 길 가는 것입니다. 그래서 주신 말씀이 "내가 너와 함께 하는 것 아니냐! 마음을 강하게 하고 담대히하라!" "깨어 믿음에 굳게 서서 남자같이 담대하라!"의 말씀을 주신 것입니다.

이 부분을 오늘 3절 이하에서 말씀하십니다. "하루에 7번이라도 용서하라!"입니다. 어떤 사안으로 용서하든지 와서 용서를 구하면 용서하라는 것입니다. 이 말씀에 5절에 제자들이 "믿음을 더 하소서!"했습니다. 용서는 넓은 마음... 관대한 마음... 품는 마음인데 용서가 믿음하고 무슨 연관이 있어서 오늘 제자들이 믿음을 더해달라고 한 것입니까!

오늘은 용서가 믿음입니다. 믿음은 우리의 신앙생활에서 다양한 모습으로 나타나는 것을 알게 됩니다. 백부장은 로마의 주둔군 장교임에도 예수님께 겸손히 자신을 낮추며 나의 집에 오시는 것을 감당치 못하겠다고 했습니다. 예수님은 "네 겸손이 대단하다!..." 그러지 않으시고 "이 만한 믿음 못 봤다!"고 하신 겁니다.

중풍병자 친구들이 지붕을 뜯고 친구를 달아 내릴 때도 너희들의 집념이 너희를 구원했다가 아니라 "너의 믿음이 너를 구원했다!" 하셨습니다. 마리아가 예수님의 발에 향유를 부을 때도 너의 지극한 헌신이 너를 구원했다가 아니라 "네 믿음이 너를 구원했으니 평안히 가라!" 하셨습니다. 열 명의 나병환자 가운데 나음받아 홀로 감사하러 온 사마리아인에게도 주님은 네 감사가 너를 구원했다가 아니라 "네 믿음이 너를 구원했다!"하신 겁니다.

모양으로 나타난 것은 백부장의 겸손이고 친구들의 끈질김이며 마리아의 헌신이고 나병환자의 감사이지만 예수님은 한결같이 그것이 믿음이라고 말씀하셨습니다. 예수님께서 오늘은 믿음이 용서라고 말씀하십니다. 용서는 누가 할수 있는 것이냐면 믿음 있는 사람이 하는 것입니다. 그것도 큰 믿음이라야만 할 수 있는 것입니다.

예수님께 "하루에 7번이라도 용서하라!"는 말씀을 제자들이 듣고는 5절에서 "우리에게 믿음을 더하소서!" 한 것이고 예수님은 6절에서 "너희 믿음이 겨자씨만한 믿음이 있었다면 뽕나무가 뽑혀 바다에 심기우라 하면 그리되리라!"하셨습니다. 대화의 현장 속으로 들어가 보면 이 말씀은 예수님의 질책성 말씀입니다.

그러니까 "우리에게 믿음을 더하소서!"라는 제자들의 말은 순순한 의미에서의 말이라기보다는 "너무합니다!... 어쩌란 말입니까!... 꼭 그렇게까지 해야 합니까!... 그런 믿음 어딨습니까!..." 라는 의미의 '자포자기성' 대답이라는 것입니다. 별로 용서할 마음 없는 제자들을 향해 예수님이 하신 말씀이 우리가 다 아는 6절입니다.

너희 믿음이 겨자씨만한 믿음이 있었더라면 뽕나무가 뽑혀 바다에 빠지는 놀라운 역사가 있을 것이다. 용서가 겨자씨 믿음으로 표현되었습니다. 겨자씨만큼도 용서할 마음이 없는 제자들을 향해 하신 말씀입니다.

그리고 나서 7절 이하의 말씀이 풀립니다. 주인과 종의 비유입니다. "종은 주인이 시키면 그대로 해야 한다!... 그것 하고 난 다음에 굉장한 것 한 것처럼 유세 떨면 안 된다!... 대단한 일 한 것처럼 행세할 수 없다!..." 즉 용서하라는 것은 주님의 명령입니다. 그 일을 다 하고나서는 "무익한 종이 우리가 해야 할 일을 한 것 뿐입니다!..."라고 해야 한다.

물론 용서는 쉽지 않습니다. 그러니까 뽕나무가 뽑혀 바다에 빠지는 일이 있는 것입니다. 앞서서 바다에 빠지는 것은 실족하는 자가 연자 맷돌 매고 바다에 빠지는 것이었습니다. 오늘 바다에 빠지는 게 계속 등장합니다. 연자맷돌과 뽕나무입니다. 누군가를 실족하게 하는 일이 그를 바다에 수장시키는 것 같은 강도의 절망이라고 한다면 역시 그를 용서하는 것도 뽕나무를 바다에 수장시키는 것 같은 큰 믿음의 강도가 있어야 한다는 예수님의 워드플레이입니다. 이와 같은 해석이 문맥 속에서 찾아내는 답이라고 하겠습니다.

용서 ... 예수님이 아버지 하나님의 명령을 받아 이 땅에 종의 모습을 하고 오셔서 자신의 몸을 주시는 것으로 우리를 용서하셨습니다. 일만 달란트 탕감받고 나서 집으로 돌아가는 자의 마음으로 평생을 사는 은혜가 우리 모두에게 있기를 기도합니다.

34. 롯의 처를 기억하라!

(누가복음17:20~37)

오늘은 바리새인들이 예수님께 나와서 하나님 나라가 어떻게 이루어질지에 대해서 물었습니다. 당시 유대인들에게 있어서 하나님 나라에 대한 이해는 다분히 정치적이고 군사적인 부분에서였습니다. 유대인들은 역사적으로 항상 주변국가에 시달림을 받았지만 유일하게 한 번 세상의 중심인적이 있었습니다. 다윗 왕국 때였습니다. 그 때 주변 모든 국가들이 이스라엘을 두려워했습니다.

유대인들이 꿈꾸는 하나님의 왕국은 다윗왕국의 재현이라고 보면 맞습니다. 예루살렘으로 이어진 시온의 대로를 따라 모든 속국들이 조공을 바치는 것입니다. 그 영광을 실현해 줄 메시아가 이제 곧 오면 그가 힘을 기르고 세력을 모아 대적들을 하나하나 소탕해 나가는 것으로 세워지고 확장되는 나라였습니다. 강력한 군사력을 바탕으로 정치적 힘을 하나로 모으고 그것을 통해 사회를 유지시키는 나라입니다.

반면에 예수님이 말씀하시는 하나님 나라는 이와 같은 세상에 속하고 땅에 속한 나라가 아니었습니다. 빌라도의 법정에 서신 예수님은 내 나라는 여기에 속하지 않았다고 하셨습니다. 예수님은 유대역사의 시공간 속에서 이루어지는 하나님 나라가 아니라 우주적 종말로서의 하나님나라를 말씀하셨습니다. 도래하는 메시아왕국은 예수님 재림시에 있을 세상의 심판과도 관련되어 있습니다.

그래서 예수님은 20절 이하에서 말씀하시길 "하나님 나라는 눈에 보일수 있게 임하는 나라가 아니다..." "여기 있다 저기 있다 할 수 없다!" "인자의 하루를 보고자하되 못 본다!" "번개가 이쪽에서 저쪽까지 한 번에 비침 같이 인자도 자기의 날에 그러하다"

메시아가 천군 천사들을 대동하고 땅에 한 지점에 내려와서 보란듯이 보좌에 앉아 헤롯왕을 잡아드리고 로마로 가서 시저를 굴복시키며 천하를 호령하는 그런 인자의 하루는 없다는 것입니다.

말 그대로 세상이라고 하는 스위치가 꺼지는 것입니다. 예수님이 오시면 그것으로 그냥 모든 것은 끝입니다. 신천지 이만희가 재림주다 피켓들고 다니고... 아니다 안상홍이가 재림주다... 이게 바로 '여 다 저 다!'입니다. 재림주가 오셨으면 그것으로 이미 모든 것은 상황종료이고 끝나있는 겁니다. 구원받은 택한 백성은 휴거되어 공중재림하신 주님을 뵙고 나머지는 그냥 쓸어담아 버리는 것입니다.

재림의 돌연성입니다. 갑자기 ... 그날이 도적같이 임하는 것입니다. 노아의 홍수 때 사람들이 물에 빠져 죽은 것이 아니라 물이 쓸어버린 것입니다. wipe out입니다. 비올 때 자동차 유리창에 와이퍼가 깨끗이 쓸어버리듯입니다.

예수님은 인자의 날이 노아의 홍수 때와 같고 소돔고모라의 심판 때와 같다고 미리 시뮬레이션으로 보여주셨습니다. 노아가 방주에 들어가기까지 그리고 롯이 소돔에서 나가는 날까지 사람들은 먹고 마시고 시집가고 장가가고 했습니다. 죄짓고 방탕했다는 말이 아니라 지극히 평범한 일상을 살고 있었다는 말씀입니다. 잠을 자고... 밭을 갈고... 길을 가고... 맷돌 갈고... 매일의 일상을 살아가고 있는 가운데 맞이하는 주님의 재림이지 감람산위에서 흰옷입고 기다리는 것이 아니라는 것을 말씀해 주셨습니다.

31~33절을 보면 지붕위에 있다가 뭘 가지러 내려가지 말고 밭에 있는 자는 뒤로 돌이키지 마라! 귀중품 챙기러 가지 말고 밭에 쌓아둔 것 미련 두지 말라는 것입니다. 예수님은 31절에서 그 날에 뒤돌아보지 말라 하시면서 뒤돌아 본 대표적인 인물인 "롯의 처를 기억하라!" 하셨습니다. 한 마디로 세상에 미련이 남은 사람입니다. 소돔고모라는 의인 10명이 없어서

멸망당하는 도시였습니다. 천사들은 롯에게 "네게 속한 자가 있느냐 함께 이 성을 탈출하라!" 했지만 롯의 사위들은 그 말을 농담으로 들었습니다. 롯마저 주저하고 망설이니까 이제는 천사들이 그들의 손을 잡고 끌어내는 것입니다. 천사들이 뒤돌아보지 말라 당부했건만 롯의 처는 죄악 세상을 뒤돌아보는 것으로 소금기둥이 되었습니다.

예수님은 "롯의 처를 기억하라!" 하시면서 그 목숨을 보존코자하는 자는 잃을 것이고 잃고자하는 자는 얻을 것이다 하셨습니다. 죄악 세상을 잃어버리고자 하는 자는 새로운 세상을 얻을 것이지만 이 죄악 세상에 미련이 남고... 집착하고... 소망을 두고 있다면 죄악세상과 함께 망하는 것입니다.

이 세상에 대하여 죽은 자가 되어야 새로운 세상의 사는 자가 됩니다. 마치 한 알의 밀알이 땅속에 묻혀 죽는 것으로 새로운 생명이 움트는 것처럼 우리는 죄에 대하여 세상에 대하여 율법에 대하여 죽은 자가 되어야 예수 안에서 하나님께 대하여 산자가 될 것입니다. 사도바울은 "이와 같이 너희도 너희 자신을 죄에 대하여는 죽은 자요 그리스도 예수 안에서 하나님을 대하여는 산 자로 여길지어다"(롬 6:11) 부활장인 고린도전서 15장 31절에서도 "나의 자랑은 날마다 죽는 것" 이라했습니다. 죽어야 살기 때문입니다. 예수님은 요한복음10:17절에서 말씀하셨습니다. "내가 내 목숨을 버리는 것은 그것을 내가 다시 얻기 위함이니... "(17절), "이를 내게서 빼앗는 자가 있는 것이 아니라 내가 스스로 버리노라"(18절)

우리는 발은 땅을 딛고 살아도 여기에 속하지 않았습니다. 예수님이 "내 나라는 저 하늘에 있다!" 말씀하신 그 나라에 소망을 두고 그 나라를 사모하면서 이 땅에서 얻은 것은 언제든 다 내려놓을 마음을 갖는 것입니다. 그게 바로 뒤 돌아보지 않는 것입니다. 롯의 처는 죄악세상 미련이 있어서 차마 놓지를 못한 것입니다.

심판가운데 은혜를 입어 건짐을 받았으나 여전히 옛 세상을 사랑하는 것으로 소금기둥이 되었습니다. 안타까운 경우입니다. 피니쉬라인을 저 앞에 두고 넘어진 것입니다. 얼마 전에 씨 비유 할 때도 돌밭과 가시밭은 하나님 말씀을 기쁨으로 듣고 천국을 맛보기까지 했습니다. 그러나 시련이 오고 세 상염려와 재물의 유혹에 그만 오늘 롯의 처 모냥 넘어지고 말았습니다.

사도바울은 디모데후서 4장에서 "내가 나의 달려갈 길을 다 가고 믿음을 지켰으니 나를 위해 의의면류관이 준비되어 있을 것이다. 그날에 주께서 내게 주실 것이요 나뿐만아니라 주의 나타나심을 사모하는 모든 자들에게니라!..."

끝까지 믿음을 지켜야 합니다. 우리가 주 앞에 가기까지 이게 다 믿음의 경주를 하는 것인데 중간에 낙오하거나 탈락하는 이가 없길 바랍니다. 그러기 위해서 늘 주님과 동행하며 함께 있어야 합니다.

우리가 가야 할 하나님의 나라는 죽어서 가는 나라이기도하지만 예수 그리스도와 함께 지금 여기 와있는 나라이기도합니다. 천국의 통치권자가 예수님입니다. 예수 믿고 예수의 통치 아래 있으면 천국의 연장선으로 천국을 앞당겨서 미리 사는 것입니다. 천국의 이치와 윤리와 삶을 미리 경험하고 맛보는 것입니다.

예수님은 오늘 21절에서 하나님나라는 너희 안에 있다 하셨습니다. among you, within you입니다. 11:21에서도 귀신이 쫓겨 간다면 하나님나라가 이미 너희가운데 임하였다고 하셨습니다. 이미 이 땅에 임한 하나님 나라를 예수님을 통해 미리 배우고 아는 것입니다. 천국은 어린아이같이 자기를 작게 하는 자들의 것이다. 천국은 자기를 높이는 나라가 아니라 나보다 남을 낮게 여기는 나라다. 힘 있다고 자랑하는 나라가 아니라 도리어 종이 되어 섬기는 나라다.

천국의 연장으로 오늘을 사는 것은 우리가운데 천국의 주권자이신 예수님이 계시기 때문입니다. 예수안에서 우리 안에 이루어놓으신 천국을 믿고 그 천국을 살 때 먼저는 천국의 윤리대로 섬기는 자의 삶을 살 것입니다. 또한 천국의 시민권자로서 누려야 할 권리도 있습니다. 천국은 해함도 눈물도 아픔도 곡함도 없는 곳이라 하셨으니 오서서 우리의 눈물을 닦아주시고 우리의 수치를 면케 하시며 우리의 한숨을 멎게 하시는 날 또한 허락하실 것입니다.

35. 자기를 스스로 의롭다고 믿고
다른 사람을 멸시하는 사람에게 ...

(누가복음18:9~14)

추수감사주일입니다. 추수라는 말이 무엇입니까? 무언인가 거두어들인 것이 있고 결실이 있어 오늘 우리가 이 자리에 있음을 믿습니다. 무엇을 먹고 소화시키고 그것으로 에너지를 얻어 하루하루를 살다가 오늘 이렇게 감사주일까지 왔습니다.

단순하게 말하면 먹을 것이고 좀 다르게 말하면 내 삶의 어떤 결과물이 있었습니다. 그 결과물을 얻기까지 나의 수고와 지혜와 능력으로 얻은 것이다 하면 예수 믿는 사람일 수 없습니다. 우리 입으로 들어가는 모든 것은 다 광합성의 작품이잖습니까! 모든 잎사귀들이 물에다 이산화탄소 넣고 햇빛으로 끓였더니(?) 그것이 전분이 되어 땅속으로 가면 감자 고구마, 들에는 쌀보리, 나무에는 과일이 가득합니다. 땅의 소산은 하나님이 이 땅에 두신 은혜의 소산물입니다.

물론 내가 욕심 것 이루고자 하는 소산물은 없었다 해도 하나님이 내게 주시고자 하시는 소산물은 있었습니다. 육적이든 영적이든 삶의 차원이든 하나님이 내게 주신 것이 무엇인지를 깊이 생각하는 것으로 진정한 감사가 나옵니다.

감사는 하나님이 내게 주신 것에 대한 감사입니다. 하나님은 지금도 내 심장을 뛰게 하시고 피를 온 몸에 돌리시는 것으로 모든 세포를 살아 있게 하십니다. 삶의 기반을 주시고, 복된 가정을 주시고, 멀쩡하게 생각하면서 살 수 있는 지성을 주시고(요즘 하도 이상한 생각하는 사람이 많아서ㅠ) 그리고 금보다 귀한 믿음을 주시고, 잘못을 빌면 용서해주시고, 이렇게 주시고 저렇게 주신 것에 대한 감사입니다.

감사의 대상으로부터 무엇인가를 받았다는 것입니다. 그런데 오늘 본문을 보면 이상한 감사가 나옵니다. 11절 12절입니다. 자신은 죄인들 같지 않음이 감사하고 금식하고 십일조 하는 것이 감사하다고 하고 있습니다. 바리새인은 자기가 하나님께 한 것에 대한 감사입니다. 감사의 근거와 출처가 자기입니다. 사람이 미련하게 될수록 받은 것은 안 보이고 자신이 한 것만 기억한다고 하는데 바리새인이 딱 그 모습니다.

두 사람이 성전에 올라 기도하는 것입니다. 그러나 바리새인은 하나님께 기도를 하는 것이 아니라 자기를 자랑하고 있습니다. 자기의 의로움과 자기의 훌륭함 자기의 도덕성을 하나님 앞에 가지고 와서는 감사라는 이름으로 널어놓고 있습니다. 처음부터 따로 섰다는 것 자체가 자기는 특별대우 받아야 한다는 특권의식입니다

반면에 세리는 멀리 서서 감히 머리를 들지 못하고 가슴을 치며 "나는 죄인입니다. 불쌍히 여기소서!..."하고 기도하고 있습니다. 하나님의 용서와 자비와 긍휼을 구하고 있습니다. 한마디로 바리새인은 자기 것을 잔뜩 가지고 나와 하나님 앞에 자랑하는 것이고 세리는 자기 것이 없는 고로 하나님의 것을 구하는 것입니다. 하나님의 용서와 긍휼과 넓은 품을 구하고 있습니다. 하나님이 받으시는 제사는 상한 심령이라는 말씀을 바리새인은 이해하지 못합니다. 하나님을 구한다는 것은 하나님의 것을 구하는 것입니다.

"나는 아무런 의도 없으니 하나님의 의를 제게 주세요!..." 하면 하나님은 우리에게 '하나님의 의'를 주십니다. 그렇게 해서 우리에게 주어진 의가 바로 '예수 그리스도의 의'입니다. 주님은 너희가 바리새인보다 더 나은 의가 있어야 천국 갈 거라 하셨습니다. 바리새인의 행위가 사람의 의라면 예

수 그리스도의 십자가는 하나님의 것입니다. 그러므로 십자가의 도가 멸
망 받을 자에게는 미련한 것이지만 우리에게는 구원을 주시는 하나님의 능
력이 됩니다.

　성경은 참다운 믿음을 가리켜서 자기의 것을 구하는 믿음이 아니라 하
나님의 것을 구하는 믿음이라고 말씀합니다. 우리는 많은 경우 하나님께
나아와서 하나님을 구하지 않고 자기를 구하는 모습을 발견합니다. 자기
를 구한다는 것은 자기를 알아달라는 것입니다. 내가 얼마나 정직하고 깨
끗하고 바르게 살았는지에 대한 바른 평가와 그에 따른 보상을 구하는 것
입니다. 훌륭하게 살아온 삶 자체를 폄하하는 것이 아닙니다. 문제는 그
훌륭함이 하나님을 충분히 만족시킬 수 있을 거라 생각하는 것입니다.

　하나님이 비춰신 의로우신 빛 앞에 내가 깨끗하다 말할 수 있는 사람은
없습니다. 더우기 우리의 의로움이 꼭 죄 진 사람을 비난하는 것으로 나타
나고 나보다 못한 이를 정죄할 때야 비로소 확인 되는 의로움이라면 그 신
앙은 자기만족의 종교행위 그 이상이 되지 않습니다. 우리는 늘 바리새인
을 욕하면서 이미 충분한 바리새인이 되어 있는 자신을 모릅니다. 이런겁
니다... "하나님 저를 바리새인 같지 않게 해 주셔서 감사합니다..." 물론
이 감사가 하나님께 근거와 출처를 둔 감사라면 무리가 없지만 자신의 높
음을 자랑하는 감사라면 여기서 우리는 또 한 명의 바리새인 기도를 보는
것입니다.

　지금도 바리새인의 함정은 신앙열심이 있는 사람들이 빠집니다. 다른 사
람과의 비교를 통한 자신의 의로움(훌륭함)을 늘어놓으면 안 되고 하나님의
것을 막 늘어놔야 합니다. 하나님의 것이 무엇입니까. 자비로우시고 은혜
로우시며 노하기를 더디 하시고 인애와 긍휼이 풍성하신 하나님, 네게 복
을 주시고 너를 지키시기를 원하며 그 얼굴빛을 네게 비추사 은혜 베푸시
기를 원하며 그 얼굴을 네게로 향하여 드사 평강주시는 하나님, 이런 게
다 하나님의 것입니다. 마지막에는 하나님의 것이 하나로 집약됩니다. 하

나님의 아들이신 독생자 예수 그리스도입니다. 믿음의 사람은 오직 하나님의 것 예수 그리스도를 구합니다.

하나님이 제일 싫어 하시는 교만이 바리새인의 함정이라면 세리의 함정도 있습니다. 세리가 빠지는 함정은 뻰질이 함정입니다.(?) 똑같은 죄를 계속해서 반복해서 짓고도 아무런 가책을 느끼지 못하는 것입니다. 이런겁니다. 같은 죄를 짓고 와서는 하는 말이 "괜찮아… 하나님은 사랑이 많으시니까 저 뒤에 서서 그냥 머리 숙이고 가슴치고 제가 죄인입니다… 저를 불쌍히 여겨주세요… 이것만 한 번 하면 되!"

넓은 품을 가지신 자비하신 하나님을 도리어 이용하는 것입니다. 이것은 하나님을 만홀히 여기는 것입니다. 만홀히 여긴다는 게 말이 어려운데 하나님은 업신여김을 받지 않으신다는 뜻입니다. 하나님을 쉽게 생각하며 가벼이 여기는 것입니다. 우리가 분명히 기억해야하는 것은 세리는 13절의 기도를 하고 천국을 간 게 아니라 세상으로 가서 다시 살아야했다는 점입니다. 그래서 이제 뒤의 19장에서 세리 삭개오가 나오는 것입니다. 어찌보면 기도는 어렵지 않습니다. 그러나 삶은 어렵습니다.

우리는 바리새인처럼 훌륭하게 살아야 합니다. 그러나 그 의로움의 근거가 내게 있지 않은 고로 언제나 세리의 마음으로 주님 앞에 나아가야 할 것입니다. 세리 또한 하나님의 넓은 마음을 자신의 죄짓는 탈출구로 삼아서는 안 될 것입니다. 물론 우리는 하나님 앞에 아무리 치열하게 순종하며 산다고 해도 늘 부족한 자신을 보면서 13절의 기도를 드려야 할 것입니다. 우리는 완전할 수 없으니까요. 문제는 13절의 기도가 오용되어서 말씀을 바르게 지키고 적용하기 위해 몸부림치는 갈등은 전혀 없이 죄 짓고 나와서 하는 13절의 기도가 될 수 없다는 것입니다.

사실 오늘 말씀의 메시지는 수미쌍관입니다. 처음시작인 9절과 마지막인 14절입니다. 예수님은 9절에 말씀을 시작하시면서 자기를 스스로 의롭다고 믿고 다른 사람을 멸시하는 사람에게 마지막 14절의 전혀 다른 반전의 말씀으로 맺으셨습니다. 당연히 자신이 의로운 줄 알았는데 도리어 자신이 죄인이라고 멸시한 사람이 의롭다함을 받은 것입니다.

바리새인은 자기를 높이다가 결국 교만으로 망했습니다. 그럼 자기를 낮춘다는 겸손은 무엇입니까! 그것은 바로 "나는 의도 없고 지혜도 없고 아무 공로가 없습니다. 그러니 하나님의 것을 내게 주십시오!" 하는 것입니다. 고전 1장 25절 이하를 보면 "하나님의 약한 것이 사람보다 강하고 ... 하나님의 미련한 것이 사람보다 지혜있다!"는 말씀이 있습니다. "사람이 아무리 크게 이루어 놓은 것이라도 하나님이 주신 가장 보잘 것 없는 것만 못하다!"라는 말씀입니다. 사람이 아무리 똑똑하다 해도 그것이 하나님의 미련함만 못합니다.

사람은 예수를 믿건 안 믿건 다 자기가 있는 줄 알고 아는 줄 알고 되는 줄 알고 살아갑니다. 그러다가 언제 나는 아무것도 아니었구나 하냐면 믿는 도끼에 발등 찍히듯 자기가 자기에게 당할 때 라고 합니다. 배워서 아는 것도 아니고 깨우쳐서 아는 것도 아닙니다.

계속된 고전 26절 이하를 보면 "너희를 부르심을 보라 지혜 있는 자 능한 자 문벌 좋은 자가 많지 않다 그러나 하나님께서 세상의 미련한 것들을 택하사 지혜 있는 자들을 부끄럽게 하려하시고 세상의 천한 것들과 멸시 받는 것들과 없는 것들을 택하사 있는 것들을 폐하려하시나니 이는 아무 육체라도 하나님 앞에 자랑하지 못하게 하심이라 ..."

나는 미련해서 지혜가 없으니 하나님의 지혜를 달라하면 하나님의 지혜가 임합니다. 나는 능력이 없으니 하나님의 능력을 구하면 하나님의 능력이 임할 것입니다. 하나님의 지혜와 능력은 곧 하나님이 우리에게 주신 독생자 예수 그리스도입니다... "그리스도는 하나님의 능력이요 하나님의 지혜니라!"(고전1:20)

오늘 말씀의 마지막입니다. 자기를 낮추는 자는 높아지고 자기를 높이는 자는 낮아질 것이라 하셨습니다. 자기를 낮추는 자는 자기의 것을 부인하고 하나님의 것을 구하는 자입니다. 내 것을 구하는 것으로 감사하는 것이 아니라 하나님의 것으로 구하는 것으로 감사해야 합니다. 하나님의 것을 찾고 구하고 그것을 맛 볼 때 그때 누리는 은혜는 가히 측량할 수 없는 것입니다. 나는 한 없이 작아지고 하나님의 영광은 커다랗게 빛나는 것으로 복된 추수감사절이 되시기를 기도합니다.

36. 이제... 그만 가자!

(눅18:15~30)

오늘 어떤 관원이 예수님께 나아와 어떻게야 영생을 얻는지를 물었습니다. 그런데 예수님이 이 사람을 대하는 모습이 퉁명스럽고 차갑게 대하는 것을 금방 알 수 있습니다. 이 관원이 예수님께 '선한 선생님!' 하고 불렀는데 예수님은 대번에 불쾌해 하시며 '어찌 나를 선하다 하느냐 ...' 20절에서 "네가 계명을 아나니..."의 의미는 "너 다 알면서 왜 물어보냐..."입니다... "도둑질 하지말라! 간음하지 말라! 살인하지 말라!... 네 부모를 공경하라! 하였지 않냐!" 21절에서 관원은 대답합니다. 그런 것은 어려서부터 다 지켰습니다. 그냥 다 지켰습니다. 해도 될 텐데 어려서 부터가 들어갔습니다. 그 만큼 그 분야에서는 전문가라는 말입니다.

이 관원의 대답이 썩 달갑게 들리지 않습니다. 사실 하나님의 말씀 순종이라는 것이 지키면 지킬수록 그것을 마음으로 온전히 따르고 지키지 못하는 자신을 발견하는 것인데 이 친구는 "뭐 좀... 더 지킬 거 없습니까...!"의 태도입니다. 예수님은 이 관원이 나아올 때 벌써 마음을 다 꿰뚫어 보신 것을 알게 됩니다. 물론 마가복음 10:21에서는 이 부분에서 예수님이 "그를 사랑했다!"는 말씀도 있지만 전체적 맥락에서는 돈에 메여있는 지경을 불쌍히 여기는 측은지심이라 할 수 있습니다.

23절에 보면 이 사람이 큰 부자였다고 합니다. 안타깝게도 성경에서 예수님하고 부자는 친하지를 않습니다. 물론 회개한 부자하고는 친하십니다. 그런데 부자가 회개하는 것은 예수님 말씀처럼 낙타가 바늘구멍에 들어가는 것과 같습니다. 19장에 회개한 부자가 등장합니다. 27절의 말씀처럼 사람이 할 수 없는 것을 하나님이 하시는 것으로 부자 삭개오를 회개하게 하셨습니다. "오늘 구원이 이집에 이르렀다 이 사람도 아브라함의 자손이다!"하시며 칭찬하셨습니다. 그런데 삭개오 같은 경우는 정말 낙타가 바늘구멍 들어간 것과 같습니다.

오늘 본문의 관리는 다른 복음서에서는 청년으로 기록되어 있습니다. 청년이자 관리이자 큰 부자인 이 사람을 좀 분석해 보고 싶습니다. 청년인데 관리는 조합이 무난합니다. 그런데 청년과 큰 부자는 좀 매치가 안 됩니다. 한 마디로 금수저일 확률이 높습니다. 그리고 관리와 큰 부자도 그다지 조화롭지 않습니다. 국가에 녹을 먹는 사람이 어떻게 큰 부자가 되었는지 의심스럽다는 것입니다. 어쨌든 이 친구는 요즘 사람들도 대부분 부러워하는 금수저를 물고 태어난 청년 공무원입니다.

청년 스스로가 보기에도 외적으로는 뭐 하나 부러울 것 없어 보이는 완벽한 조건입니다. 청년은 이 조건과 배경을 영원토록 유지하고 싶었습니다. 그래서 예수님께 나왔습니다. 그러니까 이 청년이 생각한 영생은 이 땅의 조건을 그대로 이어가는 것으로의 영생이었습니다. 여기에 대해 예수님은 영생은 그런 게 아니다. 세상의 물질이나 자리를 연장하는 것으로 얻을 수 있는 것이 아니다 라는 의미에서 "너의 가진 것을 팔아 가난한 자에게 나눠 주라!" 입니다.

우리가 언제나 집중해야 하는 것은 내게서 난 것이 아닙니다. 지난 시간 말씀드렸지만 하나님 앞에 나아갈 때 우리는 내게서 난 것을 가지고 가면 안 되고 하나님의 것을 가지고 가야한다 했습니다. 하나님에게서 난 것으로 구해야 합니다. 영생 그리고 천국은 분명 하나님에게 속한 것입니다. 그럼으로 하나님의 것을 구하고 하나님의 것을 찾고 하나님의 것을 품어야 합니다. 하나님에게서 난 것을 아는 것은 곧 하나님을 누리는 일과도 연결됩니다.

우리는 돈과 세상을 누릴 줄 아는데 하나님을 누린다는 것은 잘 모릅니다. 심지어 오늘의 부자청년처럼 천국도 영생도 세상의 물질과 연관하여 누리려고 합니다. 비누로 마음을 씻는다는 것과 영적인 허기를 세상음식으로 채우려는 것과 같습니다. 물론 천국을 누리려면 돈도 있어야 합니다. 예수님은 청년에게 재물을 팔아 가난한자에게 주라고했습니다. 가난한 자가 하나님만 누리고 살아야지 왜 돈이 필요합니까.

그러면 성경에서 말하는 천국과 구원과 영생을 얻는다는 것은 무엇입니까! 그것은 흥미롭게도 오늘 말씀 바로 앞 구절인 15~17에 답이 있습니다. 예수님은 부자 청년에겐 쌀쌀맞게 대하셨는데 바로 앞 구절에서는 누군가를 아주 친근하게 대하고 따듯하게 맞이하시는 것을 볼 수 있습니다. 바로 어린아이입니다. 다른 복음에서는 아이를 안으셨습니다. 사람들이 쫓아낸 아이를 일부러 찾아 세우시고는 "하나님나라는 즉 천국과 영생은 이런 자의 것이다!" 하셨습니다.

예수님은 지금 누가복음 18장에서 계속해서 천국을 말씀하고 계십니다. 바리새인과 세리가 드린 기도의 결론인 14절에서 "자기를 낮추는 자가 결국 의롭게 됐다" 했습니다. 구원의 조건인 칭의를 얻은 것입니다. 17절에서는 "어린아이와 같이 받아들이지 않는 자는 천국에 못 간다!" 하셨습니다. 그리고 오늘 22절 "너의 것을 팔아 가난한 자들에게 나눠 주라!"입니다.

이 세 마디의 결론 속에 어린아이가 있습니다. 어린아이 같음의 관점에서 이 말씀을 연결하면 쉽게 영생과 천국을 이해할 수 있습니다. 성경에서 어린아이는 천국을 이해하는 키입니다. 그래서 마태복음 18장에서는 오늘 14절과 17절이 합쳐서 어린아이같이 자기를 낮추는 자가 천국엘 간다 하셨습니다.

먼저 어린아이는 자기 것이 없음으로 자기 것을 나열하지 않습니다. 물론 지들끼리는 티격태격 할 수 있어도 일단 어린아이는 돈이 없고 지식이 없고 지위가 없습니다. 이렇게 자기 것이 없으니 받아들이는 것입니다. 천국은 만들어서 가는 나라가 아니라 받아들이는 것으로 들어가는 나라입니다. 하나님의 것인 예수를 받아들이는 것입니다. 이렇게 받아들이기까지 자기의 것을 다 버리는 일을 어린아이는 거침없이 할 수 있습니다. 어린아이에게는 천 만원을... 일 억을 쥐어줘도 그게 뭔지 모릅니다. 그걸로 세상을 즐기고 만끽하고 누릴 수 있는지를 모릅니다. 아이들에게는 오직 부모님만 있으면 되는 것입니다.

성경에서 말씀하는 "어린아이같음"은 철저하게 아버지에게 의존되어 있는 모습으로서의 어린아이같음입니다. 어린아이처럼 맑고 순수해야 한다는 것은 그 다음이야깁니다.

마치 아이들이 놀이터에서 소꿉놀이를 하면서 엄마 아빠 역할도 하고 살림살이도 하고 가짜 돈 만들어서 물건 사고팔기도 하고 할 때 그 소꿉놀이를 부모님 앞에서 한다는 것입니다. 그러다가 부모님 "이제 시간되었으니 그만 가자...!" 하면 언제든 소꿉놀이 손 털고 아이들은 일어나는 거예요. 이 부분이 중요합니다. 우리가 인생이라고 하는 시간을 아이들의 소꿉놀이처럼 살아갈 때 "내가 지금 하나님 앞에서 소꿉놀이하듯 살아간다..." 하면 이것이 참된 믿음입니다. 아이들이 부모님 앞에서 소꿉놀이하듯 성도는 인생이라는 놀이터에서 하나님 아버지를 곁에 모시고 소꿉놀이 하는 것입니다.

이 청년이 영생을 이해하지 못하고 근심하며 돌아간 것은 자신이 누리고 있는 부유한 소꿉놀이를 그대로 떠다가 영생과 천국으로 연장할 수 있는 있는 것으로 여겼다가 예수님께 그 소꿉놀이 다 정리하고 나를 따르라는 말씀을 들은 것입니다. 아이들은 아무리 화려한 소꿉놀이를 하고 있어도 아버지가 이제 그만 가자하면 미련 없이 소꿉놀이 정리하는 것입니다. 잠깐 떼를 쓸 수는 있겠지만 자신이 가야 할 궁극적인 곳이 어디인지를 압니다. 이내 털고 일어나 아버지의 손을 잡고 아버지의 집으로 가는 것입니다.

앞서 누가복음 12:21절에서도 창고 더 짓자는 부자에게 주님은 네 영혼을 내가 오늘밤 거두면 이 많은 것이 뉘 것이 되겠느냐 하시면서 마지막 21절에서 아주 귀한 말씀을 주셨습니다. "자기를 위하여 재물을 쌓아두고 하나님께 대하여 부요하지 못한 자가 이와 같으니라!"입니다. 재물만 부요하지 아버지가 부요하지 않은 자는 결국 재물과 함께 망한다는 말씀입니다.

　세상의 소꿉놀이가 아무리 재미있다 해도 그것을 아버지가 이제 그만 가자고 하는 나라와 연결시켜서는 안 됩니다. 예수님이 복음서에서 계속해서 강조하시면서 말씀하시는 어린아이같이 된다는 것 매우 중요합니다. 어린아이 같음이 곧 천국이고 영생입니다. 아버지를 떠난 자신을 생각할 수 없는 것 그것이 곧 어린아이 같음입니다.

　어린아이는 아버지가 부요하지 재물이 부요하지 않습니다. 아이가 배워서 아는 것이 아니라 본능적으로 아는 부분입니다. 천국의 성도들도 본능적으로 압니다. 하나님 아버지가 내 곁에 계시는 부요함을 압니다.

　예수님이 오늘 어려서부터 말씀 순종했다고 하는 이 청년에게 "너에게 한 가지 부족한 것이 있다..." 하셨습니다. 그 한 가지가 바로 이것입니다. 너는 소꿉놀이는 부자로 하는데 이제 그만 가자고할 아버지가 없다는 것입니다. 뉘엿뉘엿 해는 지려고 하는데 손잡고 가야할 아버지가 없는 것입니다. 예수님이 말씀하신 한 가지는 전부로서의 한 가지입니다. 부분을 채워서 완성하는 한 가지가 아니라 그 한 가지가 모든 것이라는 의미의 한 가지입니다. '온리원'으로서의 한 가지입니다.

　그 아버지를 부요한 아버지로 늘 모시고 어린아이처럼 그 아버지를 누리고 사는 사람은 아버지께서 이제 그만 가자고만 하시는 것이 아니라 소꿉놀이도 챙겨주신다는 것입니다. 28절 이하에서 대번에 베드로가 뛰어나와 "우리는 주를 위해 다 버렸습니다. 주님이 부르시면 언제고 손 털고 일어날 준비되었습니다!..." 하니까 주님이 30절에서 말씀하셨습니다. "하나님 나라를 위해서 세상에서 난 것(소꿉놀이)을 버린 자는 현세에 여러 배를 받고 내세에도 영생을 받지 못 할 자가 없다!"고 하셨습니다.

　인생 소꿉놀이를 챙겨주시고 해질 녘에 "이제 그만 가자!" 하시며 우리의 손을 잡아주시는 아버지의 손이 우리 모두에게 있기를 축복합니다...

누가복음　강해

37. 여리고에서...

(눅19:11~10)

여리고에서 만난 사람들입니다. 예수님이 18:31에서 제자들에게 예루살
렘으로 올라가실 것을 말씀하시면서 인자가 이방인의 손에 넘겨져서 희롱
과 능욕과 침 뱉음을 당하고 채찍질 당하고 죽을 것이며 3일 만에 다시 살
아날 것이라 하셨습니다. 이 말씀을 제자들이 못 알아듣는 것으로 오늘
말씀은 시작됩니다.

예수님의 공생애 3년의 최종 목적지는 예루살렘이었습니다. 그 노중에
가르침도 베푸시고 병도 고치시고 큰 기적과 표적을 보이셨습니다. 예수님
의 공생애 시작은 언제부터냐면 요단강에서 세례요한에게 세례를 받으신
이후부터입니다. 성령이 비둘기처럼 임하시면서 "이는 내 사랑하는 자요
내 마음에 기뻐하는 자니 너희는 저의 말을 들을지어다!" 하셨습니다.

공생애 순서를 이으면 이렇게 됩니다. 요단강에서 세례 받으신 예수님은
광야에서 40일 금식하셨으며 이어서 마귀의 3가지 시험을 물리 치셨습니
다. 이어서 바로 고향 나사렛으로 회당으로 가셔서 이사야61장의 말씀인
"성령이 내게 임하셨으니 가난한 자에게 복음을 포로된 자에게 자유를 눈
먼자들에게 빛을 ..." 낭독하시는 것으로 일종의 취임식 일성을 대신 하셨
습니다.

그리고 예수님은 12명의 제자를 부르시고 각 마을로 다니시며 천국복음
을 전하셨습니다. 조금 전 말씀드린 대로 놀라운 가르침과 이적을 보이시
며 결국 예수님이 최후에 도착지점으로 삼으신 곳은 예루살렘이었습니다.
예루살렘은 이스라엘의 성전이 있는 수도이면서 동시에 예수님의 대적이라

고 할 수 있는 종교 지도자들인 대제사장과 서기관 바리새인들이 있는 곳입니다. 호랑이 굴로 스스로 들어가셨습니다. 예수님이 예루살렘으로 올라가신 이유는 하나입니다. 죽기 위함입니다.

예수님이 이 땅에 오신 목적이 죽기 위함입니다. 사람들은 다 살려고 이 땅에 왔는데 하나님의 아들 예수는 죽으러 오셨습니다. 그것도 자신을 미워하는 세상을 살리기 위해서 그들을 대신하여 죽는 것으로 그들을 구원하기 위해서 오셨습니다. 참으로 신비롭고 경이로운 일입니다. 하나님은 당신을 세상에 나타내실 때 이렇게 나타내십니다. 자신의 힘을 과시하고 자랑하는 것으로가 아니라 자신을 부인하고 자기를 낮추고 자기를 버리는 것으로 나타내십니다.

이것이 세상과는 반대입니다. 세상은 자기를 높이고 자기를 자랑하고 자기를 섬기라합니다. 말 안 들으면 힘으로 누르는 것으로 꼼짝 못하게 하는 곳입니다. 정치적 힘이든지 경제력이든지 완력이든지 힘이 있으면 그 힘을 가지고 그것이 없는 자 앞에서 소위 갑질하는 것으로 자기를 나타내는 세상입니다. 권력은 총구에서 나온다는 말이 있는 것처럼 말 안 들으면 화염방사기(?) 가지고 와서 찍소리 못하게 만드는 것으로 유지되는 세상입니다.

그런데 예수님은 참 희한합니다. 힘을 안 쓰는 것으로 자신을 나타내십니다. 능력을 버리는 것으로 자기를 표현하십니다. 자신을 낮추는 것으로 그렇게 자신을 우리에게 보여주십니다. 그러니 제자들이 이해가 안 가는 것은 당연합니다. 예수님이 8:31절 이하에서 희롱과 능욕과 채찍질과 죽임 당할 것을 말씀하시자 34절에 "하나도 깨닫지 못했다" 했습니다.

모든 병을 고치시고 귀신을 쫓아내시며 바람과 바다까지 순종하는 권세와 힘을 가지신 분이 왜 힘없이 죽어야 하는지 도대체 의아한 것입니다. 그러니까 우리가 하나님 나라를 이해할 때 세상 나라와는 반대입니다. 하나님 나라는 내 것을 버릴 때 얻는 나라이며 내가 죽어야 사는 나라이며 내가 지는 것으로 이기는 나라입니다. 자기를 낮추고 종이 되어 섬기는 것으로 내가 힘 있는 권력자라는 것을 드러내는 나라입니다.

　무소불위의 권세를 지니고 만유위에 전능하신 하나님이 그 크고 놀라운 힘으로 힘없는 자를 굴복시키는 것이 아니라 도리어 말 안 듣는 자들과 똑같은 모습을 하고 오셔서 말 안 듣는 자들을 위해 힘없이 죽는 것으로 말 안 듣는 자를 무릎 꿇리시고 굴복시키는 하나님이십니다. 예수님은 그렇게 최종 목적지인 예루살렘으로 올라가시면서 오늘 마지막 마을 여리고를 통과하고 계십니다. 이제 이곳을 지나가시면 다신 돌아오실 일이 없습니다. 참으로 귀한 시간 두 사람이 여리고에서 예수님을 만나고 있습니다. 소경 바디메오와 세리장 삭개오입니다. 둘 다 당시 사람들로부터 한 사람은 부정하다고 또한 한 사람은 죄인이라고 멸시 당하는 사람들이었습니다.

　참으로 드라마틱하게 노중에 주님을 뵙는 것입니다. 소경이 소리 높여 다윗의 자손 예수를 불렀습니다. 조용하라는 말에 더욱 큰 소리로 다윗의 자손 예수를 불렀습니다. 예수님은 불러다가 고쳐주시고 "네 믿음이 널 구원했다!"하셨습니다. 예수님이 소경을 칭찬하신 것은 다윗의 자손으로 오시는 메시아 다윗의 씨로 오시는 그리스도를 고백했기 때문입니다. 우리의 신앙 고백은 입술의 고백입니다. 사람이 마음으로 믿어 의에 이르고 입술로 시인하여 구원에 이른다고 하셨기 때문입니다.

　신앙고백을 예수님 앞에 하기까지 주위사람들의 시선이라고 하는 장애물이 있습니다. 수근거림, 비난, 냉소 이런 것 다 감내하고 예수께 나아가야 합니다. 예수께 나아가는데 장애물을 극복한 사람 또 한 사람이 있습니다. 뒤이어 나오는 삭개오입니다. 19:3절에 삭개오가 "키가 작고 사람이 많아..." 라는 장애물을 명시해놓았습니다. 키 작은 것이 신체적 장애라면 사람 많은 것은 심리적 장애입니다. 일종의 대인기피증일 수 있습니다. 당시에 세리는 죄인이라 사람들로부터 왕따를 당했기 때문입니다.

　그러나 예수께 나아가는데 이런 걸림에 포기했다면 오늘의 삭개오는 없었을 것입니다. 더욱이 당시에 삭개오는 지금으로 하면 세무서 서장님 격인데 사회적 지위도 있으신 분이 체면불구하고 나무위로 올라가서 예수님이 지나가시는 길을 지켜보았다는 것입니다.

그래서 오늘 19:2절을 보면 원문에는 있는데 번역 상 누락된 말이 있습니다. "삭개오라 이름하는 자가 있으니..." 앞에 "보라!"가 있습니다. 그러니까 "보라! 삭개오라 이름하는 자가 있으니..."입니다. 성경은 이 사람을 통해서 무엇인가 할 말이 있다는 것입니다. 예수님이 5절에서 "삭개오야! 속히 내려와라 오늘 내가 네 집에 유하여야하겠다!" 하신 것입니다. 그런데 5절의 예수님의 말씀이 좀처럼 자연스럽지가 않은 것은 예수님과 삭개오의 만남은 오늘이 처음이라는 것입니다. 구면이 아니라 초면인데 대번에 이름을 부르시며 속히 내려오라 하시고 네 집에 유하겠다는 하신 것은 좀 앞서가신 것이 아닌가 하는 의문입니다.

예수님은 지금 삭개오의 마음을 훤히 다 들여다보고 계시는 것입니다. 예수님은 우리를 만나기 전에 이미 우리를 다 아신다는 것입니다. "예수님은 하나님이십니다!" 예수님은 지금도 우리가 어떤 마음가짐을 가지고 있는지? 정말 회개한 심령인지? 주님을 정말 믿고 따르고 섬길 마음이 있는지? 어떤 다른 꿍꿍이 속이 있는지? 주님 앞에 초면인 사람은 없습니다.

예수님은 제자 가룟유다의 마음도 다 꿰뚫어보시고 몇 번이나 경고하신 것입니다. "인자는 경에 기록된 대로 팔릴 것이지만 인자를 판 자는 화가 있을거라!" 하신 것은 주님은 많지도 않은 제자 12중에는 아니기를 바라신 것입니다. 요한복음 1:42절 이하를 보면 제자 중 나다나엘을 보시고 주님은 "네 속에 간사한 것이 없다!" 하셨습니다. 나다나엘이 나를 어떻게 아셨냐고 놀랍니다. 빌립이 널 부르기 전에 무화과나무 아래 있는 것을 보았다 하시는 것으로 나다나엘의 신앙고백을 받아내십니다.

예수님은 지난시간 부자청년이 영생을 얻겠다고 나왔을 때 그를 퉁명스럽게 대하셨습니다. 이유는 이미 그 청년의 마음을 다 꿰뚫어 보고 계셨기 때문입니다. 어찌보면 예수님께서 그에게 재산을 팔아 가난한 자에게 나눠 주라 한 것은 그렇게 안 할 거를 아시고 하신 말씀일 수 있습니다. 바칠 마음이 있다면 오늘의 삭개오처럼 스스로 재산의 반을 가난한 자를 위해 내어놓는 것입니다.

예수님이 이것을 미리 보시고 기뻐하시며 나무위의 삭개오를 부르신 것입니다. 삭개오가 회개하고 헌신할 것을 미리 아시고 즐겁게 삭개오의 집으로 들어가신 것입니다. 메시아닉 선이해(선지식)입니다. 삭개오의 마음이 이미 예수님을 영접할 마음으로 충만해 있고 그리고 헌신할 마음으로 가득한 것을 아셨기 때문입니다. 예수님은 "이 집에 구원이 이르렀다!... 이 사람도 아브라함의 후손이다!... 잃어버린 자를 찾았다!..." 하시면 기뻐하셨습니다. 부자가 회개했으니 지난시간 말씀대로 하면 낙타가 바늘귀로 들어가는 현장이기도합니다. 그 역사가 있기까지 주님과 성령으로 미리 만나는 경험을 하는 것입니다. 먼저 그의 마음을 만지신 것입니다.

우리 모두 예수 앞에 나아가기까지 우리 앞에 있는 장애물을 넘어서기까지 그리고 믿음을 고백하기까지 우릴 먼저 찾아와주시고 먼저 만져주시고 은혜 받을만한 마음으로 충만한 삭개오가 되게 하시는 주님이심을 믿습니다...

38. 눈물의 의미...

(눅19:28~47)

누가복음 서른여덟 번째 강해시간입니다. 예수님은 지난시간에 나무위에 있는 삭개오를 처음 보셨는데도 마치 오랫동안 알았던 친구를 부르듯 부르셨습니다. 성경에서 예수님이 누군가와 대화를 나누고 계신다면 이미 그를 다 아시고 보신다는 것입니다. 마음이 하얀지 시커먼지 구렁이가 한 마리 앉아 있는지 어닌지(?) 그러니까 예수님을 만나면 누구나가 다 구면입니다.

예수님이 오늘 우리에게 오셔서도 마찬가집니다. "내가 널 안다!" 하십니다. "네가 힘들 때 기도한 것 내가 다 들었다!", "네 마음 내 앞에 쏟아놓은 것 내가 다 받았다!" 하십니다. 이렇게 주님과 삭개오 간에는 마음에서 마음으로 통하는 이심전심이 있었고 그 마음이 주님앞에 보인 바 되어 예수님은 처음 보되 결코 처음 보지 않은(?) 삭개오의 집에 유하고자 하셨고 삭개오는 기쁘게 예수님의 청을 받아들이고 자신의 집에 모시는 영광을 얻었습니다.

오늘도 예수님은 앞에 있을 일들을 훤히 다 보시는 것으로 시작됩니다. 예수님은 메시아로서 왕으로서 자기백성의 도성인 예루살렘으로 입성하시기 위해 입성식을 준비하십니다. 예수님은 제자들에게 맞은편 마을로 가서 나귀새끼를 풀어 올 것을 명하셨습니다. 왕이 자기 도성에 들어갈 때 걸어서 들어가는 경우는 없기 때문입니다. 모든 군주는 말을 타고 특히 백마를 타고 들어갑니다.

예수님은 구약성경 스가랴9:9절에 예언된 대로 나귀새끼를 타고 입성하십니다. "시온의 딸아 기뻐하라 예루살렘의 딸아 노래할지어다. 보라 네게 왕이 임하나니 그는 겸손하여 나귀를 타나니 나귀의 작은 것 곧 나귀 새끼 니라!"

28~31을 보면 예수님은 벌써 건넌 마을에 무엇이 있는지? (나귀새끼) 그리고 그 상태가 어떤 상태에 있는지? (매어 있음) 이어서 일어날 상황까지 다 보고 계셨습니다! "어찌하여 푸느냐 묻거든 주가 쓰시겠다 하라!" 하셨으니까요. 제자들의 겉옷이 나귀안장도 되고 카페트도 되는 지극히 초라하고 형식만 갖춘 입성식입니다. 제자들은 이 보잘 것 없는 행렬에 종려나무가지를 흔들고 "호산나 찬송하리로다!"를 연호했습니다. '호산나'는 이제 구원하소서입니다.

예수님은 만왕의 왕이시며 만주의 주가 되시는 하나님의 아들이십니다...그 분은 이 땅에서 자신을 항상 이런 모습으로 나타내십니다. 주 앞에서 자라나길 연한 순 같고 마른땅에서 나온 줄기같은 모양입니다. 모든 것을 알고 모든 것을 할 수 있는 예수님이 이렇게 자신을 낮추시고 아무런 힘도 권세도 없는 자의 행세를 하시는 것은 힘이 있으면 죽을 수가 없기 때문입니다.

제자들은 이제야 비로소 예수님이 왕으로서 등극하시는구나 하고 잔뜩 기대하며 환호했지만 제자들이 기대한 예수님은 세상나라의 권세를 차지하시는 왕이 아니었습니다. 제자들이 예수님을 이제까지 따른 것은 뭔가 이 분에게는 힘과 권세가 있었기 때문입니다.

그러나 예수님의 초자연적인 능력의 행사는 그것이 자신의 힘을 나타내고 과시하기 위함이 아니라 철저하게 메시아를 나타내는 '사인'으로서의 능력이었지 '미라클' 로서의 능력이 아니었습니다. 그래서 예수님의 기적은 그것이 다 표적(세메이온)이지 단순한 이적이 아닙니다. 그것이 결코 "니들 봤지!... 나 이정도야 까불지 마!" 이런 의미의 능력행사가 아니라는 것입니다. 사람들은 다 이것입니다. 없는 것도 부풀려서 자기를 높이고 자랑합니다.

주님은 오늘 우리에게도 같은 길을 가라고 말씀하십니다. 자기를 자랑하지 말고 도리어 자기를 부인하고 자기 십자가를 지고 나를 쫓을 것이라 하셨으니까요. 예수님이 비록 지금은 초라한 나귀새끼를 타시지만 이제 계시록 19장에 예언된 대로 하늘에 있는 당신의 나라를 이끌고 오실 때는 백마를 타고 오십니다. 영광스런 백마 타신 임금을 뵙기까지 우린 스스로를 높이고 이 땅에서 살고 있으면 안 될 것입니다.

예수님의 입성식을 옆에서 못마땅하다는 듯이 바라보던 바리새인들이 예수님을 향하여 당신의 제자들이 소란스러우니 주의 줄 것을 요구했습니다. 시끄럽다는 것입니다. 예수님은 얼마나 답답하셨는지 저들이 조용히 있으면 돌들이 일어나서 소리를 지를 것이라 하셨습니다. 돌들도 예수님이 메시아임을 아는데 저들은 모릅니다. 돌보다 머리가 나쁜 것입니다. 뻐딱한 사람들은 어느 시대에나 있습니다. 비난할게 없으니까 예수님이 어린 나귀새끼 타신 것을 가리켜 동물학대로 몰고 가는 이들도 있습니다. 참고로 나귀는 새끼라도 100키로의 짐을 질 수 있다고 합니다.

불품없는 모습에 기우뚱 기우뚱 나귀타신 예수님은 착잡한 마음으로 성 가까이에 이르셨습니다. 자기 백성이 사는 성읍을 물끄러미 바라보시더니 예수님이 갑자기 우시는 것이었습니다. 그것도 펑펑 우셨습니다. 원문에는 통곡이라고 되어 있습니다. 예수님앞에 무엇이 펼쳐지면서 보이셨기 때문입니다. 예루살렘에 앞으로 되어질 일이 낱낱이 보이셨기 때문입니다.

먼저 축복합니다. 예수님이 바라보시는 우리의 미래가 평안이요 소망이요 축복이길 간절히 기도합니다. 안타깝게도 지금 예수님 앞에 나타나는 예루살렘의 미래는 축복이 아니라 저주이며 평안이 아니라 재앙이고 희망이 아니라 심판이었습니다.

그것도 완전한 진멸입니다. 초토화이며 황폐화입니다. 그 웅장하고 거대했던 헤롯성전은 파괴되고 사람들이 겪는 처참함과 참혹함과 비참함은 이루 말로는 표현할 수가 없는 것입니다. 약 37년 뒤인 AD70년 로마의 티도 황제가 직접 군대를 이끌고 이 지역으로 와서 토담을 쌓고 포위했다가 일시에 공격하는 것으로 말 그대로 돌 위에 돌 하나가 남아 있지 않은 완전한 파멸입니다.

메시아가 자기 땅에 오셨는데 자기 백성이 영접치 않고 희롱하고 매질하고 능욕한 것으로 십자가에 단 것입니다. 인자는 경에 기록된 대로 팔릴(죽을)것이지만 인자를 판자(유대인)는 화가 임하는 것입니다. 다음 시간에 기록된 포도원 농부의 비유에서처럼 포도원 주인이 농부들에게 포도원을 맡기고 타국에 가서 얼마 있다가 상황을 알아보기 위해 종들을 보냈더니 그만 이 농부들이 종들을 죽였습니다. 결국은 아들을 보냈는데 아들마저 죽였습니다. 포도원주인이 돌아와서 농부들을 진멸하고 포도원을 다른 이에게 넘기는 것입니다. 말할 것도 없이 종들은 구약의 선지자들이며 아들은 예수님이고 농부들은 유대인입니다.

예수를 배척하고 예수를 조롱하고 예수를 능욕한자들의 최후는 심판이고 저주이며 재앙입니다. 예수를 받아들인다는 것은 곧 말씀을 받는 것을 의미합니다. 반대로 말씀을 받지 않는 것은 예수를 받지 않는 것입니다. 말씀이 육신이 되신 분이 예수님이기 때문입니다. 하나님은 구약시대에는 선지자들을 통해 말씀하셨지만 마지막에는 아들을 보내셨습니다. 예수는 하나님이 말씀입니다. 그런고로 예수 믿은 것은 하나님의 말씀을 받는 것입니다.

예수를 받지 않은 결과는 너무나도 참혹합니다. 성경에서 말하는 악한 시대가 사회정의가 무너지고 윤리적인 악이 횡횡하는 것을 의미하지만 그보다 근원적으로 하나님의 말씀(예수)을 받지 않는 불신앙과 불순종의 악을 말합니다. 유대역사가 요세푸스의 기록에 의하면 예루살렘이 로마에 의해서 진멸될 때 얼마나 끔찍한 일이 있었냐면 차마 입에 담을 수 없는 일이 일어납니다. 부모가 자식을 잡아먹은 것입니다. 불행하게도 이렇게 잔혹한 일이 유대역사에서 3번이나 일어납니다.

먼저는 왕하 6장에서 다메섹이 사마리아 성을 포위하고 있을 때 일어납니다. 다음으로 바벨론이 예루살렘을 에워싸는 것으로 나라가 망할 때 같은 사건이 일어납니다. 그리고 오늘 로마에 의해서입니다. 하나님이 가장 악한시대에 내린 가장 참혹한 심판입니다. 이 세 시대는 하나같이 말씀을 버린 시대입니다. 말씀을 무시하고 말씀을 조롱하고 능욕한 시대입니다…

오늘 예수님의 눈물은 참 많은 것을 담고 있는 눈물입니다. 장차 일어날 끔찍하고 비참한 일들을 보시며 안타깝고 불쌍하고 또 그렇다고 어떻게 할 수도 없는 복잡한 눈물이며 통곡입니다. 예수님은 하나님의 아들이시니까 그런 재앙을 막아주시면 되는 것 아니냐의 질문은 예수님이 십자가에서 끔찍하게 죽는 일 없이 그냥 죄인들을 용서하면 되는 것 아니냐와 같은 질문입니다. 하나님의 아들이 죄인을 대신하여 죽는 일이 아니면 죄인을 구원할 다른 길이 없는 것입니다. 죄의 삯은 사망이기 때문입니다. 이 모든 것은 다 죄로 인한 결과입니다. 죄로 인해 이 세상에는 눈물과 슬픔과 고통과 사망이 왔습니다.

다시 한 번 축복합니다. 주님이 보시는 우리의 미래는 흐뭇한 웃음이시기를 소원합니다. 주님이 우리의 미래를 바라보시며 기뻐하시기까지 지금 우리의 삶 가운데는 예수를 받아드리고 그 예수의 말씀에 순종하는 삶이 있는 것입니다…

39. 성전에서...

(눅20:1~8)

오늘 말씀은 성전에서 일어난 일입니다. 잠깐 지난 시간 예수님의 눈물을 다시 언급하지 않을 수가 없습니다. 예수님은 이제 곧 닥쳐 올 예루살렘의 멸망을 보시며 통곡하셨습니다. 성경에서 재앙과 멸망과 심판은 죄로 인한 결과입니다. 사회에 만연한 죄악이 있고 더 나아가 마지막에 종교의 타락이 있습니다. 하나님의 심판이 임박하기에 앞서서 결정적으로 그 앞에 있는 것이 종교의 타락입니다. 종교라는 이름으로 사람들을 압제하고 수탈하고 나쁜 짓을 하는 것입니다. 종교와 하나님을 자기욕심을 이루기 위한 수단으로 사용합니다. 하나님이 주신 말씀의 의미와 참 뜻을 곡해하고 자기들 마음대로 내가복음을 만들어서 사람들에게 올가미를 씌우는 것입니다.

예수님이 오늘 예루살렘성에 입성하시고 나서 제일 먼저 성전으로 들어가셨습니다. 거기서 하신 일은 성전 안에서 돈 바꾸고 장사하던 환전상과 장사치들을 내어 쫓는 일을 하셨습니다. 누가복음에는 간단한 기록으로 되어 있지만 요한복음 2장에서는 자세한 상황이 기술되어 있습니다. 노끈으로 채찍을 만들어서 쫓아내신 것입니다. 왜 성전 안에 이런 장사치들이 있었는지를 알아야 합니다. 백성들이 제물을 가지고 성전으로 와서 제사를 드려야하는데 멀리 사는 사람들이 제물을 이끌고 오니까 오다가 상처가 나기도 하고 흠이 생기기도 하는 것입니다. 그러다 보니까 편의상 자연스럽게 성전입구에서 소나 양이나 비둘기를 파는 상인들이 생긴 것입니다...

율법에 기록된 대로 흠 없는 재물을 드려야 했음으로 검시관들이 제물을 잘 살펴서 적합과 부적합을 판정했는데 이게 갈수록 어떻게 변하게 되었냐면 백성이 가지고 온 것이면 여기저기 꼬투리를 달아서 부적합 판정을 내림과 동시에 곁눈질로 옆에 가게를 쳐다보는 것입니다. 가게에서 사온 것이면 무조건 적합판정을 내리는 것입니다. 소나 양이나 비둘기를 파는 상인들이 엄청난 권리금(자리세)을 대제사장에게 지불했으니 수익을 남기기 위해 비싼 가격에 제물을 판 것입니다. 그러니까 처음에는 사람들의 편의를 위해 생겨났으나 갈수록 성전관리를 맡은 대제사장과 상인들 사이에 이해관계가 얽히면서 무소불위의 엄청난 독점 상권이 생긴 것입니다.

또 하나는 환전상입니다. 당시에는 세겔이라는 성전화폐가 있었습니다. 율법에 기록된 대로 이스라엘 모든 남자들은 성전 관리와 운영을 위해 일 년에 약 두 데나리온에 해당되는 반 세겔을 성전세로 내게 되어 있었습니다. 그러니까 사람들이 사용하는 일반 화폐인 '렙돈'이나 '데나리온'을 성전화폐인 '세겔'로 바꾸는 과정에서 환치기를 하는 것입니다. 자기들 마음대로 환율을 조작하는 것으로 여기서도 막대한 부를 긁어모으다시피 한 것입니다. 당시에 대제사장과 종교지도자들은 가만히 앉아서 떼돈을 버는 것입니다.

46절을 보면 예수님께서 노하여 말씀하시기를 "만인이 기도하는 집을 강도의 소굴로 만들었다!" 하시자 이 말을 대제사장과 서기관들이 들었습니다. 강도는 여지없이 자신들을 일컬은 것입니다. 소위 악이 오를 대로 오른 이들이 예수를 죽이고자했지만 사람들이 존경하고 따르는 것으로 어찌지 못하던 차에 20장으로 넘어가니까 여기서는 결단을 내립니다.

예수님이 계속해서 성전에서 백성들을 가르치자 대제사장과 장로들이 예수님께 나왔습니다. 한 번 단판을 짓자고 벼르고 나온 것입니다. 2절입니다. "무슨 권세로 이런 일을 하는지 그 권세를 누가 주었는지 말하라!" 입니다. 이 말속에는 무엇이 있냐면 자기들은 합법적인 율법에 근거한 레위 자손으로서 성전을 관리하고 백성을 가르치는 일을 하나님께로부터 부여

받았는데 당신은 어디서 와서 감히 이런 일을 하느냐는 것입니다. 그때 예수님이 뭐라 답하셨습니까!

그럼 나도 하나 물어보자 "요한의 세례가 하늘로부터냐 사람들로부터냐!" 자기들끼리 한 쪽으로 가서 쑥덕대더니 사람에게 난 것이다 하면 사람들로부터 돌에 맞아 죽게 생겼고 하늘로 부터라 하면 왜 회개하지 않냐는 말을 듣게 생긴 겁니다. 그래서 "모르겠다!"고 했습니다. 예수님은 그럼 나도 이 권세가 어디에서 난 것인지 말 안 하겠다 하시고는 포도원 농부의 비유를 더불어 말씀하신 것입니다.

왜 성전에서 가르치느냐는 것입니다. 우리는 성전에서 성례를 집전하고 가르치는 권세를 합법적으로 부여받았는데 당신은 불법이고 위법이고 범법이라는 것입니다. 먼저 성전을 이해해야 합니다. 말 그대로 성전은 하나님을 만나는 곳입니다. 그 성전을 맡아 관리 감독하고 백성들이 하나님께 나와 기도하고 예배하는 일에 지장이 없도록 섬기는 일을 맡은 종들이 당시에 종교지도자들인데 거꾸로 이들이 백성들이 하나님께 나오는 길을 막은 것입니다. 마태복음23:13절 말씀처럼 저들은 천국 문을 닫아놓고는 자기도 안 들어가고 남들도 못 들어가게 한 것입니다.

가난한 사람이 비둘기 들고 제사하러 오면 그것은 어떻게든 꼬투리를 달아 흠이 있어 안 되고 저 옆에 비둘기 가게에서 사오라는 것입니다. 성전 비둘기는 비싸거든요... 성전 화폐인 세겔로 바꿀 때도 환전차익을 높여서 가난한 자들의 돈을 기름짜내듯이 짜내는 것입니다. 예수님이 이것을 다 보신 것입니다.

돈 없는 가난한 백성들은 하나님께 제사도 못 드리게 생긴 것입니다. 누가 이걸 막은 거예요. 합법이라는 이름으로 대제사장과 그 밑에 종교 지도자들이 행한 것입니다. 그리고는 자기를 섬기는 것이 하나님을 섬기는 것이다. 내 말을 듣는 것이 하나님의 말씀을 듣는 것이다. 하나님의 자리를 대신 꿰어 찬 것입니다.

여러분은 제 말을 듣지 말고 성경이 무슨 말을 하고 있는지를 들으시기 바랍니다. 성경에 합한 말인지 아닌지를 분별할 수 있는 영적인 지각력이 있으시길 소망합니다. 이게 없으면 소경이 소경 따라가는 것입니다.

예수님이 안타까워하시는 마음이 전해져야 합니다. 예수님 말씀처럼 "내 집은 만인이 기도하는 집이다! 가난하든 부하든 배웠든 못 배웠든 지위가 높든지 낮든지 누구나가 걸림 없이 어려움 없이 불편함 없이 나올 수 있어야 한다!" 이 부분에서는 오늘날의 교회도 아니라고 부인할 수 없습니다. 교회 로비에 화려한 샹델리에가 걸린 교회는 가난한 자에게는 위화감입니다. 목사인 저도 부담스럽습니다. 자기들만의 리그며 게토화 된 교회일 수 있습니다...

시대의 타락은 종교인의 타락입니다. 대표적인 것으로 중세교회 성직자들이 범한 범죄는 이루다 말로 할 수가 없는 것입니다. 베드로대성당의 위용에 감탄하기에 앞서서 하나님을 팔고 면죄부를 팔아 가난한 사람들을 수탈한 현장을 보아합니다. 하나님은 결코 화려함속에 계시지 않습니다. 이것도 반전입니다. 꼭 이런데 계실 것 같은데 그런 곳에 안 계십니다. 하나님은 광야의 떨기나무 불꽃가운데 계시며 초라한 이스라엘 장막 사이에 계시고 낡은 마구간 구유에 계십니다.

어떤 의미에서 오늘 본문은 단순한 예수님의 성전청결이 아니라 성전폐쇄의 성격도 담겨있는 본문입니다. 말라기1:10절을 보면 "너희가 내 단위에 헛되이 불사르지 못하게 하기위해 성전 문을 닫을 자가 있으면 좋겠다!" 이때도 제사장들이 제물 중에서 눈먼 것, 병든 것, 저는 것 다 받는 것으로 엉터리 제사를 드리고 있었던 시절입니다. 그래서 1:6에서 "내 이름을 멸시하는 제사장 놈들아!" 하고 시작하시는 것입니다. 정말 예수님이 오셔서 성전 문을 닫으셨습니다. 그것이 요한복음 2장19절 이하입니다. 친히 "내가 성전이다!... 너희가 이 성전을 헐라!... 내가 삼일 만에 다시 세우리라!..." 하신 것입니다... "이는 성전 된 자신의 육신을 가리키는 것 이러라!…"

　육신 되신 성전은 십자가에서 죽으시고 장사된 지 3일 만에 다시 사셨지만 건물성전은 30년 뒤에 돌 위에 돌 하나도 남지 않은 모습으로 파괴되어 지금까지 지어지지 않고 있습니다. 구약의 성전에 메여서 신약의 성전 되신 주님을 만나지 못한다면 주객이 전도된 것입니다. 구약의 성전은 실체이신 주님을 미리 보여준 그림자이기 때문입니다. 하나님을 만나는 곳이 성전입니다. 예수님이 십자가를 통해서 보혈을 흘리시는 것으로 우리가 하나님을 만날 수 있게 되었습니다.

　예수를 깊이 생각하고 묵상하고 품을 때에 그 때 우리는 성전에 있는 것입니다. 그럼 성전에서 예배하는 일은 무엇입니까? 롬12:1절에서 "너희 몸을 하나님이 기뻐하시는 산 제물로 드리라 이것이 너희의 드릴 영적(참된) 예배니라…"

　우리는 교회에서 주일예배와 주중예배를 드립니다. 그러나 참된 예배 영적예배가 있습니다. '리빙 세크리피스'입니다. 삶으로 드리는 예배입니다. 주신 말씀대로 살아내기 위해 몸부림치는 그 현장이 곧 예배라는 것입니다. 나 자신이 부인되고 나 자신이 깨어지고 나 자신이 예수 닮는 시간 그 시간이 곧 하나님을 영화롭게 하는 예배인 것을 믿습니다.

40. 포도원 농부의 비유
(누가복음20:9~8)

오늘 말씀은 포도원 농부의 비유입니다. 잠깐 지난시간 써머리합니다. 예수님이 성전에 장사치들을 내어 쫓으시며 만인이 기도하는 집을 강도의 소굴로 만들었다하셨습니다. 이 말을 들은 대제사장과 서기관들이 약이 올라 예수님께 왔습니다. 우리는 합법적으로 하나님께 권세를 받아서 성전을 관리하고 가르침을 베푸는데 당신은 어디서 와서 이런 일을 하냐는 것입니다. 예수님은 성전을 이 땅에 있게 하신분이며 친히 성전이시며 성전보다 크신 분입니다. 성전관리를 맡은 자들이 성전이신 주님께 따지는 것입니다. 종이 주인에게 따지는 형국입니다. 그래서 예수님은 오늘 포도원 농부의 비유를 말씀하십니다.

구약성경에서 포도원은 하나님백성을 상징하는 단어입니다. 포도원 주인이 포도원을 농부들에게 맡기고 타국으로 떠났다. 소출을 알아보기 위해 종들을 보내었더니 이 농부들이 종들을 능욕하고 죽였다. 그것도 세 번이나 반복되자 포도원 주인은 마지막 방법으로 아들을 보냈다. 그랬더니 이 농부들이 그가 상속자임을 알고 그를 죽이고 포도원을 자신들이 차지하였다. 포도원 주인이 노하여 직접 와서 악한 농부들을 진멸하고 포도원을 다른 사람에게 넘겼다. 여기까집니다...

흥미로운 것은 이 비유를 사람들이 다 알아듣습니다. 제자들도 알아듣고 따지러 온 대제사장과 서기관들도 알아듣습니다. 그래서 사람들이 16절에서 "그렇게 되지 말지어다!" 라는 말을 하는 것입니다. 19절에서도 대제사장이 "자기를 가리켜 하는 말인 줄 알고..."가 있습니다. 예수님은 "그렇게 되지 않게 해주세요!" 라고 말한 사람들을 똑바로 쳐다보시고 시편 118편의 말씀을 하셨습니다. 그러면 "건축자들의 버린 돌이 모퉁이의 머릿 돌이 되게하셨다!" 라는 말씀은 어찌 이룰 수가 있느냐!

　건축자의 버린 돌은 예수님을 가리킵니다. 버려져서 십자가에 죽으심으로 하나님은 그 위에 또 다른 집을 지으시는 것입니다. 예수로 인해 구원받는 이방의 하나님백성 즉 영적 이스라엘의 집을 세우십니다. 모퉁이의 머릿돌이라는 것이 중요합니다. 모퉁이는 이쪽과 저쪽을 잇는 돌입니다. 그 가운데 주춧돌(머릿돌)입니다. 구약의 이스라엘과 신약의 교회를 잇는 것으로서의 하나님 집을 짓는 것을 의미합니다.

　구약의 이스라엘은 장차오실 그리스도를 바라보고 속죄의 제사를 드리는 것으로 그들의 죄가 사함 받았다며 신약 교회의 성도들은 이미 오신 예수님의 십자가를 거꾸로 바라보면서 대속의 은혜를 입는 것입니다. 예수 그리스도를 정점으로 해서 구약의 모든 역사와 인물들이 놓여있는 것이라면 또한 예수 그리스도를 정점으로 해서 모든 인류가 구원을 받게 되는 것입니다. 오늘 건축자의 버린 돌로 예언된 이 돌은 구약의 다니엘서에 기록된 '뜨인돌'과도 같이 너무도 강력하다는 것을 18절의 말씀처럼 돌 위에 떨어지면 깨어지고 돌이 사람위에 떨어지면 가루가 된다고 하시는 것입니다.

　유대인들은 예수를 버렸고 그것이 십자가의 죽음으로 나타났습니다. 오늘의 말씀으로 하면 농부들로 비유된 유대인들이 포도원 주인의 아들인 예수를 죽인 것입니다. 그래서 포도원주인이 와서 농부를 진멸하고 포도원을 통째로 다른 사람에게 넘겼습니다. 포도원 주인은 하나님이시고 다른 사람은 바로 이방의 저와 여러분들입니다.
　하나님께서 구약의 이스라엘에서 신약의 교회성도들로 하나님백성 삼으신 것을 이해할 때 구약의 이스라엘백성을 완전히 진멸하고 그 위에 교회를 세우시는 것으로 이해해서는 곤란합니다. 오늘 본문에는 진멸한다는 표현을 쓰고 있지만 성경전체에서 말씀하는 맥락은 구약의 이스라엘을 사용하셔서 그들을 줄기로 해서 신약의 교회를 세우신다는 것입니다. 에베소서2:20절의 말씀과 같이 교회는 사도들과 선지자들의 터 위에 세움을 입은 것입니다.

맞습니다. 구약 없이 어찌 신약이 있겠고 구약의 이스라엘 없이 어찌 신약의 교회가 있겠습니까! 사도바울도 자기백성 이스라엘을 사랑했습니다. 내가 저주를 받는 것으로 내 민족이 구원을 받는다면 차라리 그 길을 택한다고까지 했습니다. 이스라엘의 구원에 관한 문제를 말씀드리기 위함입니다. 지금 예수 안 믿는 이스라엘이 어떻게 될 것인지에 대한 성경의 예언입니다... 이것을 아주 자세히 설명하고 있는 본문이 로마서 11장입니다.

하나님께서 왜 이스라엘을 일으키시고 그들을 자기백성 삼으신 것입니까! 그 이유는 출애굽기 19:6절 입니다. "제사장 나라로서의 사명을 감당하게 하기 위함입니다..." 내 소유된 내 백성을 삼으신 것은 모든 이방나라들 사이에서 제사장나라로서 부름받은 것입니다. 이것은 창세기 12장의 아브라함도 마찬가집니다. 너로 인해서 모든 민족이 복을 받을 것이라 했으니까요.

로마서 11장을 보면 사도바울은 자기백성 이스라엘의 미래에 대해서 매우 가슴아파하면서 또한 소망의 말씀을 전하는 것을 볼 수 있습니다. 오늘은 롬11장을 볼 텐데 먼저 염두해 두고서 보아야 할 것이 있습니다. 구약의 이스라엘백성은 실패했다는 것입니다. 그 마음이 교만하여서 제사장나라의 사명을 감당하지 못하고 넘어졌습니다. 그들이 제사장나라로서의 직분을 감당하지 못하고 실패하였다는 것은 곧 인류의 구원이 물거품이 되어야 한다는 것인데 하나님은 그들의 실패까지도 사용하셔서 인류구원의 역사를 이루신다는 내용이 바로 로마서11장입니다.

신약의 저와 여러분이 오직 은혜로 오직 십자가로 구원을 얻은 것처럼 구약의 이스라엘도 오직 은혜로 구원받을 자가 있다. 로마서 5:8절의 말씀처럼 우리가 죄인 되었을 때에 그리스도께서 우릴 위해 죽으셨다 했을 때 우리는 이방인을 비롯해서 유대인도 들어 있습니다. 어떤 자격이나 조건이나 행위가 먼저 있었던 것이 아닌 가운데 이루어진 구원입니다.

로마서 11장을 보면 사도바울이 엘리야를 예로 들면서 말씀을 풀이합니다. 할 수 있으면 같이 로마서 11장을 펴시기 바랍니다. 2절 이하입니다. 때는 아합 왕의 폭정이 있었던 주전 9세기 이스라엘 전 역사에서 가장 암울하고 악한시대에 엘리야가 하나님께 기도하기를 모든 이스라엘백성이 다 바알에게 넘어갔고 나 혼자 남았습니다. 하나님은 이르시기를 아니다 내가 감춰놓은 칠 천인이 남았다.

5절 "은혜로 택하심을 입은 남은자들이 있다!... 행위로 말미암은 것이 아니다 행위를 말하면 은혜가 은혜 되지 못한다..." 8절 이하입니다. "하나님께서는 이스라엘에게 혼미한 영을 주셔서 보지 못하는 눈과 듣지 못하는 귀를 갖게 하셨다... 그래서 그들은 실패했고 넘어졌다!..." 그러나 11절 "넘어지기까지 실족했냐!" 즉 "완전히 망하기까지 끝나버린 거냐!" "그건 아니다!" 이스라엘이 넘어져서 구원이 이방에게로 넘어간 것으로 이스라엘로 시기나게함이다. 이런 겁니다. 내가 하나님을 먼저 알았고 내가 먼저 택하심을 입고 먼저 하나님 백성으로 부름을 받아도 내가 먼저 받았는데 그리고 나로 인해서 이방이 구원을 받았는데 나는 구원 못 받고 이방이 구원 얻는다구... 어찌 이런 일이... 즉 시기심입니다...

그리고 17절 이하에서 유명한 돌 감람나무 참 감람나무 말씀을 하십니다. 열매없는 돌 감람나무인 이방이 참 감람나무 꺽인 자리에 접붙임 되어 참 감람나무 진액을 받는 자가 되었다. 진액이 뿌리에서 온 것임으로 열매를 맺었다 해도 줄기인 네가 자랑해선 안 된다. 19절 "가지가 꺽인 것은 나로 접붙이려함이 아닙니까!" 20절 "맞다! 유대인은 믿지 않아서 꺽였고 너는 믿어서 접붙여졌다!" 그러나 유대인들도 믿으면 하나님이 그들을 다시 접붙일 능력이 있다. 자기 몸에 다시 붙는 것임으로 훨씬 용이하다.

25절 "너희가 이 비밀을 모르기를 원치 않는다. (이중부정 꼭 알기를 원한다) 이방인의 충만한 수가 차기까지 이스라엘이 더러는 완악하게 된 것이다!" 여기서 이방인의 충만한 수는 구원 얻을 백성의 티오를 처음에 정해놓으시고 그 숫자를 채우기 위해 시대마다 사람을 채워 넣는 것이 아니라 처음부터 은혜를 따라 택한 백성이 있고 오고 오는 모든 시대에 걸쳐 그들을 한 명 한 명 부르신다는 의미입니다. 숫자가 아니라 사람입니다. 마지막 그 한 사람이 다 차기까지의 시대입니다.

30절입니다. 이방인인 너희도 전에는 순종치 않았다. 이스라엘이 순종치 않음으로(실패함으로) 너희에게 구원이 넘어갔다. 31절... 그러나 이방인인 너희가 은혜(긍휼)로 구원을 받음같이 유대인도 은혜(긍휼)로 구원을 주신다. 32절... 유대인이든 이방인이든 모두가 다 순종치 않은 가운데 가두어 두심은 모든 사람에게 은혜(긍휼)을 베풀어주시기 위함이다.

모든 사람이 구원을 받는 유니버셜리즘이 아닙니다. 그리고 세대주의자들의 말처럼 유대인의 완전한 회복을 말하고자함도 아닙니다. 유대인이든지 이방인이든지 은혜를 따라 택하심을 입어 결국은 깨닫고 예수 믿는 자리로 나아 올 자들이 있다는 것입니다.

신구약의 모든 하나님 백성들은 오직 하나님이 우리에게 주신 의인 십자가 대속의 은혜로 구원받게 된 것을 말씀드리고자 합니다.

41. 누구의 형상과 글이...

(누가복음20:19~26)

오늘도 예수님은 성전에서 가르침을 베풀고 계시며 이를 못 마땅이 여긴 대제사장과 그 무리들이 예수님께 나오는 것으로 긴장과 대립이 계속 이어지고 있습니다. 지난시간 포도원 농부비유에서 진멸당한 농부들이 자신들을 가리킨 것으로 알고는 더욱 약이 올라 예수님께 나온 것입니다. 예수를 당장 잡아넣고 싶은 마음이 가득하지만 흠이 없는 것입니다.

그래서 흠을 잡고 꼬투리를 잡고자 이번에는 미리 치밀하게 준비를 하고 나왔습니다. 오늘 본문에는 20절에서 단순히 "정탐꾼을 보냈다!"라고 되어 있지만 오늘 본문의 병행구절인 마태복음에 보면 "바리새파 사람들이 예수를 말로 옭아 메려고 자기 제자들을 헤롯 당원들과 함께 보냈다!"로 되어 있습니다.

여기서 이상한 조합을 하나 보게 됩니다. 바리새파사람들의 제자와 헤롯 당원들입니다. 이 둘은 당시에 물과 기름이요 앙숙 같은 사이였습니다. 바리새파사람들이 반 로마파 사람들로서 로마로부터 민족 정체성을 찾으려고 특별히 종교적이 된 사람들이라면 반면에 헤롯 당원들은 말 그대로 친 로마파로서 로마정부의 부역자들이었습니다. 희한한 것은 만나기만 하면 싸우고 으르렁대던 이 둘이 예수를 잡는 일에는 한 통속이 된다는 것입니다. 섞일 수 없는 사람들이 예수를 대적하는 일에는 손을 잡는 것입니다.

예수님과 늘 논쟁을 벌이던 바리새인들 자신들이 가면 예수님이 눈치 챌 것 같으니까 자기들의 제자들과 헤롯 당원을 같이 보낸 것입니다. 그리고 예수님께 나와서는 순수한 척 착한 척 하면서 21절의 말을 하는 것입니다.

예수님으로서는 앞면이 없던 사람들이 나오고 또한 바리새인과는 정적인 헤롯당원들 인고로 긴장을 어느 정도 놓으실 수가 있는 것을 이용하는 것입니다.

21절입니다. "선생님 우리가 다 압니다... 당신은 바른 말을 하시고 가르치십니다... 사람을 외모로 취하지 않고 오직 진리로서 하나님 말씀을 전하십니다..." 이 말이 참 기가 막힌 말입니다. 이 말이 진심입니까? 사탕 바른 말입니까? 예수님이 이 말에 기분이 좋아지셔서 소신껏 대답하기를 기다린 것입니다. 이 말은 함정에 빠뜨리기 위해 기름칠 해 놓은 말입니다. 사람들이 나에게 하는 칭찬이 그냥 인사로 하는 말인지 정말 진심인지 아니면 나를 이용하자는 것인지 구별되는 은혜가 있기를 소망합니다. 여기에 사기꾼이 있는 것 아닙니까!

21절은 예수님을 무장해제 시키기 위해서 한 꿀 바른 말이라면 22절이 이게 이제 낚시 바늘입니다. 예수님이 듣기 좋게 기분 좋은 말로 긴장을 풀게 하고 바로 낚시 바늘을 드리우는 것입니다... 어리석은 사람 같으면 그냥 콱 물어버립니다. 22절입니다. "가이사에게 세를 바치는 것이 맞습니까?... 틀립니까?..." 예수님은 먼저 23절에서 저들의 간계를 다 아셨다 했습니다. 간계와 궤계와 꿍꿍이 속을 꿰뚫을 수 있는 예수님의 지혜가 예수 믿는 우리에게도 있기를 소망합니다.

납세문제는 당시 사회에 이슈였습니다. 예수님이 칭찬에 고무되고 들떠서 "가이사에게 세를 바치는 자는 매국노다! 바치지 말라!"고 하면 대번에 "체포하라!" 이렇게 되는 것입니다. 그렇게 하려고 체포조로서 헤롯 당원들을 데려온 것입니다. 반대로 "세를 바치라!"고 하면 예수님은 영락없는 민족 반역자가 되며 세리와 죄인이 되는 것입니다.

전후맥락상 22절에 "우리가 가이사에게 세를 바치는 것이 옳습니까!"에서 '바친다'는 헬라어가 우리말로 '뜯긴다'는 의미가 담긴 단어입니다. 의역하면 "우리가 이렇게 뜯겨도 되겠습니까!"입니다. 예수님의 민족의식을 돋우어서 "바치지 말라!"를 유도하는 것으로 체포의 당위성을 찾으려 했던 것 같습니다. 오늘 예수님께 나온 이 사람들 정말 나름대로 심사숙고해서 낚시 바늘을 만들어 가지고 온 것입니다. 사실 바로 윗 구절인 4절에서 쓰인 예수님의 방법을 그대로 써먹는 것 이기도합니다. 예수님이 "요한의 세례가 하늘로부터냐 사람들로부터냐!" 하고 물으신 것이 바리새인으로서 답 할 때에 어느 쪽도 잡을 수 없는 양날의 칼이었던 것과 같습니다.

예수님은 아주 재치있고 지혜로운 답으로 적들을 꼼짝 못하게 하셨습니다. 아주 깊은 의미가 담긴 말씀입니다. 예수님이 답을 하시기에 앞서서 데나리온 하나를 보이라고 하셨습니다. 시청각을 동원하신 것입니다. 지금 이 시간은 상당히 긴장된 시간입니다. 예수님의 답변에 따라 잘못하면 위기에 처할 수 있습니다. 예수님은 어떤 결정적인 답을 내리셔야하는 순간에 보면 살짝 주위를 환기시키는 경우가 있습니다. 요한복음8장에도 사람들이 현장에서 간음하다 잡힌 여인을 끌고 와서 모세의 율법대로 돌로 쳐야하는지 아니면 관용을 베풀어 살려줘야 하는지 예수님께 물었습니다. 여기서도 돌로 쳐라하면 사랑이 없다 할 것이고 살려줘라 하면 율법을 어겼다 할 참이었습니다.

예수님의 한 마디로 이 여인이 즉결 처형될 수도 있고 사면될 수도 있는 긴장된 순간 많은 사람들이 예수님의 입만 쳐다보고 있었습니다. 그때 예수님은 갑자기 허리를 굽히서서 손가락으로 땅에 뭐라고 쓰시는 것이었습니다. 예수님의 입 쳐다보던 사람들이 일시에 시선을 돌리시는 것으로 긴장감이 다소 와해되고 주위가 환기되는 것입니다. 경직된 사고와 분위기를 먼저 푸는 것이 지혜자의 모습임에는 틀림 없습니다.

마찬가지로 지금도 로마정부에 세를 받쳐야 되는지 말아야 되는지 예수님 입만 쳐다 보고 있을 때 예수님은 데나리온 하나를 보여라 하시면서 데나리온에 사람들의 시선을 모으셨습니다. 데나리온은 당시에 가장 많이 통용되던 은전으로 된 화폐입니다. 지금 우리로 하면 일만원 권 화폐라고 생각하면 되겠습니다. 앞면에 가이사(황제)의 흉상이 있고 뒷면에는 가이사(황제)는 신의 아들이라는 글이 쓰여있습니다. 24절에 예수님이 묻습니다.

"누구의 형상과 글이 여기있느냐?" 말 할 것도 없이 가이사의 형상과 글입니다. 그리고 예수님이 말씀하십니다. "가이사의 것은 가이사에게 그리고 하나님의 것은 하나님에게 바쳐라!" 이 예수님의 답에 저들은 감히 흠을 잡지 못하고 꼼짝없이 말문이 닫혔다 했습니다.

데나리온에 가이사가 있음으로 가이사에게 바쳐라 그리고 하나님의 것은 하나님께 드려라 그럼 하나님의 것은 무엇입니까? 물론 우리가 하나님께 드리는 십일조와 예물을 하나님께 드리라는 말입니다.

그런데 우리가 예수님의 이 답변을 통해서 깊이 있게 살펴야 할 부분이 있습니다. 예수님이 지금 가이사의 것과 하나님의 것을 서로 대구(對句)로 놓고 "세상권력자에게 납부해야할 세금과 하나님께 드려야하는 예물을 구별해서 드려라!"는 의미가 겉으로 드러난 표면적 의미라면 그보다 깊은 의미가 숨겨져 있다는 것입니다.

유대인의 지혜는 짝을 이루는 대구를 통해서 진리를 밝히는 말씀이 많습니다. 대표적인 책이 잠언입니다. 잠언은 상당부분 대구를 이루면서 진리를 드러냅니다. 이를테면 "겸손은 존귀의 앞잡이! 교만은 패망의 선봉!" 뭐 이런 말씀입니다.

돈에 황제가 새겨져 있어요. 그러니까 그 돈을 만들고 허가해 주고 유통시킨 황제에게 주라는 것입니다. 그럼 하나님의 것은 하나님께 돌려야 하는데 하나님의 것이 뭐에요? 단순히 돈 이예요? 그 얘기가 아닙니다. '새겨져 있다는 말에 힌트가 있습니다…' 돈에 황제가 새겨져 있듯이 하나님의 것도 어딘가에 하나님이 새겨져 있습니다. 황제는 자기를 돈에 새겼지만 하나님은 당신을 (____)에 새겼습니다.

정답은 '사람'입니다. 창세기 1:27절 "하나님이 자기 형상 곧 하나님의 형상대로 사람을 지으시고…" 하나님이 자기의 형상대로 사람을 지으셨다는 말씀이 뜻하는 바는 저와 여러분에게 하나님의 형상이 새겨져있다는 말입니다. 참 신비로운 말씀입니다. 하나님은 형상이 없는데 어찌 자신의 형상을 따라 우리를 지으셨다고 하시는지? 그 심오한 의미를 우리가 지금은 몰라도 언젠가는 밝히 알게 될 날이 있을 것을 믿습니다.

　사람이 존귀하고 존엄한 것은 사람 안에 새겨진 하나님의 형상 때문입니다. 비천하고 남루한 인생이라 해서 아무렇게나 대하고 천대하면 안 되는 것은 그 안에는 하나님의 형상이 있기 때문입니다. 비록 사람의 타락으로 말미암아 하나님의 형상을 잃었지만 예수믿음으로 다시금 그 형상회복이 이루어졌음을 믿습니다. "하나님의 것은 하나님께 바쳐라!"는 25절의 말씀에서 '바쳐라'의 원문은 '되돌려드려라'의 뜻입니다. 돈이 황제에게서 왔으니 황제에게 돌려주는 것처럼 우리는 하나님에게서 왔고 하나님의 형상이 있으니 결국은 하나님께 되돌려져야 한다는 예수님의 일성입니다. 간절히 바라기는 회복된 하나님의 형상으로 하나님께 되돌려지기를 소망합니다.

　나를 되돌려 드린다는 것이 무디 목사님처럼 헌금 통 위에 가서 앉는 것일수도 있지만 결론은 오늘도 로마서 12장1절입니다. "그런즉 하나님이 모든 자비하심으로 너희를 권하노니 너희 몸을 하나님께서 기뻐하시는 거룩한 산 재물로 드리라 이것이 너희의 드릴 영적 예배니라! ..." 삶의 한 가운데서 하나님 섬기는 자로 치열한 순종의 삶을 살라는 것입니다.

42. 하나님은 살아 있는 자의 하나님!

(누가복음20:27~44)

오늘 본문은 부활논쟁입니다. 당시에 부활이 없다고 하는 사두개인들과 부활을 인정하는 바리새인들 사이에 대립이 있었습니다. 일전에 말씀드린 대로 사두개인들은 로마정부의 부역자들로 당시 정권의 실세들이었던 반면에 바리새인들은 세속 정치와는 한 발 떨어져서 특별히 종교적이 된 사람들입니다.

오늘 27절에 사두개인들이 예수님께 나와서 질문합니다. 어떤 이야길 죽이어가면서 묻는 것입니다. "모세가 우리에게 써 준 율법 중에 계대결혼(형사취수)의 법이 있지 않습니까! 만약 형제가 일곱이 있었습니다… 큰 형이 아들 없이 죽으면 동생이 형수를 아내로 취했는데 동생마저 죽었습니다… 그렇게 형제 일곱이 다 형수를 아내로 맞이하고 자식없이 죽으면 나중에 부활 시에 이 여인의 남편은 누가 되는 것입니까?"

그러니까 사두개인이 이 질문을 예수님께 하는 것은 부활이 있으면 이런 복잡하고 황당한 일이 벌어지게 됨으로 부활은 없는 것 아닙니까! 자신들이 믿는 부활을 부정하는 논리에 당위성을 인정받기위해 이 질문을 한 것이라는 사실입니다.

예수님이 34절 이하에서 답을 주십니다. 이 세상은 장가가고 시집가지만 저 세상과 부활에 합당함을 입은 사람은 천사처럼 된다. 다시 죽을 수 없는 부활의 자녀로 하나님의 자녀다. 여기서 중요한 것은 모두가 부활하는 것이 아니라 "부활함을 얻기에 합당히 여김을 받은 자들"만입니다. 예수님께서 요11:25절에서 "나는 부활이요 생명이니 나를 믿는 자는 죽어도 살겠고…" 말씀하심 같이 곧 "믿는 자의 부활"입니다.

물론 성경은 믿지 않는 자의 부활도 말씀하고 있습니다. 그러나 지옥에 있는 영혼이 부활의 몸을 입어 영벌에 떨어지는 것을 어찌 부활이라 하겠습니까! 부활의 상태에 대해서는 다음시간에 자세히 다루도록 하겠습니다. 부활시에 달라지는 것 3가지 있습니다. 먼저는 장가가고 시집가는 것이 없음으로 생식기능이 없습니다. 생명이 태어나는 일이 없다는 것입니다. 생명은 이 땅에서만 태어납니다. 다음으로 부활한 육신은 다시 죽지 않습니다. 이 땅에 사망이 온 것은 죄악 때문입니다. 아담과 하와가 죄 가운데 타락하지 않았다면 생명나무 실과를 먹고 영생하는 것이었습니다.

천사처럼 됩니다. 천사가 되는 것이 아니라 같은 위치에 놓이게 된다는 말씀입니다. 물론 천사는 히1:14절의 말씀과 같이 종이지 상속자는 아닙니다. "모든 천사들은 섬기는 영으로 구원받을 상속자를 위해 섬기라고 보내심이 아니냐!" 상속자는 양자의 영을 받아 아빠 아버지라고 부르는 부활의 성도를 말합니다. 그리고 이제 모든 성도들이 궁금해 하는 과연 몇 살 때의 모습으로 부활하는지에 관한 답입니다. 정답은 모릅니다. 그러나 모름직이 가장 영광스럽고 복되고 아름다운 육신의 모습으로 부활하게 될 것을 믿습니다.

계속해서 37절 이하에서 예수님은 말씀하십니다. 죽은 자가 다시 사는 것은 모세도 떨기나무에 관한 글에서 기록했다. 사두개인들이 모세의 글 즉 율법을 근거로 해서 부활논리의 부당성을 제기했기에 예수님도 모세의 글을 인용하시는 것으로 부활의 사실성과 정당성을 입증하시는 것입니다. 모세가 떨기나무 불꽃가운데 하나님을 뵐 때 아브라함의 하나님 이삭의 하나님 야곱의 하나님이라 했는데 그 시제가 과거가 아니라 현재다. 모세로부터 약 500년 전에 살았던 과거의 아브라함과 이삭과 야곱을 말하는 것이 아니라 지금 하나님 앞에 살아 있는 아브라함과 이삭과 야곱을 부르고 있는 것이다.

말인 즉은 하나님 앞에서는 죽어 있는 인생이 없다는 것입니다. 사람은 죽으면 서로 더 이상 상대할 수 없는데 하나님은 우리가 살아 있건 죽었건 모두 다 일대 일로 상대하시는 하나님이시라는 말씀입니다. 그 말씀이 바로 "하나님은 죽은 자의 하나님이 아니라 살아 있는 자의 하나님"이라는 뜻입니다. 이것을 잘못 해석하면 하나님은 죽은 자는 상대 안하고 산자하고만 상대하는 하나님이라고 곡해 할 수 있습니다. 38절에 "하나님 앞에서는 모든 사람이 살았느니라!" 새 번역에는 "모든 사람이 하나님의 관계 속에 있다…"입니다. 하나님과 사람 사이에 예수가 있으면 하나님과 좋은 관계 그러나 예수가 없으면 하나님과 나쁜 관계입니다.

아담 이래로 이 땅에 태어난 사람치고 하나님과 마주하지 않는 사람은 하나도 없습니다. 죽었다고 해서 영혼이 멸절되어 없어지는 것이 아니므로 하나님은 천국에 있는 나사로도 그리고 지옥에 있는 부자하고도 대화가 가능하십니다. 산 자도 하나님 앞에 죽은 자도 하나님 앞에 천국에 있는 자도 하나님 앞에 지옥에 있는 자도 하나님 앞에 지금 현재의 시제로 있습니다. 하나님 앞에서는 죽은 자도 살아 있는 것입니다. "나를 믿으면 죽어도 살겠고 살아서 나를 믿으면 영원히 죽지 않는다!"(요11:25)는 부활의 말씀 또한 삶과 죽음을 영생의 관점에서 하나로 관통해서 보시는 말씀입니다.

오늘 예수님의 말씀을 다 듣고는 39절에서 바리새파 서기관이 "잘 말씀하셨습니다!"하면서 기가 살은 겁니다. 반면에 부활이 없다 한 사두개인은 할 말을 잃었습니다… 사두개인과 바리새인의 부활논쟁을 통해서 우리가 보아야하는 부분은 이 사람들은 부활을 이론적인 논쟁거리로만 삼으려 했지 자신의 부활에 대해서는 무지했다는 것입니다. 우리의 부활과 구원이 학문적 논쟁에 대상이 아니기를 바랍니다. 그러니까 부활이 단순히 파당 싸움이고 정쟁이고 싸움을 위한 주제였다는 것이 아이러니입니다. 오늘 나의 부활을 확인하고 나의 구원을 보는 은혜가 있기를 소망합니다.

오늘 본문과 같은 내용이 기록되어 있는 병행구절 마22:29절을 보면 사두개인의 질문에 답하실 때 누가복음에는 없는 한 말씀이 있습니다. 그것은 "너희가 성경도 하나님의 능력도 오해하였다"는 말씀입니다. 성경을 이해할 때 자기식대로 받는 것입니다. 자기의 지식과 자기의 경험과 자기의 한계아래에서만 보게 되니까 남자와 여자라고 하는 성의 범주를 못 벗어나는 것입니다. 성을 넘어서서 있는 세상을 성 안에서 해석하려니 당연히 꼬이고 엉키는 것입니다.

예수님이 말씀하신 "너희가 성경도 하나님의 말씀도 알지 못하는 것으로 오해했다!" 하셨을 때의 성경 오해는 사두개인들이 이해한 출3:6입니다. 모세가 떨기나무 불꽃가운데 하나님을 뵈었을 때 하나님은 500년 전 과거의 아브라함과 이삭과 야곱을 말씀하고 있는 것이 아니라 지금 하나님 앞에 있는 아브라함과 이삭과 야곱을 말하는 것입니다다. 현재시제입니다.

마찬가지로 하나님의 능력을 오해한 것은 하나님은 지금 이 세상에 살고 있는 자만 보시는 것이 아니라 과거에 살다 간 사람들을 다 보시며 더 나아가 앞으로 있게 될 사람들까지 다 보신다는 영원한 현재 속에 계시는 하나님을 깨닫지 못한 연고입니다. 시편136:16절의 말씀처럼 "내 형질이 이루어지기전에 나를 보셨으며 나를 위하여 정한 날이 하루도 되기 전에 주의 책에 다 기록되었나이다!" 참으로 경이롭고 신비한 하나님의 능력입니다.

하나님의 지혜와 능력은 그것이 너무 크고 광대하며 높고 깊어서 우리가 미처 쫓을 수가 없습니다. 사실 부활이라는 말 그 자체를 우리가 이해할 수 없는 일입니다. 다만 죽은 자를 다시 살리실 수 있는 하나님의 능력을 오해해서는 안 될 것입니다. 우리 주님의 이름은 부활의 주님 권능의 주님 영생의 주님이십니다.

우리의 경험과 지성이라는 한계 아래서 하나님을 곡해하는 일이 없어야겠습니다. 마찬가지로 41절 이하에서 주님은 사람들이 주님을 오해하고 있는 부분을 지적하고 계십니다. "어찌하여 그리스도를 다윗의 후손이라

하느냐!"입니다. 이것을 설명하기위해 주님은 시편110편을 인용하십니다. "주께서 내 주께 이르시기를 네 원수로 네 발등상 되기까지 너는 내 우편에 앉았으라!" 여기서 주님이 두 분 나오십니다. 앞에 주님은 하나님이시며 뒤의 주님은 성자 예수님이십니다.

시간의 한계 아래에서 바라본 예수님은 천 년 전 다윗의 씨로부터 오시는 그리스도입니다. 그러나 여기에 갇혀 있어서는 안 될 것입니다. 다윗이 천 년 전에 그리스도를 자신의 주님이라고 하고 있습니다. 다윗보다 먼저 계신 분 이 세상이 있지 전부터 계신 분 이 세상을 지으신 분 이 모든 것을 내려다보시는 주님의 불꽃같은 눈 아래에서 우리 모두가 오늘 이곳을 살아가고 있음을 믿습니다. 경건한 두려움 가운데 이 시대를 살아가는 우리 모두가 되기를 크신 이름 예수님 이름으로 축복합니다.

"하나님은 죽은 자의 하나님이 아니요 살아 있는 자의 하나님이시라 하나님에게는 모든 사람이 살았느니라!"(누가복음20:38)

43. 죽음… 소멸이 아니라 분리입니다!

(누가복음20:35~36)

"저 세상과 및 죽은 자 가운데서 부활함을 얻기에 합당한 자들은 장가 가고 시집가는 일이 없으며 그들은 다시 죽을 수도 없나니 이는 천사와 동 등이요 부활의 자녀로서 하나님의 자녀라!"

오늘은 소멸과 분리라는 제목을 가지고 어쩌면 조금은 부담스러울 수 있는 죽음의 의미를 성경신학적으로 묵상해 보도록 하겠습니다. 성경을 보면 하나님이 숨을 쉬는 장면이 두 군데 기록되어 있습니다. 창세기 2:7 절을 보면 하나님은 흙으로 사람을 지으시고 그 코에 생기를 불어 넣으신 것으로 사람이 생영이 되었다는 말씀이 있고 요한복음 20:22절에서는 부 활하신 예수님이 제자들에게 나타나셔서 숨을 내쉬며 성령을 받으라 하셨 습니다… 히브리어로는 '루아흐'이며 헬라어로는 '프뉴마'라는 말입니다. 이 말은 영, 바람, 호흡이란 뜻을 가지고 있습니다… 숨(호흡)은 곧 생명입 니다. 사람들이 살아간다는 것은 호흡한다는 것을 말합니다. 호흡이 멈추 는 것으로 생명이 다 한 것입니다.

하나님이 흙으로 빚어놓으신 아담이 저기 있습니다. 그러면 그건 그냥 흙덩이에 불과합니다. 아담이 비로소 숨 쉬고 호흡하며 살아가는 생영의 존재가 된 것은 하나님이 아담의 코에 하나님의 숨인 생기(루아흐)를 불어넣 으신 이후부터입니다.

저는 어려서 남들도 하는 생각인지 모르겠지만(?) 내 영혼이 언제 창조되 었는지 궁금했던 적이 있습니다. 가만히 생각해보니까 내 몸이 어머니 몸 에서 수정되는 그 어느 순간이었습니다. 그 작은 수정체가 하나님이 불어

넣으신 생기를 입어 리빙소울이 된 것입니다. 하나님의 손길이 우리의 육신을 지으셨다면 하나님의 숨결이 우리의 영혼을 창조하신 것입니다.

그렇게 내 영혼은 내 육체를 장막으로 삼고 이 땅을 살다가 어느 순간 내 날이 다할 때 내 영혼은 내 육체를 나오게 될 것입니다... 사도바울도 고린도후서 5:1절에서 육신을 장막으로 표현했습니다. 우리의 장막집이 무너질 때 우리는 하늘에 있는 영원한 처소를 덧입는다는 말씀입니다.

의학적이고 생물학적 의미의 죽음은 심장과 호흡이 멎는 것입니다. 그러나 성경적 신학적의미의 죽음은 그렇지 않습니다. 참다운 의미의 죽음은 우리의 영혼과 육신이 분리되는 것을 말합니다. 사람이 한번 나서 살다가 흙속에 들어가 썩어지면 그만이다 생각하는 것은 죽음을 소멸로 받아드리는 것입니다. 우리에게 죽음이 두려운 것은 소멸인줄 알기 때문입니다. 그러나 우리의 죽음은 소멸이 아니라 잠시 육과 영이 분리되는 것입니다.

물론 육신은 흙에서 왔으니 흙으로 돌아가겠지만 부활의 첫 열매되신 주님의 뒤를 쫓아 주님이 다시 오시는 날 우리 모두는 영광스런 부활의 몸을 입게 될 것입니다. 많은 경우 성도들이 우리의 영혼만 천국에서 영원토록 사는 것으로 생각하는 경우가 있는데 이는 성경적이지 않습니다.

"보라 내가 너희에게 비밀을 말하노니 우리가 다 잠 잘 것이 아니요 마지막 나팔에 순식간에 홀연히 다 변화되리니 나팔 소리가 나매 죽은 자들이 썩지 아니할 것으로 다시 살아나고 우리도 변화되리라 이 썩을 것이 반드시 썩지 아니할 것을 입겠고 이 죽을 것이 죽지 아니함을 입으리로다 이 썩을 것이 썩지 아니함을 입고 이 죽을 것이 죽지 아니함을 입을 때에는 사망을 삼키고 이기리라고 기록된 말씀이 이루어지리라!"(고전15:51~54)

죽음으로 잠시 분리되어 있던 우리의 영혼이 다시 부활의 몸을 입어 천국에 입성하는 날이 저와 성도들에게 올 것을 믿습니다. 여기서 우리의 영적 삶의 단계를 이해하기 쉽게 나누면 3가지 단계로 구분할 수 있습니다. 먼저는 우리가 어머니 뱃속에서 수정되어 영혼과 육신이 창조되었을 때가 우리 인생의 첫 번째 단계라고 할 수 있습니다. 우리 영혼이 육신을 장막으로 삼고 거하며 대략 인생 7~80년의 삶을 살아가는 것입니다.

이어서 육신의 죽음으로 우리의 육신과 영혼이 분리되어 육신은 땅 속에 그리고 영혼은 천국에 있는 상태가 인생 두 번째 단계라고 할 수 있습니다. 마지막으로 주님이 다시 오셔서 우리의 죽은 육신이 부활의 몸을 입는 것입니다. 천국에 있던 우리의 영혼과 다시 하나 되어 영원한 나라에 들어가는 것이 곧 3단계라 하겠습니다.

영생의 시간인 3단계의 시간으로 보았을 때에 어쩌면 2단계의 시간도 보잘 것 없는 시간이며 7~80년 사는 1단계의 인생은 거의 무시되는 없는 시간이라 할 것입니다. 그래서 성경은 우리인생 1단계를 가리켜서 "너희 인생이 무엇이뇨 아침에 잠깐 있다 없어지는 안개이며 밤의 한 경점 같다!" 하신 것입니다.

죽음의 깊이 있는 이해를 위해서 우리는 육적죽음뿐만 아니라 영적죽음의 의미 또한 살펴야 합니다. 이 영적죽음 역시 육적죽음과 마찬가지로 소멸과 사라짐이 아니고 분리며 단절이고 끊어짐입니다. 하나님이 아담을 지으시고 동산중앙에 있는 선악을 알게 하는 나무열매를 먹는 날에는 네가 정녕 죽으리라 하셨습니다. 그런데 아담은 선악과를 먹고서 뒤로 까무러치거나 그 자리에서 호흡과 심장이 멈추지 않았습니다.

선악과를 먹는 순간 아담은 하나님과의 모든 관계에서 단절이 온 것입니다. 그래서 성경에서 말하는 죽음의 영적의미는 하나님과의 단절이며 분리이고 끊어짐입니다. 영적 죽음은 곧 하나님과의 단절을 말하는 것입니다. 나뭇가지가 나무줄기에서 끊어진 상태입니다. 지금은 아무리 파릇한 모습이라 해도 이제 곧 말라지고 썩어지며 사라지게 됩니다. 에덴에서 쫓겨난 아담과 그의 후손된 우리가 다 이와 같습니다.

그러나 에베소서 2:14절의 말씀처럼 예수님께서 십자가를 통해 하나님과 우리의 끊어진 관계를 다시 회복시키셨습니다. "그는 우리의 화평이신지라 둘로 하나를 만드사 원수 된 것 곧 중간에 막힌 담을 자기 육체로 허시고... 십자가로 이 둘을 한 몸으로 하나님과 화목하게 하심이라"

그래서 성경에서 말하는 참된 의미의 사망은 바로 하나님과의 끊어짐이고 천국과의 단절입니다. 사망이 단순한 육신적 죽음을 가리키는 것이 아닙니다. 육신적 죽음은 잠깐 영과 육이 분리되는 시간만이 있을 뿐입니다. 이후에는 부활이 있을 것입니다. 정말 우리가 두려워해야 하는 사망은 바로 하나님과 끊어진 영적 죽음의 상태를 말하는 것이고 그 형벌로서의 지옥을 말하는 것입니다.

그러므로 예수 믿는 것은 이미 영생의 시간에 들어가 있는 것입니다. "나는 부활이요 생명이니 나를 믿는자는 죽어도 살겠고 무릇 살아서 나를 믿는 자는 영원히 죽지 아니하리니 이것을 네가 믿느냐!"(요11:25) 감히 누가 이와 같이 권세 있는 말을 자신있게 말할 수 있습니까. 부활을 믿지 못하겠다는 분께 말씀드리고 싶은 것이 있습니다. 내가 지금 여기 이렇게 있는 것이 기적입니다. 그 기적에 조금 더 기적이 일어나는 것이 부활입니다.
하나님은 무에서 유를 창조하시고 없는 것을 있는 것처럼 부르시는 전능하신 하나님이신 것을 먼저 믿어야 할 것입니다.

44. 과부의 두 렙돈

(누가복음20:45~21:4)

오늘 말씀은 사람들이 헌금함에 헌금 넣는 것을 보시고 하신 말씀입니다. 부자는 와서 많은 돈을 냈는데 가난한 과부는 두 렙돈을 넣은 것입니다. 주님은 말씀하시기를 부자는 풍족한 중에 헌금했지만 가난한 과부는 궁핍한 중에 드린 것이다. 오늘 과부는 모든 다른 사람들보다 많이 드렸다 하시며 최상급으로 칭찬하셨습니다.

하나님께서 우리가 드리는 헌금을 판단하실 때 수치화된 액면금액으로 받지 않으시는 것입니다. 여기서도 반전입니다. 2~3천원에 불과한 두 렙돈이 어찌 가장 큰 금액일 수 있습니까... 오늘 예수님의 말씀은 단순히 다른 사람보다 많이 냈다가 아니라 "다른 사람이 낸 것을 다 합한 것보다 많다!" 의 의미로 받을 수도 있습니다.

주님은 우리의 모든 상황을 고려해서 그 사람의 처지와 환경과 마음상태까지 다 환산해서 최종 점수를 매기십니다. 부자의 만원 헌금이 어찌 파지 주어 생활하는 할머니의 만원헌금과 같겠습니까! 그러나 사람은 이와 같은 종합적인 판단보다는 당장 눈 앞에 있는 수치화된 지표상의 액면으로만 평가합니다. 사람을 경제적 유용성의 효용가치로만 여기는 실용주의 산물입니다. 인간성이 말살되고 돈에 가치에 휘둘리는 말세가 될수록 더욱 이런 현상이 뚜렷해집니다.

사실 당시에 헤롯성전이 지어지고 있었습니다. 지금까지 있었던 성전 중에 가장 위용있고 화려한 모습으로 지어집니다. 당연이 막대한 자금이 있어야했습니다. 성전건축책임자인 대제사장입장에서는 이 과부의 두 렙돈은 사실 있으나마나한 돈입니다. 그러나 과부로서는 이제 시장가서 두부한 모 콩나물 한 근 사야하는 저녁식비(생활비)였습니다.

오늘 예수님의 말씀이 나름대로 헌금 많이 한 부자들에게는 기분 나쁠 수 있습니다. 어찌보면 예수님은 지금 성전 건물이 지어지는 부분에 대해서는 별로 관심이 없어 보이십니다. 어떻게든 사람들을 독려하고 강권하는 것으로 성전을 아름답게 짓도록 해야 하는데 도리어 헌금 많이 낸 사람 기운 빠지는 말씀을 하시는 것입니다. 5~6절을 보면 예수님은 한 걸음 더 나아가십니다. 5절에 "아름다운 돌과 헌물로 꾸민 것" 즉 성전을 가리켜서 돌 하나도 남지 않고 다 파괴된다는 것입니다. 다 짓기도 전에 김 빼는 말씀이면서 동시에 당시로선 매우 파격적이고도 불경한 말로 들리는 성전 모독적 말씀이십니다.

예수님은 건물성전 지어지는 것 보다 가난한 성도의 마음을 더 살피시는 것입니다. 사람들은 가난한 사람 관심 없고 부자가 돈 얼마 내는지만 보고 있을 때 예수님은 지금 이 모든 것 전체를 보시는 것입니다. 당시에 사회상… 그리고 사람들의 마음상태… 그리고 시대적 이슈였던 성전건축과 그 미래를 다 보시면서 말씀하십니다.

사실 오늘의 헌금 본문인 21:1절 이하를 보기 전에 바로 윗 구절이 20:45~47절을 보아야 합니다. 사실상 맥락이 연결됩니다. 당시에 종교지도자들의 행태를 그대로 나타낸 구절입니다. 46절 "긴 옷 입고 다니고 시장에서 문안 받는 것을 좋아한다… 어딜 가든지 높은 자리 상석에 앉으려 한다… 그들은 과부의 가산을 삼키며 사람들에게 보이려고 길게 기도한다…"

여기서 '긴 옷', '상석', '긴~기도' 이것이 다 사람들 앞에 보이려는 것입니다. 외식과 위선으로 점철된 지배층인 것을 대번에 알게 하는 구절입니다. 문제는 이 종교지도자들이 겉으로는 거룩한 척을 하면서 47절 말씀처럼 과부의 가산을 삼켰다는 데 있습니다.

당시에 과부는 사회적 보호장치가 전혀 없었습니다. 당시에 법조인 역할까지 담당했던 이 서기관들이 과부의 재산을 관리해 주는 척하면서 글 모르고 법 모르는 과부의 재산을 슬그머니 자기 명의로 바꾸어 놓는 것입니다. 벼룩이 간을 빼먹듯이 보호해 주어야하는 대상에게서 도리어 착취를 일삼았습니다. 이것을 알고 그 다음 구절인 오늘 본문 21:1이하를 보아야 합니다. 원문엔 장절 구분이 없습니다. 이어지는 내용이라는 말씀입니다.

과부의 두 렙돈은 당시 모든 사람들이 성전건축에 올인되어 있는 상태에서 드려진 헌금이라는 것입니다. 물론 과부의 진심어린 자발성의 헌신이지만 그렇게 생활비까지 넣지 않고는 안 되는 사회분위기가 지배적이었습니다. 아무리 가난하다고해도 다른 사람 다 내는데 나도 안 낼 수 없는 분위기 이런 거 혹시 아시나요? 또한 종교지도자들은 과부의 두렙돈을 이용해서 선전문구화 하는 것입니다. "봐라! 저 가난한 과부도 생활비 전부를 드렸는데 니들은 뭐하는 것이냐!" 예나 지금이나 선동은 바람직하지 않습니다. 예수님은 한 번도 선동한적 없으십니다. 감정에 몰입되고 분위기에 휩쓸리게 합니다.

이것은 중세교회 베드로대성당 지을 때도 그랬고 한국에 교회들이 지어질 때도 그랬습니다. "봐라 막달라 마리아가 시집가려고 모아놓은 300데나리온짜리 향유도 아낌없이 주님께 드렸다... 니들은 뭐하는 거냐!" 한때 여기저기서 교회 지을 때 부흥사들이 단골로 했던 선동구절입니다. 당시에 부흥회 마지막 날만 안 가면 된다는 우스갯소리도 있었습니다.

막달라 마리아가 향유를 부은 것은 예수님의 장례를 준비한 것입니다. 예수님은 장례를 미리 치루시면서 십자가 죽음을 예언하셨습니다. 예수님의 장례는 세상에 있는 향유를 다 가져다 부어도 모자라는 하나님의 아들로서의 죽음입니다. 그것을 예표하는 일종의 '메시아닉 엑트'입니다. 메시아이기에 메시아만이 해야 하고 할 수 있는 것을 '메시아닉 엑트'(Messianic Act)라고 합니다. 예수님의 장례는 한 번입니다.

지금도 계속 향유 옥합을 붓는 것으로 예수님의 장례를 계속하겠다는 사람이 있다면 이는 본문을 잘못 적용하는 것입니다. '메시아닉 엑트' 또 있습니다. "예수님이 욕했다고 나도 욕한다! 예수님이 성전에서 폭력 쓰셨으니 나도 따라한다!" 이것은 정말 아닙니다! 이와 같은 예수님의 행위는 구약의 예언을 따라 메시아만이 해야하고 할 수 있습니다. 대표적인 '메시아닉 엑트'가 바로 십자가의 죽으심입니다.

예수님이 십자가에서 죽으신 것처럼 나도 모든 사람의 죄를 대신해서 죽겠다하면 이건 어불성설입니다. 물론 우리가 예수님의 가르침과 삶을 뒤따르고 실천하는 부분에서 주님을 따라하는 경우가 있지만 '메시아닉 엑트'와는 구분해야 합니다.

향유옥합은 예수님의 장례에만 해당하는 특수한 경우입니다. 특수한 것을 일반화시켜서 교회건물 짓는 일에 쏟아 부을 것이 아닙니다. 건물은 오늘도 보지만 주님이 별로 관심없으십니다. 주님은 건물이 세워지는 것보다 한 사람을 바로 세우기를 바라시는 것입니다. 사실 오늘 '과부의 두 렙돈 헌금기사'는 앞에 기록된 '서기관들의 외식과 위선' 그리고 뒤에 기록된 '화려한 건물로의 성전기사' 중간에 끼인 샌드위치 구조를 이루고 있는 본문입니다.

겉치장하지 말고 하나님 닮아 중심을 보라는 것입니다. 너희들이 지금 치중해야 하는 것은 높은 자리 대접받는 것 그리고 성전의 화려한 돌과 장식품들이 아니라 오늘 저녁에 굶어야하는 이 과부를 살펴야하는 것이라고 하는 일종의 고발성 기사라는 것입니다. 이 본문은 물론 과부의 진심을 주님이 칭찬하시는 것이기도 하지만 그 보다는 과부의 가산을 삼키는 서기관들의 악행을 고발하며 벼룩이 간을 빼먹는 것으로 헌신을 말하고 믿음을 말하는 당시의 구조적 사회악을 탄식하며 하신 말씀이라는 것입니다. 그러니까 예수님이 허허허 웃으시면서 오늘 과부가 제일 많이 헌금했다가 아니라 고개를 숙이시며 어쩌면 눈물 한 방울 떨어뜨리시며 하신 말씀이라는 것입니다

혹이라도 오늘날의 마리아가 되어서 시집가려고 모아둔 300데나리온 있

으면 그것으로 건축헌금하지 마시고 그것으로 신랑하고 예쁘게 사시기 바랍니다. 분위기에 휩쓸리고 선동되어 남편 몰래 건축헌금해서 가정파탄 난 경우도 있습니다. 가정을 파탄 내는 것으로 세워져야 하는 교회라면 그것은 분명 하나님의 교회는 아닙니다. 오늘 본문으로 하면 과부는 두 렙돈으로 두부와 콩나물 사가지고 콩나물국 끓여서 두부조림해서 자녀들과 저녁 먹어야 합니다. 이 세상 어느 부모가 생활비 자기에게 다 주는 것으로 자녀가 저녁 굶는데 그것을 부모사랑이라고 하는 경우는 없습니다. 그것을 헌신이라는 이름으로 세상보다 하나님을 사랑해야 한다는 명목으로 포장하면 안 됩니다.

한국교회의 문제는 이원론입니다. 그것도 극단적 이원론입니다. 육신과 영혼, 가정과 교회, 평신도와 목회자, 자연과 초월, 상식과 기적, 이런 모습으로 모든 것을 나눠놓습니다. 그러나 이 모든 것은 하나로서의 두 분입니다. 자연이 무시되고 세워지는 초월이 아닙니다. 상식과 과학과 자연도 창조의 영역입니다. 물론 하나님을 만나기까지 우리의 상식과 경험을 내려놓아야하는 부분이 있지만 대부분의 경우는 같이 가는 것입니다. 무슨 신앙생활을 공산당이 총구 드리대면서 "믿을 래! 안 믿을 래!" 쪽으로만 가지고 가는 것은 곤란합니다. 건강한 육신에 맑은 영혼이 거하는 것이고 건강한 가정들이 모여 주님의 영광을 이루는 교회를 이룹니다. 가정을 잘 돌보는 것이 곧 교회생활이라는 것입니다.

한국교회는 지성이 무시되는 것으로 방언만 하려고 합니다. 하나님을 깊이 있게 아는 일보다 번쩍이는 것을 찾아다니는 것입니다. 지금 내 눈 앞에 있는 세상에 성실할 마음은 없고 저 멀리 있는 초월과 기적과 초자연에만 가겠다는 형국입니다. 예수믿고 구원받아 바로 천국 가는 것이 아니라 상식을 살고 자연을 살고 지성을 살아야 합니다.

극단적 초월주의자가 되면 한 다섯 마디 안에서 모든 것을 다 하려합니다. "기도 안해서 그래!... 예배시간 빼먹고 십일조 떼 먹으니까 그런 거야!... 주의 종에게 왜 대들어!... 왜 의심해!... 사탄아 물러가라!..." 비약이지만 한국교회 이 다섯 마디만 하면 목회합니다. 목회적 소양과 지성이 너무나 단편적입니다. 이것이 물론 틀린 말은 아닙니다. 그러나 미개한 나라에서는 하나, 둘, 셋 다음에는 그냥 '많다!'입니다. 헤아릴 수 없는 수가 있는 것처럼 우리의 삶도 참으로 많은 경우의 수가 있습니다. 예수님은 이것을 다 보십니다.

45. 세상의 마지막

(누가복음21:29~38)

오늘 누가복음 21장은 세상의 마지막 때에 관한 말씀입니다. 예수님이 말씀하시길 아름다운 돌과 헌물로 꾸며진 성전이 이제 얼마 있지 않아 다 파괴될 것이다. 사람들은 깜짝 놀라서 "언제 이런 일이 있겠습니까? 그전에 무슨 징조가 있겠습니까?"를 여쭈었습니다. 먼저 8절에서 주님이 답하시기를 "미혹받지 말라!"입니다. 말씀의 뿌리가 없고 말씀을 보는 틀이 잘못되어 있는 경우 신천지 이만희에게 미혹되고 하나님의 교회 안상홍에 미혹됩니다. 전능신교라고 중국에 신흥이단이 무섭게 일어나고 있습니다.

10절 이하를 보면 큰 전쟁이 있겠고 기근과 재난과 무서운 일들이 곳곳에서 일어날 것이다. 마태복음에는 부연설명이 있습니다. 그것이 끝이 아니다. 천하만국에 복음이 증거되고 그리고 나서 끝이 올 것이다. 종말에 관한 말씀을 들으면서 우리 모두에게 경건한 두려움이 있기를 소망합니다. 말씀안에서 내 신앙을 점검하는 두려움이면서 긴장입니다. 경건한 두려움이 우리의 신앙을 바로 세운다면 막연한 두려움도 있습니다. 이단의 미혹 전술이기도합니다. 당장 내일 전쟁이 일어난다느니... 행성이 지구와 충돌한다느니... 하나님은 당신의 자녀들을 불안과 걱정과 두려움에 떨게 하지 않으십니다. 디모데후서1:7과같이 "하나님이 우리에게 주시는 마음은 두려워하는 마음이 아니요 오직 능력과 사랑과 절제하는 마음이라!"했습니다.

오늘 예수님이 성전이 무너질 것이라 하셨거든요. 예루살렘 성전이 무너진다는 것이 무슨 의미입니까. 예루살렘이 정복당하고 이스라엘이 망한다는 것입니다. 약 37년 앞에 있을 일을 보시면서 20절에 "예루살렘이 군대에 에워싸이는 것을 보면 멸망이 가까운 줄 알라..."입니다. 당시에 유대나라에 열심당이라고 하는 독립군들이 게릴라 전술을 써서 로마군 병영을 습격하고 로마 경비병을 사로잡고 하는 일이 여기저기서 일어나니까 로마에서 황제가 본진을 몰고 와서 예루살렘을 에워싸는 것으로 말할 수 없는 참혹한 일들이 일어나게 됩니다. 그리고 예수님의 예언대로 화려한 성전은 모두 파괴되는 것은 물론이고 이때 나라가 완전히 망해서 없어지게 됩니다.

그런데 지금 예수님은 단순히 유대나라의 멸망만을 말씀하시는 것이 아니라 이 세상의 멸망까지 같이 말씀하시는 것입니다... 그게 이제 25절 이하의 말씀입니다... "하늘의 권능들이 흔들리고 인자가 구름을 타고 능력과 큰 영광으로 오는 것을 보리라"의 말씀은 우주적 종말의 말씀입니다...

그러니까 지금 예수님은 앞으로 일어날 두 개의 커다란 사건을 같은 선상에서 말씀하시는 것입니다. 예루살렘의 멸망과 세상의 멸망입니다. 한 지점에서 먼 곳을 바라볼 때 가까이 있는 것과 멀리 있는 것이 한 평면에 놓이듯이 예언자의 시선에서는 곧 다가올 일과 멀리 있을 일이 한 도화지에 그려지는 것과 같습니다. 화가에게 가까운 산과 먼 산이 한 도화지에 있듯이 예수님에게는 예루살렘의 멸망과 세상의 멸망이 한 평면에 있는 것입니다. 이것을 좀 어려운 말로 예언자적 원근축소 (prophetic foreshortening) 라고 합니다.

여기서 우리는 뭐 하나 생각하고 가야 합니다. 왜 하나님 백성 이스라엘이 망해야 하는지입니다. 세상이야 어차피 죄 된 세상이라 멸망하는 것이 당연지사라고 해도 하나님의 백성이 왜 이렇게 처참히 멸망해야 하는 것입니까!. 이스라엘은 철저히 성전중심의 나라이기에 그 망하는 것을 한 마디로 그리고 상징적으로 표현한 것이 바로 성전의 파괴입니다.

문제는 이스라엘백성이 성전을 통해 임하시는 하나님의 말씀을 듣고 귀기울이고 순종하는 것이 아니라 성전을 그 자체로 우상으로 삼았다는 것이었습니다. 이방이 바알우상을 섬기듯 성전우상을 섬긴 것입니다. 모든 우상이라고 하는 것은 사람이 만든 것임으로 사람의 생각 사람의 욕심 사람의 자랑이 그대로 담겨있습니다. 우상은 나라고 하는 한계를 절대로 벗어날 수 없습니다. 나의 치성을 보고 내 요구를 들어주어야 하며 금욕을 통해서는 나의 높음을 드러내 주어야 합니다.

우상은 날 향한 뜻과 바램 소원 그런 거 없습니다. 그러나 여호와신앙은 그것이 아닙니다. 하나님이 우리에게 먼저 이루시고자 하는 뜻이 있습니다. 그리고 난 다음에 내 소원입니다. 내가 하나님 말씀에 순종해야하고 예수 믿는 것으로 착하고 의롭게 살아야하는 부분입니다. 그런데 하나님의 뜻을 헤아리는 것도 말씀순종도 없으면서 단지 내가 하나님의 백성이라고 하는 그 이유만으로 내가 어려운 일을 격을 때 성전 안에 숨어 있으면 하나님이 날 지키신다는 것입니다. 구약의 이스라엘이 그렇게 신앙생활해서 실패했습니다. 대표적인 것이 삼상4장의 블레셋과의 전쟁에서 언약궤를 무슨 부적처럼 들고나갔다가 크게 패하고 뺏기게 되는 사건입니다. 당시 엘리제사장과 그 시대의 악행을 우리는 다 알고 있습니다. 오늘날도 십자가 목걸이가 나를 살리는 일은 아쉽지만 없을 것입니다.

이스라엘이 그들의 역사속에서 성전중심의 신앙을 갖게 된 이유가 있습니다. 역대하21장 을 보면 블레셋과 아라비아가 쳐들어와 예루살렘을 완전히 정복했을 때 이상하게 성전은 그대로 두고서 고스란히 물러간 일이 있었습니다. 이때부터 하나님은 이스라엘의 성전을 불꽃같은 눈으로 지키신다고 하는 성전수호 신앙이 생긴 것입니다. 남 왕국 유다가 멸망할 때도 사람들은 죄는 죄대로 지으면서 모두 다 성전에 가서 숨는 것입니다. 하나님은 당신의 성전을 지키신다는 것이죠. 예레미야 7장을 보면 사람들이 성전에 모여 "우리가 하나님께 제사 드리지 않냐!... 우리가 하나님의 백성 아니냐!... 어찌 하나님이 우리를 버리시겠냐!..."하고 있을 때 4절에서 예레미야가 외치기를 "이것이 여호와의 성전이라! 이것이 여호와의 성전이라! 이곳이 여호와의 성전이라! 하는 거짓말을 믿지 말라!"

오늘 예수님의 말씀이 같은 맥락입니다. 아름다운 돌과 화려한 장식으로 성전을 꾸미는 것만 관심 갖고 불쌍한 과부는 돌보지 않은 것입니다. 채소와 운향와 박하의 십일조는 드리면서 하나님의 공의와 사랑은 버렸습니다. 너희가 공의와 인애를 버린 것이라면 이 화려한 성전에서의 제사가 무슨 의미가 있냐는 의미에서 하나님은 인애를 원하고 제사를 원치 않는다는 말씀을 하신 것입니다.

예레미야 선지자와 예수님이 성전이 헐릴 것이라고 한 것은 당시로서는 참으로 불경스러운 말이었습니다. 그래서 예레미야는 참 선지자임에도 수많은 거짓선지자들에게 핍박을 받았던 것이고 예수님도 이제 조금 지나면 성전모독죄로 체포당하게 되는 것입니다.

이런 겁니다. "아! 선지자면 하나님이 하나님의 백성인 우리와 우리성전을 무슨 일이 있어도 지켜주실 것이라고 해야지 왜 망한다는 소리를 하냐!...(재수없게) 선지자라면 축복의 소리를 해야지 왜 초치는 소리를 하냐!" 예레미야가 들었던 말을 예수님도 그대로 듣는 것입니다. "아! 메시아로 왔으면 자기 백성 구원하는 말을 해야지 어떻게 거꾸로 망한다는 말을 하냐!... 그리고도 네가 무슨 메시아고 그리스도냐! ..." 이렇게 되는 것입니다.

여기서 우리가 알 수 있는 것은 메시아는 결코 자기백성인 유대백성만을 위해서 오신 것이 아니라 온 인류의 구원을 위해 오신 메시아라는 것입니다. 아이러니하게도 메시아는 자기(유대)백성에게 잡혀서 십자가를 지는 것으로 온 인류의 죄악을 대속하셨습니다. 그럼으로 참다운 의미의 메시아 자기백성은 예수십자가 보혈로 구원받은 모든 사람을 가리킴을 믿습니다.

하나님은 나만의 하나님이 아니라 내 옆에 같이 예수 믿는 형제와 자매의 하나님인 것을 기억할 때 우리는 옆 사람과의 관계회복이 이루어집니다. 예수님은 나를 지켜주듯이 옆 사람을 지켜주실 것이며 나를 축복하듯이 내 아내를 축복할 것이며 나를 기다려주듯이 내 자녀를 기다려주실 것입니다. 유대인은 이것이 없습니다. 자기들만이 택한 백성(선민)이라고 하면서 이방을 짐승 취급했습니다. 아직도 이들은 자기들만의 메시아를 기다리고 있습니다.

세상은 없어져도 주님말씀은 없어지지 않는다 하셨으니 예수님이 구름 타고 오실 것입니다. 특별히 세상 마지막 때에 천년왕국을 가지고 많은 이단들이 미혹합니다. 계시록20:절6에 기록된 "천년동안 그리스도와 왕 노릇한다!"는 말씀인데 무려 전천년... 후천년... 무천년... 역사적 전 천년... 세대주의 전 천년해서 너무 많습니다. 제가 청년시절에 바코드... 666... 짐승의 표... 7년대 환란... 등등... 해서 막연한 두려움 가운데 계시록을 보았던 시절이 있었습니다. 이것이 세대주의 전 천년설이라는 것인데 한때 한국교회에 지배적이었습니다.

하나님은 천년이 하루 같다고 하신 것처럼 성경에서 천년은 상징의 숫자이지 문자적 의미로 받기 어렵습니다. 더욱이 계시록에서는 더욱 그렇습니다. 예수의 십자가로 인해 우리는 종말을 지금 살고 있습니다. 예수와 함께 왕노릇 하며 살아가는 지금이 천년왕국임을 믿습니다. 우리가 해야 하는 것은 34~36절 입니다. 그날이 가까이 옴을 볼수록 미혹받지 않도록 주의 할 때 특별히 막연한 두려움을 조장하는 논쟁에 휘말리면 안 되겠습니다. 반대로 방탕과 술취함과 생활의 염려로 그날을 가리우고 무감각하게 하는 마귀의 연막전에 말려들어서도 안 될 것입니다. 경건한 두려움 가운데 깨어 기도합니다. 그날을 사모하고 준비하는 것으로 그날이 우리 모두에게 결코 덫이 아니기를 축복합니다.

46. 새 언약

(누가복음22:1~23)

참으로 안타까운 일입니다. 오늘 예수님은 친히 불러 사도로 세우신 12 제자 가운데 하나인 가룟유다에게 배신을 당하게 됩니다. 예수를 죽이기 위해서 방도를 찾고 있던 대제사장과 서기관들에게 찾아가서는 몸소(?) 방도가 되어주는 것입니다. 더 이상 이 분에게 얻을 게 없다 싶은 것입니다. 지금껏 3년 동안 따라다니느라 헛수고했는데 은전 30이라도 건져야겠다는 생각을 한 것입니다. 그 생각이 바로 마귀의 생각이었습니다.

먼저 이것 하나 분명이 인정하고 시작합니다. 우리의 생각가운데 마귀가 들어올 수 있다는 것입니다. 마찬가지로 성령이 들어오실 수도 있습니다. 불평불만이 나오고 걱정근심에 사로잡히고 아무개가 용서가 안 되고 분노가 잦아들지를 않고 세상사람 다 잘사는데 나만 뒤쳐진 것 같고 이는 말할 것도 없이 마귀의 영향권 아래에 있는 것입니다.

이런 생각에 잠깐 노출될 수는 있습니다. 그러나 새가 머리 위를 지나다가 더러운 것 머리위에 떨어뜨리는 것은 어쩔 수 없지만 그대로 내 머리에 둥지를 틀어주는 일은 없기를 바랍니다. 마귀는 다른 게 마귀가 아니라 마귀에게 나를 내어준 게 마귀입니다. 그래서 성경은 마음을 다스리는 것이 전쟁에 이기는 것 보다 낫고 무릇 다스릴만한 것보다 네 마음을 다스려라 생명의 근원이 여기서 말미암는다고 하셨습니다.

마귀가 가룟유다에게 넣어준 생각은 이겁니다. '예수' 뭔가 있는 줄 알고 3년이나 쫓아 다녔는데 '아무것도 없더라는 것'입니다. 예수에게서 뭔가 '답'이 나올 줄 알았는데 '노 답'이더라는 것입니다. 예수가 가지고 있는 저

광장한 능력으로 세상위에 군림해서 권세를 잡으면 우리 민족이 로마로부터 독립도 하고 나도 공신이니까 한 자리하고 그럴 줄 알았는데 예수님은 내 나라는 여기 없다... 내 나라는 하늘에 속했다... 저 거대한 성전은 무너질 것이다... 이 유대나라가 망할 것이다... 나는 모진 고난을 받으며 죽는다... 여기까지 가니까 땅에 속한 세상에만 소망이 있던 가룟유다는 더 이상 예수와 같이 할 이유가 없었습니다.

아무리 그래도 그렇지 지근거리에서 함께 먹고 자며 그렇게 많은 예수님의 말씀을 듣고 때로는 깨닫기도 하고 놀라기도 하며 모셨는데 어떻게 그럴 수 있나 싶지만 그럴 수 있습니다. 요는 들려주는 것을 들어야하는데 듣고 싶은 것만 들어서 그렇습니다.

예수님은 천국의 비밀을 알리시고 천국의 복음을 전하러 오셨는데 가룟유다는 천국에는 관심없고 이 세상에서의 개인적인 영달에만 관심을 둔 것입니다. 그래서 우리는 말씀을 듣고 은혜받았다 하는 부분을 살펴야 합니다. 강단에서 인간승리의 감동적인 예화를 듣고 은혜 받았다 할 때가 있으며 아무개가 기도해서 돈 벌고 성공한 것을 은혜 받았다고 하며 심지어는 웃긴 이야기 잔뜩 듣고는 은혜받았다(?)하는 경우도 있습니다. 예수는 없고 사람만 드러나는 은혜는 예수의 은혜가 아닙니다.

예수님은 천국복음을 전하러 오셨지 세상에서의 부귀영화나 개인의 소원성취를 위해서 오신 분이 아니십니다. 세상의 가치에 올인하고 예수님의 말씀을 들으면 천국복음은 다 커트되는 것입니다. 천국 복음은 이런 것입니다. 우리가 익히 다 알고 있는 빌립보서2장입니다. 그는 근본이 하나님의 본체이신데 하나님과 자신을 동등 되게 여기지 않으시고 오히려 자기를 비워 종의 형체를 가지는 것입니다. (위에서 호령하고 군림하셔야 할 분이 도리어 밑바닥 사람들이 하는 허드렛일과 시중드는 일을 하시는 것입니다.) 사람의 모양으로 나타나십니다. (무한이 유한이 되시는 성육신입니다. 마치 사람이 벌레가 된다는 표현으로는 너무 부족합니다.) 더욱 자기를 낮추시고 죽기까지 복종하셨으니 곧 십자가에 죽으심이라!(이 말씀 속에는 오늘 가룟유다의 배신도 들어 있습니다) 억울한 자리 치사한 자리 비열한 자리에 까지 자기를 그냥 내어주는 것입니다.

배신은 모르고 당하는 것이 배신입니다. 배신당할 것을 알면 미리 손을 쓰는 것입니다. 그리고 "니 놈이 그럴 줄 몰랐다!" 하고 앞서가서 기다리고 있는 것입니다. 그런데 예수님은 저 놈이 날 배신할 것이라는 것을 다 아시면서 그 놈이 하는 대로 그냥 다 따라가시는 것입니다. 오늘 본문 21절에 "보라 나를 파는 자의 손이 나와 함께 상 위에 있다!" 요한복음에는 좀 더 정교하게 "나와 함께 떡 그릇에 손을 넣는 자가 날 팔 것이다!" 직접 떡을 떼어주시고 "네가 할 일을 속히 하라!" 하시는 것입니다. 배신의 자리까지 자신을 내어주는 것으로 복종하며 죽으신 예수에게 세상이 감당할 수 없는 능력과 영광이 주어집니다. 부활입니다.

예수님은 지금 유월절 마지막 만찬을 들고 계십니다. 이제 후로 식사자리는 없습니다. 유월절이 무엇입니까? 이스라엘이 출애굽 할 때 하나님이 애굽에 내리신 결정적 마지막 재앙이 장자의 죽음이었습니다. 이 때 이스라엘은 문에 어린양의 피를 바르는 것으로 죽음의 재앙이 내리지 않았습니다. 패스오버한 것입니다. 그래서 유월절입니다. 예수님은 세상 죄를 지고 가는 하나님의 어린양이 되십니다.

구약의 이스라엘이 어린 양의 피를 바르듯이 신약의 이스라엘인 성도들도 어린양 되신 예수의 피를 바르는 것입니다. 바른다는 것은 그 피를 의지하고 그 피를 생각하고 그 피를 품고 그 피를 마시는 것입니다. 성만찬의 떡은 내 죄를 인하여 주님이 십자가에서 찢기시는 살이며 성만찬의 포도주는 내 죄를 위해 쏟으시는 주님의 피입니다. 19절에 "떡을 떼어 저들에게 주시며..." 뗀다는 말씀이 자신의 살을 으깨어 부수어 주신다는 것이고 20절에 "너희를 위해 붓는다!"는 예수님이 십자가에서 운명하시고 로마병정이 창으로 옆구리를 찔러 심장을 관통하여 쏟아지는 물과 피를 말합니다.

우리 성도들은 오직 예수님의 십자가 피를 근거로 하고 담보로 해서 하나님 앞에 서게 되는 것을 믿습니다. 오직 보혈로 구원삼고 보혈로 능력을 삼고 보혈로 위로와 치유를 경험하게 됨을 믿습니다. 특별히 오늘 20절에서 "내 피로 새 언약을 세운다!"의 말씀에 주목해야 합니다. 새 언약이라는 말은 반드시 옛 언약을 전제해야 만이 나올 수 있는 말입니다... 옛 언약은 우리가 아는 대로 돌 판에 새긴 것입니다. 하나님께서 모세를 통해 주신 십계명 돌 판을 의미합니다. 그렇다면 새 언약은 예수님이 주시는 것으로 돌 판이 아니라 마음 판에 새긴 것이며 당신의 피를 담보해서 세운 언약입니다.

구약성경 예레미야 31:31~33절에 예언된 새 언약을 예수님이 언급하신 것입니다. "여호와의 말씀이니라 보라 날이 이르리니 내가 이스라엘 집과 유다 집에 새 언약을 맺으리라 이 언약은 내가 그들의 조상들의 손을 잡고 애굽 땅에서 인도하여 내던 날에 맺은 것과 같지 아니할 것은 내가 그들의 남편이 되었어도 그들이 내 언약을 깨뜨렸음이라 여호와의 말씀이니라 그러나 그 날 후에 내가 이스라엘 집과 맺을 언약은 이러하니 곧 내가 나의 법을 그들의 속에 두며 그들의 마음에 기록하여 나는 그들의 하나님이 되고 그들은 내 백성이 될 것이라 여호와의 말씀이니라!"

모세가 준 돌 판에 새긴 옛 언약은 나와 떨어져 있는 것인데 새 언약은 나와 붙어 있고 묶여있고 연합되어 있다는 의미에서 마음 판에 기록했다는 말씀을 하시는 것입니다. 우리가 예수 믿어 세례 받고 성례전에 참여하는 모든 의식은 사실 주님과의 하나 됨과 연합을 상징합니다. 세례가 뜻하는 바는 예수 믿기 전의 나는 물속에 들어가 죽은 것이고 예수의 부활과 함께 다시 사는 나를 의미하며 성찬의 떡과 포도주 또한 십자가에서 찢기신 살과 흘리신 피가 내 안에 들어와 내 살이 되고 내 피가 되어 주님과 우리가 나눌래야 나눌 수 없는 하나 됨을 이루는 표시라는 것입니다.

이 하나 됨을 성경은 에베소서 5장에서 남편과 아내 그리고 교회와 그리스도의 하나 됨으로 설명하는 것입니다. 교회는 그리스도의 몸이고 그리스도는 교회의 머리라고 말씀입니다. 그리스도가 교회(성도)에게 잘하는 것은

내 인생의 목적지… 예수

216

자기 몸이기 때문인 것처럼 남편이 자기 아내를 사랑하는 것은 곧 자기를 사랑하는 것이라는 논리를 펴는 것입니다. 머리와 몸이 떨어지는 것은 상상할 수 없는 일이고 둘 다의 죽음입니다. 예수가 당신의 핏 값을 담보하고 보증하여 하나 되게 하신 것으로 이 언약은 결코 훼손되거나 파기될 수 없습니다. 예수님이 자기 살을 내어주고 자기 피를 붓는 것으로 제자들과 하나 되고 있습니다. 이 거룩하고 숭고한 새 언약이 맺어지는 현장에 안타깝게도 마귀가 가룟유다에게 들어갔습니다. 예수께서 당신의 피를 가지고 우리 안에 들어오는 것으로 마음 판에 새기시며 새 언약을 맺으시고 하나님이 우리의 하나님 되고 우리가 하나님의 백성이 되는 이 시간 가룟유다는 3년 따라다니느라 헛수고 했는데 은전 30전이라도 건져야겠다는 생각을 한 것입니다.

예수의 순결한 신부로 어린양의 혼인잔치에 참여하는 모든 교회의 성도들이 되시기를 주님의 이름으로 축복합니다.

47. 섬기는 자

(누가복음 22:24~34)

예수님은 사람들의 악한 음모와 억지 조작 그리고 제자의 배신으로 죽음을 맞이하게 됩니다. 이 모든 억울한 상황을 받아드리고 수긍한다는 것은 쉽지 않은 일입니다. 그러나 우리의 믿음은 사람의 꾀와 실수와 실패와 죄로 인해 하나님의 계획이 방해 받거나 스톱되지 않는다는 것입니다. 마귀는 자기가 하나님의 아들을 죽이는 것으로 자기가 이긴 줄 알았습니다. 저렇게 비참하게 힘없이 끌려가 죽은 예수가 가장 큰 힘으로야 가능한 사망권세 이기는 부활의 능력이 있으리라고는 상상치 못했습니다.

악인도 악한 날에 적당히입니다. 그것까지 이용하실 수 있는 하나님을 인정해야 합니다. '사람들의 음모와 가룟유다의 배신까지 이용하신 하나님! 나의 불순종과 무지함과 미련함까지 사용하시는 하나님!' 그래서 결국은 나를 깨닫게 하시고 마음 판에 말씀을 새기시기 위하여 새 언약의 결속으로 묶으시는 주님을 경험해야 합니다.

그러나 지난 시간 22:20절에서 당신의 피로 제자들과 새 언약을 맺으실 때 한 절 건너 21절에 나를 파는 자가 나와 함께 떡 그릇에 있다 하시는 것으로 가룟유다는 새 언약의 대상이 아닌 것을 말씀하셨습니다. 유다는 자신이 못 할 짓 한 것이 자책이 되어 은전30을 도로 가져다주고 아겔다마에서 자살하는 것으로 끝을 보았습니다.

사람들이 자살을 끝(해결)으로 보는 경향이 없지 않아 있는 것 같습니다. 자살이 무슨 자신이 할 수 있는 마지막 방법인 줄 압니다. 그러나 자살은 그 자체로 하나님 앞에 커다란 범죄입니다. 좀 비약하면 "내 것 내 맘대로 하는데 누가 뭐래!"입니다. 고전6장입니다. "너희가 성령의 전인 것을 알지 못하느냐! 너희는 너희의 것이 아니라 값으로 산 바 되었으니 그런즉 너희 몸으로 하나님께 영광을 돌리라입니다!"

우리는 하나님 앞에서 우리의 참담한 모습을 발견하고 나서 스스로 자폭해서는 안 되고 회개를 해야 합니다. 내가 이렇게 연약한 존재임을 말씀드리는 것입니다. 돌아온 탕자처럼 "내가 하늘과 아버지께 죄를 지었습니다!" 세리처럼 감히 눈을 들어 하늘을 보지 못하고 "나를 용서하소서! 내가 죄인입니다!" 하고 고백하는 것입니다.

가룟유다는 자기성질에 못 이겨서 비참한 최후를 맞이합니다. 반면에 성질 급한 베드로는 참된 회개를 하는 것으로 주님의 용서를 받습니다. 그럼 "누구는 자살하고 누구는 회개하냐?" 이 부분을 성경은 자세히 말하고 있지 않습니다. 그러나 성경은 베드로가 회개할 것을 미리 아심으로 그 사람이 새 언약의 대상인 하나님 사람이것을 말씀합니다. 그러니까 구원받는 자는 결국 회개하는 사람입니다.

오늘 본문 31~32절 입니다. "사탄이 널 밀 까부르듯한다! 내가 너의 믿음이 떨어지지 않기 위해 기도했다! 돌이킨 후에 네 형제를 굳게하라!" 예수님의 이 세 마디를 살펴야 합니다. 회개하고 있는 나를 발견하기까지 제일 먼저는 나를 정신 못 차리게 하는 사탄의 역사가 있었습니다. 그것을 주께서 불쌍히 여기시고 기도해 주시는 것입니다. 그러니까 믿음이 떨어지면 회개도 못하는 것입니다. 마지막으로 베드로를 돌이키게 하시는 것으로 사명을 주십니다.

베드로가 "무슨 소립니까? 주님과 함께 감옥에도 가고 죽는 자리까지 가겠습니다!" 주님은 "네가 오늘 닭 울기 전에 세 번 나를 모른다고 부인할 것이다!" 베드로의 고백은 분명히 진심인데 그 진심을 지켜낼 능력이 없습니다. 그러니까 우리가 아무리 결단하고 각오해도 우리의 믿음은 주님이 지켜주시는 것으로 유지되는 것입니다. 지금 믿음 있다고 교만할 것이 없습니다. 아무리 지금 믿음이 좋아보여도 결정적인 순간에 가보지 않으면 모르는 것입니다. 그래서 주님은 40절에 유혹에 빠지지 않도록 기도하라! 하신 것이고 46절에서도 믿음이 떨어지지 않게 기도하라 하신 것입니다.

믿음생활은 긴장하고 하는 생활이지 넋 놓고 문화생활 하듯이 하는 생활이 아닙니다. "근신하라 깨어라 마귀가 우는 사자처럼 돌아다닌다! 마귀를 대적하라! 저가 피하리라!" 늘 믿음에 깨어 그날을 준비하지 않으면 그날이 도적 같이 덫과 같이 이를 것입니다.

다시 본문으로 돌아옵니다. 본문 24장 이하를 보면 오늘 상황이 급박한 마지막 식사 자리임에도 불구하고 여기서도 제자들은 서로 누가 높은지를 겨루며 싸움질을 했습니다. 앞서서도 누가 큰지 계속해서 부딪치는 현장을 보았지만 마지막까지 이러고 있습니다. 그때 주님은 24~27의 말씀을 주십니다. "이방의 임금들은 은인이라 칭함받는다! 그러나 너희는 그러면 안 된다…"

모든 군주는 절대군주가 되었건 민주적 선거에 의해 정권을 잡았건 권력자들은 하나같이 결국 이 말을 듣고 싶어 한다. 자기가 백성들에게 시혜를 베풀었다는 소리다. 한마디로 하면 베푼 게 별로 없다 해도 "전하! 베풀어 주신 은혜가 하해(강,바다)와도 같습니다. 성은이 망극 하나이다!"라는 소리를 듣는 것을 좋아하는데 너희들은 그러면 안 된다. 너희 중에 큰 자는 어린아이와 같고 다스리는 자는 섬기는 자와 같다. 너희가 정말로 큰 자가 되기를 원한다면 위에서 이렇게 높은 자 행세하면서 앉아 있으면 사람들이 와서 조아리면서 "당신 덕분에 삽니다! 몸 둘 바를 모르겠습니다!"라는 소리 들으려 하지마라!" 입니다.

도리어 참으로 큰 자는 젊은자(어린자)와 같다. 다스리는 자 곧 권력자 또한 섬기는 자와 같다. (어린 자가 어른을 섬기듯이 권력자도 섬기는 자이다) 주님은 더욱 명료하게 말씀하십니다. "앉아서 먹는 자가 크냐? 서서 섬기는 자가 크냐?" '섬기는 자'를 새 번역이 원문에 부합한 좋은 어휘를 택했습니다. '시중드는 자'입니다. "누가 더 높으냐! 밥상에 앉은 사람이냐 시중드는 사람이냐! 밥상에 앉은 사람이 아니냐! 그러나 나는 시중드는 사람으로 너희 가운데 와 있다!" 새 번역 (눅22:27)

사실 이 섬김의 덕목은 복음서 강해하면서 내내 반복해서 전한 메시지입니다. 개인적으로 전하고 싶은 말씀이 아니라 성경이 내내 이 말씀을 하시는 것입니다. 마태복음 8장에서도 제자들이 천국에서 누가 높은지를 여쭈었을 때 예수님은 어린아이 하나를 찾아 세우시고는 누구든지 어린아이 같지 않으면 천국에 못 들어간다고 까지 하셨습니다. 천국에 들어가고 나서 높고 낮은 것을 말해야 하는데 천국자체에 접근이 안 된다는 말씀입니다. 아무리 말씀해 주셔도 제자들은 못 알아듣습니다.

28~30절입니다. 너희들은 지난 3년간 나와 모든 자리에서 함께 하지 않았냐. 그러니까 내가 어떻게 했는지 다 봐서 알지 않냐! 아버지께서 당신의 나라를 내게 맡기신 것처럼 나도 너희에게 맡길 것인데 세상의 군주처럼 높은 자리 앉아서 "성은이 망극합니다…~" 소리 들으려고 해서는 안 된다. 내가 너희에게 보였던 것처럼 앉아서 대접받고 받아먹으려하지 말고 서서 시중드는 자로 섬겨야 한다.

마침 다음 주간이 설 명절인데 예수님도 지금 마지막 유월절 명절음식을 들고 계십니다. 예수님이 친히 떡을 떼서 제자들에게 서빙하시고 식사 후에 잔도 일일이 나눠주시며 마치 웨이츄레스처럼 포도주를 따라 주셨습니다. 내가 지금 이렇게 시중드는 것으로 다스리는 사람이라는 것을 보이라는 말씀입니다. 예수님은 제자들의 발을 직접 씻기시는 것으로 마지막 행위언어를 보이시고 십자가의 길을 가셨습니다.

명절 때만 되면 "일은 누가 다 하는데 생색은 누가 내더라!", "앉아서 받아만 먹고 몸만 쏙 빠지는 얌체족이더라!", "어른들이 일 다 하고 아랫사람이 상전이더라!" 그러나 높은 자건 낮은 자건 예수 믿는 사람은 예수 아해야 합니다. 신앙은 절대로 머릿속에 있는 개념이나 관념이 아니라 생활의 실제입니다. 그 대상이 누가 되었든지 섬기는 자로 내가 여기 있는 것입니다.

　부탁하면 다 들어주며 언제나 당하기만 하고 화도 못 내는 자로 살라는 것이 아닙니다. 사려 깊게 배려하고 섬기는 것으로 스트레스 받는다 할 수 있습니다. 그러나 나를 지켜야하는 부분이 분명히 있습니다. 이 경계를 알아야 합니다. 그리고 이걸 하면 착한 사람 증후군 안 걸립니다. "내가 누군데 니들이 나를 섬겨야지...~" 이런 마음 품고는 예수사람일 수 없습니다. 이것은 제가 드리는 당부의 말씀이 아니라 예수님의 말씀을 조금만 깊이 있게 들여다보면 대부분이 다 이 말씀이기 때문입니다. 섬김을 인격수양의 덕목으로 삼는 것이 아니라 예수님의 권고요 명령으로 받는 것입니다. "서서 시중드는 자가 되라!"

　"누가 더 높으냐! 밥상에 앉은 사람이냐 시중드는 사람이냐! 밥상에 앉은 사람이 아니냐! 그러나 나는 시중드는 사람으로 너희 가운데 와 있다!"
새번역 (눅22:27)

48. 베드로와 가룟유다

(누가복음22:31~34)

베드로와 가룟유다는 예수님의 열 두 제자 중에 있어서 가장 반대되는 길을 걸었던 인물입니다. 한 명은 예수님의 수제자로 크게 쓰임을 받았던 반면에 또 한명은 모든 시대에 걸쳐 배신자란 이름의 대명사가 되었습니다.

사실 예수를 은전30전에 팔아먹은 가룟유다나 예수를 모른다고 3번 부인하고 마지막에 가서는 저주 까지 한 베드로나 스승을 배신한 정도로 따지면 앞서거나 뒤서거나 할 것입니다. 일개 계집 종 앞에서 예수를 모른다고 맹세하고 저주까지 한 베드로의 죄가 예수를 팔아먹은 가룟유다의 죄보다 결코 가볍지만은 않을 것입니다.

그런데 베드로는 그 죄까지 딛고 일어나 주님의 수제자의 길을 계속 가는 반면에 가룟유다는 결국 아겔다마에서 자살하는 것으로 그의 인생을 끝내는 것을 통해 무엇이 이들을 이렇게 다른 길을 가게 했는가에 관심을 갖았습니다.

물론 베드로는 처음부터 자타가 공인하는 수제자였고, 가룟유다는 돈 궤를 맡은 도적이었다는 표현이 성경에 기록되어 있지만 가룟유다가 주님께 처음 부름 받았을 때에도 그와 같은 마음은 아니었을 것입니다. 얼마 되지도 않는 주님의 열 두 사도 가운데 하나로 부름 받았을 때에는 나름 대로 순수함이 있었을 것이라는 말씀입니다.

사실 둘 다 주님께서 미리 경고를 하셨습니다. 베드로에게도 주님은 "오늘밤 3번 나를 부인하리라!"고 미리 경고의 말씀해 주셨으며 유다에게도 유월절 최후의 만찬 시에"나와 같이 떡 그릇에 손을 넣는 자가 나를 팔 것이다!"라고 미리 말씀해 주셨습니다.

마26:75절을 보면 베드로는 예수 부인하고 새벽닭이 울자 예수님의 말씀이 생각나 심히 통곡하며 회개했지만, 세 절 건너 이어서 기록된 마27:3에서 가룟유다는 새벽에 예수가 잡혀가시자 대제사장에게로 가서 은전30을 도로 갖다 주며 스스로 뉘우쳤다는 내용이 나옵니다.

베드로는 심히 통곡하며 회개했고 유다는 단순히 뉘우치기만 했습니다. 이 둘의 차이는 종이 한 장의 차이 같으면서도 참으로 큰 '갭'이 있습니다. 뉘우침이 '내가 잘못을 저질렀구나!'하고서 인지적 차원에 단순한 깨우침까지라면 회개는 잘못한 대상에게 용서를 빌어야 한다는 것의 차이입니다. 지금도 무슨 일을 잘못하고 나서는 극단적인 선택을 하는 사람이 있습니다. 자기 양심에 가책을 받기 때문입니다. 만일 유다가 베드로처럼 진정한 통곡과 회개를 했다면 그의 인생도 달라질 수 있었을 것입니다.

누구나 잘못을 할 수 있습니다. 그러나 잘못을 처리하는 방법은 사람마다 다른 것 같습니다. 의지적 변화는 없이 괜한 감정에 복 받쳐서 자기 눈물에 스스로가 속는 형태부터 해서 될 대로 되라는 식의 자포자기 형과 되레 더욱 그 마음이 강퍅해져서 극단적인 선택을 하는 경우가 그것입니다. 자기가 자신을 용서할 수 없어서 또는 자기 분에 자기가 못 이겨서 자해하고 자살하는 경우입니다.

잘못한 사안에 대한 처분을 주님께 맡기는 사람이 크리스천입니다. 자기 잘못을 자기가 처리하는 사람은 교만한 사람입니다. 자기공로로 자기 영광 받는 사람이나 다를 바가 없습니다. 겸손한 사람은 이 모든 심판을 하나님께 맡깁니다. 그리고 오직 긍휼과 불쌍히 여김을 구할 뿐입니다.

그래서 회개는 우리의 연약을 알게 하시는 하나님의 방법입니다. 참 회개를 하는 사람은 그래서 하나님을 만나게 되어 있습니다. 베드로는 큰 소리를 잘 쳤습니다. 모두가 주를 떠나고 버릴지라도 나는 죽는 자리에까지 주를 따르겠다고 했는데 그 다짐은 불과 몇 시간 만에 풍선껌이 되었습니다. (?)

베드로는 내가 다짐한다고 되는 것이 아님을 깨닫게 되었습니다. 성령이 오셔야 한다는 것을 깨달았고 그분의 도우심이 있어야 만이 예수를   을 수 있다는 것도 알게 되었습니다. 실지로 베드로는 계집종 앞에서도 두려워하며 예수를 부인하던 사람이었는데 오순절 날 성령을 받고 나서는 솔로몬행각에 모인 수 많은 사람들 앞에서 "너희가 죽인 예수를 하나님이 살리셨다!"고 담대히 외치며 예수를 증거했습니다.

성령은 참 회개하는 자에게 오십니다. 성령의 역사가 크게 임했던 한국 초대교회의 대부이신 길선주 목사님은 예배시마다 찬177장을 10번 이상 불렀다고 합니다. "성령이여 강림하사 나를 감화하시고 ♬애통하며 회개할 맘 충만하게 하소서 ♬ 예수여 비오니 ♬ 나의기도 들으사 애통하며 회개할 맘 충만하게 하소서♪" 참된 회개는 우리 신앙의 참된 문이며 출발점입니다.

49. 겟세마네의 기도

(누가복음22:35~53)

오늘 본문은 예수님께서 체포되시기 직전에 긴박한 상황을 기술한 내용입니다. 주님은 35절 이하에서 제자들에게 이제는 마음의 준비를 단단히 하라는 말씀으로 전대와 배낭을 준비하고 겉옷을 팔아 검을 사라고 말씀하셨습니다. 이 말씀을 잘못 알아들은 제자 중 하나가 "주님! 검 두 자루 여기 있습니다…" 예수님은 혀를 한 번 차시며 "됐다!" 하셨습니다. 마음의 각오를 결연히 하라는 의미의 말씀을 곡해한 것입니다. 50절 이하에서 가룻유다가 군병을 이끌고 예수를 넘겨주려고 왔을 때 베드로가 이 검을 빼어 휘둘렀습니다. 목을 벤다는 것이 어떻게 잘못해서 군졸 말고의 귀가 떨어졌고 예수님이 그것을 주어 다시 붙여주시면서 하신 말씀이 있습니다. "검을 쓰는 자는 검으로 망한다!…" 입니다.

때는 어슴푸레 새벽녘이었고 많은 사람가운데 누가 예수님인지 알려주어야 하는데 가룻유다는 그 방법으로 입맞춤을 택했습니다. 군졸들과 미리 사인을 맞춘 것입니다. 예수님은 어처구니가 없어 "유다야! 네가 입맞추는 것으로 인자를 파느냐!" 배신이라고 하는 비열한 행위를 진실된 모습으로 가장한 농락에 의해 예수님이 넘겨지고 있습니다.

베드로가 힘은 힘으로 검은 검으로 맞서려고 하자 예수님은 "칼을 칼집에 꽂아라! 검을 내려놔라!…" 하시면서 마태복음 26:53절에서 이어서 말씀하셨습니다. "내가 지금 아버지께 부탁해서 하늘에 있는 열 두 영도 더되는 천군천사를 부를 수 있다!" 열 두 영은 천사가 아니라 군대의 병영을 말합니다. 당시 군대의 편제 1영은 약 3000명의 병사로 이루어져 있었습니다. 열두 영은 완전한 하나님의 군대를 의미합니다. 하늘의 본진을 부를 수 있다. 그러나 그렇게 하면 이 모든 일이 이루어져야 한다는 성경의 말씀이 어떻게 이루어지겠냐! 예수님은 철저히 성경말씀 중심입니다. 예수님이 지금 당하는 억울함과 수치와 모욕을 다 참고 계시는 것은 성경에 그렇게 되어야 한다고 미리 예언되어 기록되었기 때문입니다.

대표적인 말씀이 이사야 53절 입니다. "그는 주 앞에서 자라나길 연한 순 같고 마른땅에서 나온 줄기 같아서 고운 모양도 풍채도 없은즉 흠모할 만한 아름다운 것이 없도다 그는 멸시를 받아서 사람들에게 버림받은바 되었으며... 간고를 많이 겪고 질고를 아는 자라... 사람들은 그를 멸시하고 우리도 그를 귀히 여기지 않았다... 그가 찔림은 우리의 허물을 인함이요... 그가 상함을 우리의 죄악을 인함이라... 그가 징계를 받음으로 우리가 평화를 누리고... 그가 채찍에 맞음으로 우리가 나음을 입었도다... 우리는 다 양 같아서 제 길로 갔거늘 하나님은 우리 무리의 죄악을 그에게 담당 시키셨도다..."

"내가 천군천사를 부르면 이런 성경말씀이 어찌 이루어지겠냐! 그는 멸시를 받아 버림받고, 찔리고, 상하고, 징계받고, 채찍질 당한다고 한 이 말씀은 어떻게 되는 것이냐!" 입니다. 이 부분은 우리도 따라서 해야 합니다. 예수님! 여기 성경말씀에 이런 말씀이 있는데 이렇게 되어 버리면 이 성경말씀은 어떻게 되는 것입니까! 입니다. 물론 적용할 때 조심해야하는 부분이 있습니다.
"예수님! 우리가 구하지 않아서 그렇지 하나님께 기도하면 응답주신다고 하셨잖습니까! 근데 안 주시면 이 말씀은 어찌되는 것입니까!" 이것도 맞지만 "예수님! 주님은 자기 십자가를 지고 주를 쫓으라 하셨고 사도바울은 제자 디모데에게 복음과 함께 고난을 받으라 했는데 저는 이렇게 꽃길만 가고 있으니 어찌 예수님 제자라고 할 수 있겠습니까! 예수의 제자가 된다는 이 말씀은 어찌 이루어지겠습니까!"

예수님의 말씀 적용은 후자입니다. "그리스도는 사람들에게 멸시를 받아 버림바 되고 찔리고 상하고 징계받고 채찍질 당하는 것으로 되어 있는데 여기서 천군천사를 부르면 이 말씀은 어찌 되는 것입니까!" 입니다. 예수님은 오직 하나님의 말씀이 성취되고 이루어지는 것으로 자신을 내어주시는 것입니다. 억울함도 조롱도 배신도 참으시고 입맞춤의 농간질까지 참으시며 51절에서 "이것까지 참으라!"하신 것입니다. 무엇을 위한 참음입니까! 하나님의 말씀이 이루어지기까지의 참음입니다.

하나님의 말씀과 나의 바램이 이루어짐 사이에 갈등이 있는 것으로 그 사이에 겟세마네의 기도가 있습니다. 그냥 갈등이 아니라 오늘 본문엔 생략되었지만 병행구절에는 "내 마음이 죽기까지 고통스럽다!"고 하셨습니다. 오늘 본문 41절에 얼마나 고통스러우면 천사가 내려와 힘을 돕는 것으로 기도를 이어가는 것입니다. 땀방울이 핏방울이 되도록 하는 기도입니다. 기왕 천사가 내려왔으면 적들을 물리쳐야 하는데 기도하는 나를 강하게 하는 것입니다.

"할 수만 있으면 이 잔을 지나가게 하소서!... 그러나 내 뜻대로 마시고 아버지의 뜻대로 이루어주소서!" 아버지의 뜻 아버지의 말씀 아버지의 계획과 목적하심입니다. 여기서 우리의 신앙생활을 3단계로 나눌 수가 있습니다. 가장 초보적인 단계는 주로 나라고하는 사람이 기준이 되어서 내 것이 하나님께 가는 것입니다. 내 기도가 하나님께 가고 내 순종이 하나님께 가며 내 정성과 섬김과 충성이 하나님께 가는 것입니다. 하나님! 내가 이렇게 하나님께 잘 했으니까 하나님도 저에게 잘 해주셔야 합니다. 이게 이제 소위 행위주의 율법주의 공로주의 라는 것입니다. 물론 이 시간을 거쳐야하고 이 부분을 기초로 해야 하지만 여기에만 머물러 있으면 우리의 신앙은 우상숭배의 신앙과 다를 것이 없어집니다.

성숙하고 원숙한 기독교 신앙을 이해하게 되면 나 중심을 벗어나서 내가 있기 전에 계시는 하나님을 보는 것입니다. 내 뜻과 소원이 있기 전에 하나님이 날 향해 가지신 소원이 있는 것을 생각합니다. '내가 있기 전에 나를 지으신 하나님!', '내 회개가 있기 전에 내 마음을 만지시는 하나님!', '내가 구하기전에 구할 것을 미리 아시는 하나님!', '내 머리카락까지 세어 알고 계시는 하나님!' 그리고 롬5:8절 입니다. "우리가 죄인 되었을 때 그리스도께서 죽으심으로 하나님께서 우리에게 대한 자기 사랑을 확증하신 하나님입니다!... "

　이렇게 하나님께서 내게 주신 은혜에 감사해서 그래서 내 정성과 내 순종과 내 경배와 내 헌신과 내 충성을 하나님께 드리는 것이 바로 은혜주의를 바탕으로 한 원숙한 신앙입니다. 그러니까 하나님과 우리 사이에 '잘하는 것'이 있는 것입니다. "내가 지금 하나님께 잘 하니까 하나님도 나에게 잘 해 주셔야 합니다!..." 여기가 초보신앙이라면 "하나님이 먼저 제게 잘 해 주셨습니다! 나에게 먼저 찾아오시는 것으로 큰 은혜를 베푸셨습니다! 그래서 저의 것을 드립니다!" 여기가 성경이 말하는 기독교신앙입니다.

　그런데 어떡하죠. 여기가 전부가 아닙니다. 더 깊은 부분이 있어요. 제가 괜히 쓸데없이 깊은 곳으로 성도들을 이끌고 가는 것이 아니라 성경이 이 부분을 말씀하고 있기 때문입니다. 지금 우리는 땀방울이 핏방울 되는 예수님의 겟세마네 기도를 보는 현장에 있습니다. 성자예수님은 성부하나님께 자기를 내어주기까지 복종하고 있는데 즉 하나님께 잘 하고 있는데 성부하나님이 성자예수님께 주신 응답은 모진 십자가의 고난이라는 것입니다. 이것을 보면 성부하나님과 성자 예수님 사이에는 서로 '잘하는 것'을 뛰어넘는 그 무엇인가가 있다는 것입니다. 그것은 하나님의 목적하심 곧 그 분의 뜻입니다. 죄인의 죄 값을 대속하는 십자가 고난입니다.

　하나님과 우리 사이에도 서로 '잘하는 것'이 전부가 아니라 그 무엇인가가 있습니다. 내가 만일 하나님께 잘 했는데 하나님이 나에게 잘 안 해 주시면 하나님을 거역하고 믿음을 버리는 것입니까! 반대도 있습니다. 내가 만일 하나님께 잘 안하면 하나님은 날 버리시는 것입니까! 삼하7장의 '사람막대기'와 '인생채찍'이 이 부분을 설명합니다. 죄짓는다고 버리는 것이 아니라 매질을 해서라도 돌아오게 하시겠다는 것입니다. 마찬가지로 우리가 '그럼에도 불구하고'... '그리 아니하실찌라도'의 믿음으로 나아갈 때 하나님은 당신도 우리에게 똑같이 그와 같은 하나님이 되어주실 것을 약속하시는 것입니다. 하나님과 우리는 부모자녀의 관계와도 같습니다. 부모와 자식은 이해관계를 넘어선 관계입니다. 꼭 잘 해서 자녀가 아니고 잘 나서 부모가 아닌 것과 같습니다.

그래서 성경엔 욥이라는 사람이 등장하는 것입니다. 욥은 원숙한 신앙으로 하나님의 기쁨이 되어 바르게 하나님을 섬기고 있었습니다. 하나님은 욥이 얼마나 자랑스러우셨으면 사탄에게 물으십니다. "내 종 욥을 보았냐! 그처럼 나를 기쁘게 하는 이가 없다!" 이 때 사탄은 꺼내든 카드는 '까닭 없이…'라는 말입니다. '잘 해 주는 것'입니다. 하나님이 잘 해주셨으니까 하나님을 잘 섬기는 것이지 어찌 까닭 없이 잘 섬기겠습니까. 하나님과 욥 사이에 '잘 해 주는 것'이 오고 갔기 때문이지 '잘'이 끊어지면 '관계'도 끊어진다는 것입니다. 이 세상 논리로 하면 사탄의 말이 틀리지 않습니다. 세상이라고 하는 곳은 이해관계로 얽혀있습니다. '기브앤테이크'가 오고 갈 때 '까닭 없이'는 없습니다. 그래서 하나님은 욥을 사탄의 손에 내어주십니다.

하나님은 욥이라는 한 사람에게 당신의 이름과 명예를 걸어버리십니다. 욥이 고난에 처하게 되는 것은 바로 하나님의 이름과 명예와 영광을 세우기 위함입니다. 욥기 7장을 보면 얼마나 욥의 절규가 애절한지 모릅니다. 17절 이하입니다. 제가 의역했습니다. "하나님! 나 한 사람이 도대체 무엇인데 크게 만드셔서 아침마다 참견하시고 저녁마다 간섭하시는 것입니까! 이 큰 땅덩어리 한 구석에서 티끌처럼 살아가는 인생이 뭘 좀 잘못하고 잘하고가 무슨 의미가 있는 것입니까! 내가 이렇게 고통스럽게 죽어버리면 그나마 제가 없어져 버렸으니 애써 찾을 수도 없을 것입니다…"

우리 한 사람 한 사람에게 하나님은 당신의 형상을 두시고 오직 그에게서 기쁨과 명예 영광을 받고자하시는 것입니다. 우리는 우리 보기에는 초라해도 하나님 앞에 커다랗습니다. 마치 태양계 8개의 행성 중에 엄청난 태양의 생명 에너지를 오직 지구만이 받는 것처럼 예수 믿는 우리 한 사람은 하나님의 얼굴 빛이 비취는 참으로 존귀한 존재입니다. 하나님은 지구를 돌리기 위해서 흙덩어리에 불과한 나머지 7개의 행성을 같이 돌리시는 것입니다. 목성 토성 천왕성 혜왕성 ... 아무리 크다 해도 그것들은 다 흙덩어리일 뿐입니다!

50. 그들의 소리가 이긴지라!

(누가복음 23:1~25)

예수님은 대제사장의 군졸들에 의해 포박당하시고 대제사장의 집으로 끌려가셨습니다. 제자들은 다 도망갔지만 베드로는 조금 전 자신이 다짐한 말이 있기에 멀찍이 쫓아갔습니다. 사람들이 예수님께로 접근하자 검을 빼들어 휘두르기도 했는데 지금은 많이 위축되어 있습니다. 일단 용기를 내서 대제사장 집 뜰 안까지 따라서 들어갔습니다. 그 안을 보니 사람들이 불을 피워놓고 앉아 있길래 함께 앉아 불을 쬐었습니다. 일교차가 큰 지역이라 새벽에는 춥습니다.

그런데 아뿔사!... 불이라는 것이 몸을 덥히기도 하지만 내 얼굴을 비취는 것으로 드러나게 하는 것입니다. 지나가던 계집종 나인이 이 사람도 저 사람과 같이 있던 도(徒)당이라고 하자 베드로는 아니라고 부인했고 또한 사람이 말씨를 보니까 틀림 없다 하자 역시 부인했고 마지막에는 예수이름을 저주하는 것으로 모른다고 한 것입니다. 극적인 것은 베드로가 예수를 부인하는 현장을 61절에서 예수님이 직접 몸을 돌이켜 보셨습니다. 예수님은 그 어떤 비난도 경멸의 시선도 없이... 그냥 보셨습니다...

예수님이 잡히시고 처음 당하신 것은 희롱과 모욕입니다. 새벽이 지나 환하게 동이 트자 대제사장과 장로들이 공회를 열고 네가 그리스도인지를 묻습니다. 조롱하는 질문입니다. 1%의 메시아 가능성이라도 염두 해 두었다면 이렇게 잡아올 수 없고 예수님이 그 흔한 로마시민권만 있었어도 이렇게 대접하지 않습니다. 예수님을 아주 얕잡아 본 겁니다. 예수님이 "인자가 하나님 우편에 앉는 것을 보리라!" 하시자 더 이상 물을 것도 없다 해서 빌라도에게 끌고 갑니다. 자신들은 사법권이 없는 고로 총독에게 판결을 받아야했습니다.

　빌라도는 예수를 이렇게 보니 특별한 죄가 없는 것 같고 더욱이 갈릴리 사람임으로 내 구역이 아니다 해서 갈릴리를 통치하는 헤롯왕에게로 보내게 됩니다. 당시에 로마의 팔레스타인 통치는 애매해서 헤롯대왕이 죽자 그의 아들들인 헤롯 안티파스, 헤롯 아켈라오, 헤롯 빌립이 사마리아 갈릴리 유대를 분할해서 통치하게 되었고 황제는 또 그 지역 총독으로 빌라도를 보내게 됩니다. 황제의 신임을 놓고 헤롯과 빌라도가 서로 싸웠으나 예수를 죽이는 일에는 한 패가 되었습니다.

　8절을 보면 헤롯이 예수를 보고 매우 기뻐했다는 말이 나오는데 이것처럼 허망하고 맹랑한 말이 없습니다. 예수를 믿고 섬기고 따르는 마음에서 기뻐하는 것이 아니라 예수님이 기적을 일으킨다는 소문을 들은 고로 예수가 일종의 오락과 구경거리 제공자로서 좋아한 것입니다. 지금도 이런 경우가 있습니다. 예수를 얻고 예수를 품고 예수를 순종할 마음은 없고 예수에게서 난 그 어떤 것(복, 형통, 기적)만 얻으려하는 것입니다. 우리의 기쁨은 예수의 기쁨이지 예수에게서 난 것의 기쁨이 아닙니다. 예수와 예수에게서 난 것이 분리 될 수 있습니다.

　아버지가 좋고 어머니를 사랑하는 것 없이 아버지의 돈이 좋고 어머니의 집문서가 좋은 경우입니다. 마찬가지로 마음으로 신랑을 사랑하는 것이 아니라 신랑의 배경과 신랑의 능력만 좋아하는 것입니다. 늘 주님을 생각하고 주님을 품으며 주님의 말씀아래서 사는 것이 아니라 그 분이 준다고 한 것만 쫓아서 신앙생활을 하게 되면 이것은 마태복음24장의 외식하는 자의 받는 율(벌)에 처하는 것입니다. 우리는 항상 지금 내 마음이 먼저 하나님을 향해 있고 그리고 하는 일인지를 확인해야 합니다. 성경은 아버지께 마음을 두지 않고 행하는 모든 것을 다 외식이고 위선이라고 합니다.

　본문으로 돌아갑니다. 예수님이 희롱하는 헤롯에게 아무 대답도 하지 않자 다시 빌라도에게 보냈습니다. 빌라도는 아무리 봐도 죽일 죄목이 없고 소동 정도만 일으켰으니 매질해서 놓으려 했습니다. 마태복음에는 빌라도의 아내가 어젯밤 꿈에 보니 저 사람 의인이더라 하면서 말렸습니다. 그러니까 사람들이 들고 일어나는 것입니다. 적개심으로 가득한 동족의 미움을 사서 억울하게 끌려온 것이 빌라도가 보기에도 그렇게 보인 것입니다. 마침 당시 명절이면 중죄인을 사면시켜주는 관례가 있는 고로 빌라도는 예수를 사면시켜 주려 했습니다. 그랬더니 사람들이 누구를 놓아주라고 달려드는 겁니까? 민란을 일으켜 사람을 죽인 '바라바'를 놓아주고 예수를 죽이라고 소리 지르는 것입니다.

예수님은 빌라도가 죽였습니까? 그 앞에 사람들이 죽였습니까? 5절 "무리가 더욱 강하게 말하되…" 18절 "무리가 일제히 소리 질러 이르되…" 23절 "그들이 큰 소리로 재촉하여 십자가에 못 박기를 구하니 그들의 소리가 이긴지라!" 예수는 그 앞에 있던 무리들이 죽인 것입니다. 물론 이 무리가 대제사장에게 돈으로 사주 받고 동원된 무리일 수 있으나 이 중에는 예수님이 3년 반 사역 중에 직 간접적으로 은혜로운 말씀을 듣거나 놀라운 기적을 목도한 이들이 적지 않았다는 것입니다. 예루살렘 입성 시에 환호했던 이들도 있는 것입니다.

'예수가 왜 이 사람들 앞에 살인자 바라바보다도 못합니까?' 바라바는 대놓고 나쁜 놈이지만 예수에게는 뭔가 기대를 했거든요… 그 큰 능력이 있음에도 그것을 사용하여 굉장한 하나님의 일을 하지 않고 이렇게 비참하게 끌려오는 것이 미운 것입니다. 사람의 생각으로는 저렇게 힘없이 끌려와서 죽는 것이라면 그것으로 할 수 있는 하나님 일은 전혀 없는 것이거든요. 그러나 예수님은 죽으러 오신분입니다. 이 땅에 오심 자체가 자기 목숨을 많은 사람의 대속물로 주기 위함입니다. 죽으러 오신 것이 혼자 스스로 죽는 것이 아니라 무지한 사람들에 의해 잡혀 죽는 것입니다.

예수님은 요즘 말로하면 여론에 의해 죽으신 것입니다. 사주 받고 동원되고 왜곡된 악한 여론에 떠밀려서 죽으신 것입니다. 여론이라는 것? 민심이라는 것? 이게 참 웃긴 겁니다. 어느 시대건 팩트와 진리가 여론을 형성해야 하는데 감정과 선동이 여론인 냥 행세하게 되면 그 사회는 배가 산으로 가는 것입니다. 물론 "저는 민심이 천심이다…!" 즉 백성들의 소리가 곧 하늘의 소리다! 라는 부분을 인정합니다. 그러나 반대로 "민심이 천심이 아니다!…" 하는 것은 더 많이 인정합니다.

사람들의 마음이라고 하는 것처럼 간사한 게 없습니다. 우리가 예수 부인한 베드로를 간사하다 할 것 없고 이 사람들을 간사하다 할 수 없는 것이 이 모습이 우리의 모습이기 때문입니다. 냄비처럼 끓었다가 또 언제 그랬냐 처럼 냄비 같이 식습니다. 성경을 보면 이것이 그대로 드러납니다. 이스라엘 백성이 광야에서 조금만 힘들면 이제 다 죽었다 하면서 불평불만이 삽시간에 전염병처럼 퍼졌습니다.

홍해바다가 갈라지는 것을 보았을 때는 모세와 함께 춤추며 하나님을 찬양한 사람들이 시간이 조금 지나자 어디 애굽에 매장지가 없어서 우리를 광야에서 다 죽게 한다면서 모세를 돌로 치려했습니다. 모세가 십계명을 받기위해 시내산에서 조금 지체하자 이 여론은 급기야 금송아지를 만들어 내는 것입니다. 아론은 민심과 여론에 떠밀려서 금송아지를 만들어주었습니다.

물론 지도자는 여론에 귀 기울여야하겠지만 여론에 떠밀려 다녀서도 안될 것입니다. 특별히 재판관들 재판할 때 법의 지엄함과 준엄함을 보여야하는데 정권과 여론에 눈치를 보며 내리는 판결은 사법부로서 권위를 스스로 버리는 행위일 것입니다. 같은 재판에 정권따라 다른 판결이 나오고 재판을 거래하고 하는 모든 행위는 공의와 정의를 버린 것입니다.

성경에는 재판관이 내린 모든 판결을 하나님이 다시 재판하신다고 기록되어 있습니다. 저는 이것을 믿습니다. 법이 살아 있을 때 나라가 살아 있는 것이고 법이 정의를 버렸을 때 그 나라는 미래가 없습니다. 성경은 아모스 5:24에서 "오직 정의를 물 같이 공의를 하수 같이…" 흘러보낼 것을 말씀하고 있습니다. 모든 패역한 세대는 다 무법한자들의 농간과 선동에 의해서 법이 무너진 사회였습니다.

법이 무너진 패역한 세대라는 것을 오늘 23절이 보여주고 있습니다. "그들이 큰 소리로 재촉하여 십자가에 못 박기를 구하니 그들의 소리가 이긴지라!" 무법한 자들의 외치는 소리가 법 위에서서 법을 누르고 이기는 것입니다. 살인자를 놓아주고 무죄한 예수를 죽입니다. 빌라도는 여론과 민심을 사기위해 공의와 정의를 놓았습니다. 그가 최종 판결자였음으로 사도신경을 통해 그의 이름이 2000년 넘게 예수 믿는 우리 성도들에 의해서 불의의 대명사가 되는 것입니다. 배신의 대명사가 가룟유다 라면 불의한 자의 이름은 본디오 빌라도가 된 것입니다.

하나님은 왜 "정의를 물 같이 공의를 하수 같이..."라고 하셨을까? 물은 모든 것을 머금고 잠기고서야 차오르는 것입니다. 물이 차올랐을 때 물이 그 아래에 있는 모든 것들을 머금지 않고 올라오는 경우는 없습니다. 스며들고 녹아들고 배어드는 것으로라야 차오르는 것입니다. 우리 중 대부분은 재판장이 아닙니다. 바라기는 우리 가장 가까운 사람 앞에 정의를 스미고 공의를 베이는 것으로 그 이후에 하나님을 뵈어야 할 것입니다. 하나님은 인간의 무지함과 무너진 공의에 당신의 아들을 내어주시는 것을 메시아 사역의 일부로 삼으셨습니다... 우리 모두는 저 분이 지금 나를 위해 죽고 있음을 상상도 하지 못한 채 그를 조롱하고 못 박은 것입니다...

51. 십자가로 인한 변화

(누가복음23:26~43)

오늘은 십자가라는 현장을 직접 목도하면서 십자가를 바라보고, 십자가를 만지고, 십자가를 경험하면서 변화되는 사람 세 사람을 통해 우리에게 주시는 메시지를 받도록 하겠습니다. 먼저는 구레네 시몬이고 다음이 회개한 행악자이며 마지막이 백부장입니다.

예수님은 십자가를 지시고 골고다 언덕을 오르시다 얼마나 그것이 무거웠으면 그냥 주저 앉아버리십니다. 하는 수 없이 로마병사가 마침 그곳을 지나가던 사람으로 하여금 십자가를 대신 지게 했습니다. 그 이름이 구레네 시몬입니다. 유월절 명절 쇠러 북아프리카 구레네에서 예루살렘으로 오던 중에 잡힌 것입니다. 세상 사람말로하면 운수없게 걸렸습니다. 당시 로마는 부역권이 있었음으로 누구든 일을 시킬 수 있었습니다.

누가복음에는 없는데 마태 마가복음에는 '억지로'라는 말이 있습니다. 우리가 신앙생활을 할 때 억지로 함이나 습관적으로 하면 안 되고 자원하고 사모하는 마음에 해야 하는 하는 것을 압니다. 그러나 억지로의 은혜도 있습니다. 하나님은 때로는 '억지로'를 사용하여 '은혜로' 딛고 올라서게 하시는 발판을 삼으실 때가 있습니다.

부모님의 강압에 의해 억지로 말씀 암송하고 강제로 예배드렸으나 시간이 지나면 이것이 나를 이루는 자산이 되는 것입니다. 그래서 신앙이 그 집안의 오랜 내력이고 성경 말씀의 배경과 분위기가 그 집안의 가풍으로 녹아든 경우라면 나도 모르게 말씀의 존(zone) 안으로 이끌리는 것입니다. 사람은 결국 어려서 보고 들은 틀 안에 갇히기 때문입니다. 그래서 힘들 때면 어려서 암송한 말씀이 떠오르는 것이고 기쁠 땐 할렐루야 찬송이 저절로 나오는 것입니다. 반항을 한다고 하지만 결국은 그 틀 안에서의 일 인 것입니다.

처음에는 운수 없게 걸린 것이고 강제로 억지로 하는 수 없이 진 십자가였는데 구레네 시몬이 십자가를 이해하는 것입니다. 십자가는 내가 져야 하는 십자가이며 나를 구원하는 하나님의 능력이었습니다. 마가복음 15장에 보면 이 구레네 시몬을 소개할 때 알렉산더와 루포의 아버지라고 소개합니다. 예나 지금이나 누구를 소개할 때 유명한 사람의 이름을 빌어 모두가 아는 누구의 아버지 혹은 아들 이렇게 소개합니다. 당시 초대교회 성도들에게 이미 알렉산더와 루포는 익히 알려진 이름이었다는 것입니다... "아! 알렉산더 집사님... 아! 루포 장로님... 예수님 십자가를 대신 지신 분이 바로 이 분들 아버님이시래..." 이렇게 되는 것입니다.

로마서 16장 13절에도 이런 기록이 있습니다. 사도바울은 자신에게 도움을 준 성도들 이름을 쭉 문안하면서 "주 안에서 택하심을 입은 루포의 어머니를 문안하라 그이 어머니는 내 어머니니라!" 사도바울은 루포의 어머니 곧 구레네 시몬의 아내를 향해서 자신의 어머니라 할 정도로 깊은 친분관계를 이루고 있었다는 것입니다. 사도바울의 선교사역에 귀한 동역자가 될 정도로 1세기 초대교회 공동체에 신앙의 명문가를 이루었던 것입니다.

다음으로 십자가를 통해 변화받은 사람은 예수님이 십자가를 지실 때 좌우편에서 같이 십자가형을 당했던 두 사람 중 한 명입니다. 33절에는 '행악자'로 기록하고 있는데 병행구절에는 '강도'로 그리고 원문의 의미를 살리자면 '혁명가'로 불리는 사람들이었습니다. 이를 조합하면 뭔가 세상을 뒤집는다고 하면서 나쁜 짓을 한 자들입니다. 명분은 정의를 내세우고, 하나님을 말하고, 가난한 자들을 위한다고 하면서 뒤로는 나쁜 짓 하는 사람입니다.

세계사적으로 보면 하나님을 위한다고 하면서 십자군 전쟁에 동원된 십자군들이 얼마나 나쁜 짓을 했는지 우리는 알고 있습니다. 우리 역사에서도 구한말 가난한자들을 위한다고 세상을 한번 바꿔보겠다고 일어난 동학혁명이 도리어 민초들을 약탈하며 해악을 끼친 것과 같습니다. 계급투쟁으로 노동자들의 세상을 만들자고 일어난 공산주의가 결국 일당독재의 세상을 만든 것도 역사가 증명하는 일들입니다.

주로 상처와 미움과 적개심을 사람들의 마음에 심는 것으로 우리가 이 모양이 된 것은 아무개 때문이다 선동하면서 세상을 뒤바꾸자고 불법과 폭력과 약탈을 일삼고 정당화합니다. 그렇게 명분만 내 세우고 나쁜 짓 하다가 잡혀온 두 행악자입니다.

이제 중요한 것은 이 둘 중의 하나가 변화 된다는 것입니다. 이 사람들은 혁명가로 세뇌되어서 총칼로 세상을 변화시키려는 사람들입니다. 사람들의 마음에 미움을 심고 적개심을 품게 하고 분노를 일으키는 것으로 그것이 그를 움직이는 힘이었습니다. 힘없이 무능하게 죽어 가시는 예수님을 보고 처음엔 둘 다 조롱했거든요. 마태복음 27:44절 입니다. "함께 십자가에 못 박힌 강도들도 이와 같이 욕하더라!"

그런데 예수님이 십자가를 지시는 6시간을 통해서 그 중에 하나가 변화 되는 것입니다. 가장 결정적인 34절에 예수님의 말씀을 듣고 변화된 것입니다. "저들을 사하여 주옵소서! 자기들이 하는 일을 알지 못 함이니이다!" 사실 용서라는 단어는 혁명가들에게는 없는 단어입니다. 미워하고 원수 갚고 보복심으로만 끓어오르는 사람들에게 용서는 어울리지 않습니다. 저 놈 가서 때려잡아야 하는데 용서해버리면 김빠지는 겁니다. 모든 동력이 상실되는 것입니다. 그래서 공산주의자와 투쟁가 혁명가들은 용서, 사랑, 관용 이런 말은 쓰지 못하게합니다.

나를 움직이게 하는 힘의 근거가 미움이나 분노가 아니기를 소망합니다. 그 인생은 결국은 피폐한 인생이 됩니다. 예수님 좌우편에 달린 혁명가가 이런 사람이었는데 예수님의 죽으시는 모습을 보고는 변화되는 것입니다. 사람은 고난당할 때 자기 속에 있는 것이 다 나오는 것입니다. 악한 사람이라면 온갖 더러운 욕설과 저주와 비난이 쏟아져나와야하는데 예수님에게서는 큰 용서가 나오는 것입니다. 이전에 없던 세상이고 경험하지 못한 감동입니다. 이전까지 용서라는 말은 무능한 말이고 김빠지는 말이고 그냥 감성팔이였는데 순간적으로 하나님 나라가 열리면서 하나님의 큰 용서와 사랑과 관용을 본 것입니다.

"당신의 나라가 임할 때에 나를 기억해 달라!"한 것은 이처럼 그리스도가 힘없이 죽는 것으로 임하시는 하나님의 나라를 깨달은 것입니다. 예수님이 죽으시기 전에 하나님의 나라를 이해한 유일한 사람입니다. 네가 나와 함께 낙원에 있을 것이다 말씀을 듣는 것으로 정말 마지막 타임에 극적으로 구원받은 사람이 되었습니다. 부언하기는 낙원은 천국과 혼용해서 쓰는 단어로 받습니다 ."낙원이 천국이 아니라!" 라는 말에 미혹 당하지 않기를 바랍니다.

그런데 사실 용서라는 말이 있기까지 용서라는 말이 혼자 있을 수 없는 말임을 금방 알게 됩니다. 정죄에 대한 용서입니다. 따로 떼어놓고 말할 수 없는 하나의 두 국면입니다. 율법과 은혜, 공의와 사랑도 다 마찬가집니다.

하나님은 죄지은 자의 죄 값을 아들을 통해 치루게 하셨습니다. 죄를 향한 하나님의 심판과 진노와 저주를 아들에게 쏟아 부으시는 것으로 하나님의 율법과 공의를 이루신 것입니다. 예수님은 자신의 몸을 십자가 제단에 사르는 것으로 하나님의 공의를 만족시키시며 율법의 정죄를 다 치루셨습니다. 그것을 받는 우리는 그 속에서 하나님의 커다란 용서와 사랑과 은혜를 보는 것입니다. 무서운 정죄에 대하여 그보다 큰 용서를 보는 것입니다.

마지막 3번째로 십자가 사건을 격으면서 변화된 사람은 백부장입니다. 본문 44절에 예수님이 십자가에 달리신 육시부터 구시까지 온 세상에 어둠이 깔렸다 했습니다. 유대시간에 6시간을 더하면 우리 시간이 됩니다. 정오 12시부터 오후 3시까지 가장 밝아야 할 시간에 칠흑 같은 어둠이 임했고 마태복음에는 지진이 일고 바위가 터지며 성소의 휘장이 찢어지는 것을 백부장이 경험한 것입니다.

47절에 백 부장이 "그 된 일을 보고 하나님께 영광을 돌려 이르되 이 사람은 정녕 의인이었도다!" 하는 고백을 합니다. '되어진 일'을 보고 변하는 것입니다. 백부장은 지금까지 예수님을 십자가에 못 박은 일을 현장 지휘한 로마의 군인입니다... 이 사람도 6시간 전에는 예수를 채찍질하고 가시관 씌우고 조롱하던 사람입니다. 그런데 되어지는 자연현상을 보고 큰 두려움을 갖게 된 것입니다. 가장 기초적이면서 마지막 단계의 변화입니다. 정 못 믿겠다면 그 되어진 일을 통해서 믿으라는 것입니다.

우리 가운데도 하나님의 살아계심을 기적적으로 체험하며 "이것이 정말 하나님이 하신 일이 아니고서는 있을 수 없는 일이다!"해서 변화되고 믿음을 갖게 되는 경우도 있습니다. 십자가 앞에서 우리 모두는 변화되어야 합니다. 십자가는 죄인을 구원하는 하나님의 능력이기 때문입니다.

십자가를 대하며 억지로 믿던 사람이 자원하는 마음으로 변화되는 것이고 용서할 줄 모르고 미움과 증오와 분노의 세상에서 복수심으로만 살던 사람이 용서와 관용과 사랑의 세상을 보는 것으로 변하는 것이며 그렇게도 안 믿던 사람이 되어지는 일을 보고 믿는 사람으로 변화하는 것입니다. 십자가를 앞에 두고 이 글을 읽는 우리 모두가 변화되기를 우리 주님 예수 그리스도의 이름으로 기도합니다.

52. 하리라 하셨느니라!

(누가복음 24:1~12)

예수님이 십자가에서 운명하시자 공의회 의원이었던 아리마대 요셉이 용감히 빌라도에게 나아가서 예수의 시신을 장례 치루겠다고 했습니다. 예수의 시신을 공동묘지에 묻지 않고 예비된 석실에 안치시키는 것으로 명예롭게 장사를 지냈습니다. 금요일 돌아가시고 다음날인 안식일 지난 첫 날 여자들이 향품을 가지고 무덤에 가니 무덤이 열려있었고 두 명의 천사를 보았습니다.

여자들이 너무 무서워서 얼굴을 땅에 대자 천사들이 살아 있는 자를 왜 죽은자 가운데서 찾느냐고 하면서 건 낸 말씀으로 오늘을 시작하려합니다. 6절입니다. "갈릴리에 계실 때에 너희에게 어떻게 말씀하셨는지를 기억하라!"입니다. 이어 8절에서 "그들이 예수의 말씀을 기억하고..." 천사가 기억하라 한 고로 기억하고 돌아가서 사도들에게 알렸습니다.

"기억하라!"에 렌즈 포커스를 맞추면 그 안에 들어 있는 그림은 "어떻게 말씀하셨는지?"입니다. 7절에 그 내용이 있습니다. "이르시기를 인자가 죄인의 손에 넘겨져 십자가에 못 박히고 제 3일에 다시 살아나야 하리라 하셨느니라!" 공생애 사역동안 3번 말씀하셨습니다.

여기서 제일 중요한 말씀은 제일 뒤의 멘트인 "하리라 하셨느니라!"입니다. "그렇게 되어야만 한다!" 라고 미리 말씀하셨습니다. 그러니까 성경에서 무슨 일이 되어지는 것은 우연히 되거나 사람들의 감정과 상황에 따라 되기도 하고 안 되기도 하는 것이 아닙니다. 이런 일이 있을 것이라고 미리 다 말씀을 해 놓으시고 그리고 나서 그 일을 하시는 것입니다. 천사의 멘트인 "살아나야 하리라 하셨느니라!"를 깊이 묵상해야 합니다. 하나님의 말씀은 일점일획도 떨어지지 않는다 하셨기에 바로 그 말씀을 이루고자 오늘 이 일이 일어난 것입니다.

적용하면 이렇게 됩니다. 하나님은 성경을 통해서 수 많은 말씀을 "하리라!"의 형태로 미리 보이셨습니다. "하리라 하셨느니라!" 무엇이 또 있습니까? 로마서10:10절입니다. "만일 네가 네 입으로 예수를 주라 시인하고 하나님이 그를 죽은자 가운데서 살리신 것을 네 마음으로 믿으면 구원을 받으리라!" 여기도 "하리라!"입니다. 구원은 사람의 행위와 감정에 따라 움직이는 것이 아니라 미리 주어진 신실하신 하나님의 말씀에 따라 이루지는 언약의 성취입니다.

그럼에도 마치 자기가 구원을 주기도 하고 말기도 하는 것처럼 성도를 족쇄 채우는 것은 이단교주들의 화술입니다. 그러니까 우리는 오늘 천사의 말처럼 예수님이 무슨 말씀을 하셨는지를 많이 기억해야 합니다. 그 기억을 거듭해 올라가면 "하리라 하셨느니라!"로 되어지는 것입니다. "하리라!"는 미래의 일이고 "하셨느니라!"는 과거의 말씀입니다. 지금 천사가 이 말을 하는 시점은 현재입니다. 이 두 시점을 만나게 하실 수 있는 유일한 분이 바로 우리 하나님이십니다. 하나님의 작정은 그 누구의 방해도 받지 않습니다.

또 하나 하고 갑니다. 마태복음 28장 20절입니다… "볼지어다 세상 끝날까지 항상 너희와 함께 있으리라 하시니라"입니다. 여기선 "함께 있으리라!"가 "하리라!"입니다. 주님께서 함께 있겠다고 하셨기 때문에 지금 우리 곁에 함께 계십니다. 이것은 우리의 구원과 마찬가지로 우리의 요청이나 기도에 의한 것이 아닙니다. 내 일이 잘되면 하나님이 함께 하시는 것이고 잘 안되면 하나님이 함께 안하시는 것이 아닙니다. 잘 되면 잘 되는 것을 통해서 안 되었다면 안 되는 것을 통해서 무슨 말씀을 하시는 것입니다.

우리의 신앙은 오감으로 느끼는 감정적 요소가 있고 무엇인가를 체험하는 은사적 요소가 분명히 있지만 이런 것을 기초로 해서는 위험합니다. 우리의 믿음은 오직 말씀을 기초로하고 말씀에 근거한 것이라야 합니다. 우리의 감정과 체험은 항상 변하는 것입니다. 그러니까 나도 나를 모릅니다. 이제 예수님의 부활 사건을 제자들이 경험하고 있지만 믿지를 않습니다. 빈 무덤을 보고도 놀랍고 두려워하기만 합니다. 37절에는 그 보는 것을 영으로 생각했다했습니다. 헛것을 보고 귀신인 줄 안 것입니다.

'기독교는 빈 무덤의 종교다!' '부활의 종교다!' '봐라!' '그런고로 믿어라!' 그러나 누가복음 24장에서 빈 무덤과 부활의 주님을 보고 만지고 경험하는 것을 통해 사람들이 보인 반응을 보면 그것이 아님을 금방 알게 됩니다. 먼저 4절에 빈 무덤을 본 여자들이 근심했다고 기록하고 있습니다. "시신을 누가 가져간 거야! 왜 없는 거야!" 11절입니다. 부활을 전해 듣고는 제자들이 "허탄한 듯이 들려 믿지 않았다"고 합니다. 13절 이하의 엠마오 두 제자가 부활의 주님을 뵙고도 누군지를 모르는 것입니다.

우리는 쉽게 생각하기를 우리의 오감으로 보고 만지고 경험하면 믿을 것 같은데 그것이 아닙니다. 오죽하면 39절에 "내 손과 발을 만져보고 나인 줄 알라... 나를 만져보라... 영은 살과 뼈가 없으되 너희 보는 바와 같이 나는 있느니라!" 41절 "그들이 너무 기쁘므로 아직도 믿지 못하고 놀랍게 여길 때에 무슨 먹을 것이 있느냐? ..." 급기야는 부활을 만져보는 것으로 기뻐하기까지 하면서도 정작 믿음이 생기지는 않았다는 것입니다. 빈 무덤을 보아도 부활하신 주님을 뵈어도 심지어 만져 봐도... "이게 도대체 무슨 조화냐! 뭐에 홀렸냐!..." 이렇게 된 것입니다. 마지막엔 예수님이 "야! 혹시 먹을 것 없냐!" 하시고는 생선 한 토막을 다 드셨습니다. 귀신은 먹을 것 못 먹잖아요.

그런데 결국 무엇을 통해서 믿게 되는 거예요. 말씀을 풀어주시는 것으로 마음을 열어 성경을 깨닫게 하시는 것으로 부활을 믿고 더 나아가 부활의 증인이 된 것입니다. 예수님이 승천하시기 직전인 마태복음 28:17절에도 보면 "예수를 뵈옵고 경배하나 아직도 의심하는 자가 있더라!" 했습니다.

경험이 가장 확실한 증거인 것 같아도 그것도 긴가민가인 것을 말씀하는 부분입니다.

성경을 풀어주시는 것으로 믿는 것입니다. 엠마오로 가는 두 제자가 27절에 "이에 모세와 모든 선지자의 글로 시작하여 모든 성경에 쓴 바 자기에 관한 것을 자세히 설명하시니..." 32절 "우리에게 성경을 풀어주실 때 마음이 뜨겁지 않더냐 ..." 말씀이 들어가고서야 부활을 믿게 되는 것입니다. 36절 이하의 11제자들 앞에서도 "선지자의 글과 시편에 나를 가리켜 기록된 모든 것이 이루어져야 하리라 한 말이 이것이라!" 여기도 "하리라!"가 나옵니다. 45절 "그들의 마음을 열어 성경을 깨닫게 하시고..."입니다. 성경이 풀려지고 나서야 비로소 부활을 믿게 되는 것입니다. "하리라가 하셨느니라!"로 될 때 주님은 그 가운데 믿음을 우리에게 요구하십니다. 예수님은 부활하신 후에 자신의 몸을 보이시는 것으로 믿음을 갖게 하신 것이 아니라 성경에 자신에 관한 말씀을 자세히 풀어주시는 것으로 믿음을 갖게 하셨습니다. 그래서 오늘 천사가 "어떻게 말씀하셨는지를 기억하라!"가 굉장히 중요합니다. 부활도 우리의 구원도 그리고 함께하심도 이 모두가 "하리라 하셨느니라!"입니다. 이제 주님의 다시 오심만 남아 있습니다. "너희가 본 그대로 다시 오리라!" 하셨음으로 그 하신 말씀에 근거해서 영광스런 재림의 역사가 있을 것입니다.

천사의 멘트가 사도행전 1:11절에 같은 형태로 나옵니다. "어찌하여 서서 하늘을 쳐다보느냐 너희 가운데서 하늘로 올리워진 이 예수는 하늘로 가심을 본 그대로 오시리라 하였느니라!" 여기도 "하리라 하셨느니라!"입니다. 우리는 지금 "오시리라"와 "하였느니라" 사이에 살고 있습니다. 부활은 보고 만지고 경험하고 믿어도 늦지 않습니다. 그런데 재림은 그렇지 않습니다. 우리의 오감과 경험을 통해 믿으면 이미 늦은 것입니다. 죄를 몸으로 알았을 때는 이미 늦은 것과 같습니다. 주의 다시 오심을 기억하며 거룩하게 구별된 신부로 신랑 되신 예수를 맞이하는 우리 모든 성도가 되기를 축복합니다.
마라나타!

53. 안 보고 믿는자!

(누가복음24:13~35)

오늘은 엠마오로 가는 두 제자입니다. 한 제자의 이름은 글로바였고 다른 한명은 그의 아내라는 학설도 있고 본문의 저자인 누가라고 보는 견해도 있습니다. 제 개인적으로는 정황상 누가에 한 표 하고 싶습니다. 부활하신 예수님은 흩어진 제자들을 일일이 찾아다니시며 친근하게 그들을 만나시고 친히 부활을 알리시고 믿게 하셨습니다. 흥미로운 부분은 예수님은 부활의 몸을 보란 듯이 빌라도에게도 헤롯에게도 보이지 않으셨다는 것입니다. "너 삼일 전에 나 무시했지… 조롱했지… 막말했지… 봐라… 넌 날 죽였지만 이렇게 살아났다!" 사람은 이쪽 부분에 관심이 많습니다. 그러니까 예수님은 보복과 앙갚음 이런 분야는 관심이 없으십니다.

예수님은 제자들을 찾아가시는 것으로 도망간 그들을 용서하셨습니다. 나타나심 만나주심 찾아오심은 그 자체로 용서입니다. 우리의 믿음은 주님의 찾아오심으로 이 만큼 믿고 있는 것이지 절대로 우리가 먼저 주님께 가거나 자격과 조건을 갖추고 노력한 것으로 갖게된 것이 아닙니다. 성육신이 그렇고 십자가가 그렇습니다. 우리가 먼저 기도하고 요청하고 반응함으로 이루어진 일이 아닙니다. 롬5:8절을 잊으면 안 됩니다. "우리가 죄인 되었을 때 그리스도가 우릴 위해 죽으신 것"입니다.

계3:20절 입니다. "볼찌어다 내가 문밖에서서 문을 두드리노니 누구든지 내 음성을 듣고 문을 열면…" 입니다. 문밖에 주님이 와 계시는 것입니다. 그리고 두드린 것입니다. 오늘 엠마오로 가는 두 제자에게도 주님은 일방적으로 그들의 대화에 끼어들으셨습니다. 그들의 의견을 묻고 길을 같이 행한 것이 아닙니다. 그런데 눈이 가리워진 고로 예수를 알아보지 못합니다. 지금도 마찬가지입니다. 주님은 마음 문 밖에 오셔서 말씀하시는데 영이 가리워진 고로 주님인 줄 모르는 것입니다.

그러다가 이제 가리워진 눈이 떠지는 일이 있습니다. 예수님은 부활하신 예수님을 알아 보게 하시는 데에 당신의 부활한 몸을 보이는 것으로 부활을 믿게 하는 것이 아니라 지난시간 말씀처럼 말씀을 풀어주시는 것으로 믿게 하셨습니다. "마음이 뜨겁지 아니하더냐!"의 원문은 "마음이 불타오르지 않더냐!"의 뜻입니다.

예수님은 다 알면서 19절에 "무슨 일이냐?"하고 물으셨습니다. 이런 표현해도 되는지 모르겠는데 예수님의 시치미입니다(?). 때로는 예수님이 우리 삶 가운데 이렇게 오십니다. 마치 모르시는 것처럼 "무슨 일 있냐?"로 오십니다. 그러나 다 알고 계십니다. 일어난 일의 본인이며 당사자이십니다. 그래서 25절의 책망이 있는 것입니다. "미련하고 선지자들의 말한바 더디 믿는 자들이여!"

우리 삶에 문제를 절대로 모르지 않으십니다. 머리털까지 세어 아시는 주님이시며 구하기전에 구할 것을 아시는 세심하신 아버지이십니다. 우리가 의심하고 있으면 동일한 책망을 듣습니다. "미련하고 성경의 말씀을 더디믿는자여…"

도마는 의심 많은 사람이라 11제자가 있을 때 없었습니다. 부활의 주님을 보고 만졌다고 하자 내가 직접 만지지 않고는 못 믿겠다고 했습니다. 예수님은 친절히 도마에게 오셔서 못자국난 손과 옆구리의 창자국에 손가락을 넣어보게 하시는 것으로 도마의 회개와 신앙고백을 받으셨습니다. 예수님은 "너는 보는 곳로 믿느냐 보지 않고 믿는자가 복되다!" 하셨습니다. 이 말씀을 칭찬이 아니라 책망입니다. 예수님은 우리가 보지 않고 믿기를 원합니다. 그것이 주님의 기쁨입니다. 정 할 수 없을 때 보여주고 만지게 하십니다. 경험은 차선이지 결코 우선이 아닙니다.

우리가 보지 않고 성경을 깨닫는 것으로 부활의 예수를 믿는다면 예수님은 우릴 향해 "너희에게 복이 있다!" 그리시는 겁니다. "무슨 복이 그리 많아서 직접 보지도 않았는데 성경을 깨닫고 믿는 거냐!" 하시면서 기뻐하십니다. 우리는 보통 복이 있다고 할 때 아무개가 돈 벌고 성공하고 높은 자리 앉으면 복 있다 그러는데 맞습니다. 이것도 복입니다. 신명기 28장의 복입니다. 들어가도 복을 받고, 나가도 복을 받고, 떡 반죽 그릇이 복 받고, 문지방이 복을 받고 … 그런데 성경은 그것보다 한 차원 높은 원천의 복을 말씀해 주고 있습니다. 그 원천의 복을 알고 그것을 구하는 것으로 우리의 복 구함이 우상숭배자의 복 구함과 다른 것이 되는 것입니다. 이것을 모르면 복을 구하는 대상만 다를 뿐입니다.

누가복음 강해를 오늘 마치면서 복 이야기를 좀 하겠습니다. 복을 말하는 대표적인 성경은 "복 있는 자는 죄인의 길에 서지 않으며 악인의 꾀를 쫓지 않고 오만한 자의 자리에 앉지 않는…" 말씀으로 시작하는 시편1편과 신약성경 마태복음 5장의 팔복입니다. "가난한자는 복이 있나니 천국이 저의 것임이요…" 사람들이 복을 생각할 때 어떤 조건과 자격과 환경을 갖추는 것으로 생각합니다. 그래서 많은 사람들의 부러움을 사고 선망의 대상이 되는 것입니다. 흔히들 건강하고 돈 많이 벌고 높은 자리 앉아 군림하는 것입니다. 그러나 성경이 말하고 싶은 것은 그것들(건강과 부와 명예)이 결국 너를 어디로 이끌고 가는 지를 보라는 것입니다.

세속의 복이 나를 하나님 없는 곳으로 인도했다면 그것은 성경의 복은 아닙니다. 다분히 결과론적이지가 않습니다. 계속해서 어디로 가고 있으며 무엇에 이끌리고 있는지를 보라는 것입니다. 세상의 복을 얻게 된 것으로 하나님을 더 가까이 하게 되고, 말씀이 더 꿀송이가 되며, 예배를 사모하게 되었다면 복이 맞습니다. 그런데 반대로 세상의 복을 얻는 것으로 하나님에게 아쉬운 것 없고, 하나님 생각 자체가 의미 없어 보이고, 지금 누리는 이 복이 그대로가 그냥 천국 같다면 그것은 성경의 복은 아닙니다. 잠언30:9절의 말씀처럼 "내가 배불러서 하나님을 모른다 여호와가 누구냐!"

하는 것입니다.

그런데 반대로 세상의 복이 없는 것으로 처음부터 죄인의 길, 악인의 꾀, 오만한 자의 자리에 가지 않게 되었습니다. 돈과 인기와 명예를 얻었다면 죄인의 길과 악인의 꾀와 오만한 자리에 함께 어울리고 있었을 텐데 그게 없어서 말씀만 묵상하고 말씀으로 영의 양식을 삼으며 살았습니다. 그랬더니 하나님이 오셔서 "너는 어찌 그리 복이 있냐...!" 그러시는 것입니다.

사람은 영적인 존재임으로 하나님의 말씀이 들어가야 비로소 채워지는 부분이 있습니다... 그곳을 세상의 것으로 채워 넣고는 영의 만족으로 삼으려는 헛 배부름에서 빨리 깨어나야 합니다... 마태복음 5장의 팔복도 마찬가집니다... 가난하고, 애통하고... 의에 주리고, 왜 이런 것이 복이라 합니까! 그것들이 결국 하나님께로 이끌었기 때문입니다...

주지해야 하는 부분은 무엇을 해야 복이 아니라는 것입니다. 가난해야... 온유해야... 애통해야... 이런 행위가 조건이 되어 복 있는 자가 되는 것이 아니라 "이렇게 된 자는 복 있는 자라!"는 상태의 복을 말합니다. 이것은 성경의 외침입니다. 그래서 마태복음 5장 3절의 원문은 이렇게 되어 있습니다. "복 있다!(외침) 복 되다!(외침) 가난한자들이여!(상태) 천국이 너희 것이라!(결과)"로 시작합니다. "가난하다!" 라는 행위가 하나의 조건이 되어 '복 있는 자'를 만드는 것이 아닙니다.

무엇이 되어가는 과정에서 인생의 질곡이 있습니다. 세상에서 비록 넘어지고 실패했다 해도 그 일로 내가 믿음을 가지게 되었다면 하나님은 그를 향해 "너는 어찌 그리 복이 있냐!"하십니다. 안타까운 현실은 성공하고 부와 명예를 얻는 것으로 믿음을 얻게 되고 하나님 앞에 자신의 절망과 절박함을 보게 되며, 갈급해 하고, 애통해 하며, 회개하게 되는 경우는 거의 없다는 것입니다.

그러니까 성경의 복을 이해할려면 내가 지금 어떻게 되고 있는지를 항상 봐야 합니다. 어디로 인도되고 있는지를 생각해야 합니다. 창세기 39장의 요셉을 향하여 성경은 왜 계속해서 형통한자라고 하는 것입니까! 하나님이 목적하신 자리로 계속해서 이끌림을 받고 있기 때문입니다. 억울하게 팔려가고, 누명쓰고 감옥에 가고, 하는데 왜 형통이라는 말을 하는 것입니까! 하나님이 그를 향해서 목적하신 길로 나아가고 있기 때문입니다. 즉 하나님만을 의지하는 길입니다.

그래서 요셉의 마지막 고백을 보면 45:5절에서 "하나님이 생명을 구원하시려고 나를 당신들보다 먼저 보내셨나이다!"라는 고백을 하는 것입니다. 그러니까 복은 돌아보면서 아는 것입니다. 지금 당장 이것이 복이다 할 수 있는 것은 없습니다. "아! 그때… 그 실패가 내게 복이었구나! 그때의 넘어짐이 내가 사는 길이었구나!… 그때의 인기와 돈 많음이 나를 교만하게 했으니 실제로는 그것이 저주였구나!…" 이렇게 지나면서 되어지는 나를 보고 말할 수 있는 것입니다.

적어도 예수 믿는 사람이라면 아무개가 당장의 부와 명예와 인기를 가진 것으로 복 받은 것을 부러워하고 살 수 없습니다. 시편 73편에서 악인의 형통을 부러워하지 말라고 분명히 언급하고 있습니다. 이유는 그 멸망이 급속할 것이라서 그렇습니다. 성경적 복은 시간을 통해 되어지는 모습을 보면서 말하는 것임을 기억하는 은혜가 있기를 기도합니다. 세상의 것이 넘침으로 흥청망청이는 것이 복이 아니라 오직 주의 말씀으로 양식 삼고 있는 내가 복입니다.

누가복음강해를 오늘로 마칩니다. 어느덧 일 년이 되었네요. 예화 한편 없는 무미건조한 글입니다. 일천한 사람의 어줍잖은 글과 함께 해 주신 페친 여러분께 감사드립니다. 하나님께 감사드립니다.

〈소고〉: 페이스북에서 특별히 사랑해 주셨던 글 모음

비행(flying)과 활강(gliding)

알바트로스

남태평양에 사는 새 중에 '알바트로스'라는 이름을 가진 신비의 새가 있습니다. 몸길이가 1미터에 날개를 펴면 3미터가 훌쩍 넘어가는 몸을 지닌 이 새는 육지에 있을 때는 큰 몸집을 어기적거리며 뒤뚱이다가 사람들에게 쉽게 잡힌다고 해서 일명 '바보새'라고 불리우기도합니다. 사람들이 다가오면 훌쩍 날아올라 피하면 되는데 그게 잘 안 되는 것입니다. 조금 퍼덕퍼덕 거리다가 이내 잡히는 것입니다.

그러나 놀라운 것은 이 웃음거리 새에게도 드라마틱한 반전이 일어나는 날이 오는 것입니다. 어느 날 바다로부터 강한 상승기류가 일고 가장 무서운 비바람이 섬을 휘몰아칠 때 이 새는 역시 어기적거리며 절벽위로 올라가는 것입니다. 모든 생명체가 웅크리며 피신해있는 시간에 이 새는 비로소 날개를 펴고 온 몸을 비바람에 던진다는 것입니다.

듀얼 시피유

그렇게 한 번 날개를 펴고 날아오르면 무려 일주일간을 날개 짓 한번 없이 활강을 하면서 하늘을 날고 더욱 놀라운 것은 길게는 10년 동안 그렇게 하늘에서 먹고, 하늘에서 자고 하면서 땅에 한 번 내려오는 일이 없다는 것입니다. 컴퓨터 시피유가 듀얼 시피유가 있듯이 뇌가 두 반구로 작동되기에 가능한 것이라고 합니다. 짝짓기를 하고 새끼를 키울 때만 육지에 잠깐 내려올 뿐입니다. 새끼에게 먹일 한 끼의 물고기를 잡기위해 1600키로를 비행하는 가장 멀리 그리고 가장 오래 하늘에 떠 있는 위대하고 멋진 새가 되는 것입니다.

이 새를 날아오르게 하는데는 일반 바람으로는 안 되었던 것입니다. 이 새는 강한 비바람을 만나야만 작동되는 날개를 가지고 있던 것입니다. 다른 새들은 날개 짓을 통해 바람을 이겨내는 차원이라면 이 새는 바람을 안고 기류를 이용하는 것이었습니다. 자기 힘은 하나도 들이지 않고 오직 바람의 힘으로만 하늘을 자유로이 나는 것입니다. 이것이 바로 비행(flying)과 활강(gliding)의 차이였습니다.

날개를 펴는 것

이 멋진 새를 보면서 저는 또 우리의 인생을 보게 됩니다. 지금은 비록 엉거주춤 어기적거리는 걸음에 주위의 비웃음이 있다 해도 아직 내 날개가 내 때를 만나지 못한 것입니다. 내 바람이 아직 이르지 않은 것입니다. 어느 날 우리의 날개를 열게 하는 고난의 비바람이 왔을 때 그것을 피하지 말고 그 바람을 온 몸으로 안아버리는 것입니다. 마치 폭풍을 만난 어선이 뱃머리를 풍랑 정면으로 마주 대하지 않고는 이내 뒤집어지듯이 바람앞에 새는 날개를 펼쳐야 합니다. 그러지 않고는 휩쓸려갈 뿐입니다. 그러나 거센 바람을 향해서 날개를 펴는 순간 우리는 눈물겹게 아름다운 그림이 연출되는 것을 보는 것입니다. 고난이 나를 날아오르게 한다는 것입니다. 바람을 온 몸으로 받으면 그것이 나를 높은 하늘위로 띄우는 것입니다. 그 이후로는 특별한 일이 없는 한 아웅다웅하는(?) 땅위로 내려올 일이 없는 것입니다.

인생의 추진체

그래서 저는 우리의 인생이 비행보다 활강이기를 바라는 것입니다. 퍼덕퍼덕 날개짓이 아니라 미끄러지듯 창공을 가르는 글라이더가 되는 것입니다. 내가 날아오르는 것이 아니라 바람이 나를 떠받쳐주는 힘을 보는 것입니다. 바람의 영적이고 성경적인 의미는 성령입니다. 보혜사 성령이 성도들의 모든 삶을 떠 받치고 계신 것입니다.

구약성경에는 애굽의 종살이하던 이스라엘백성을 하나님이 독수리의 날개로 업어서 옮기셨다고 말씀하고 있습니다. 내가 날아온 줄 알았는데 정작 나를 싣고 온 힘은 따로 있었던 것입니다. 신약의 갈라디아서 2:20에도 사도바울은 "내가 그리스도와 함께 십자가에 못 박혔나니 그런즉 이제 내가 사는 것이 아니라 그리스도가 사는 것이라!" 했습니다. 내가 살면(날면) 몇 번 퍼덕거리다가 지치는 것입니다. 그러나 그리스도가 살면(날면) 날아오르는 것입니다. 무한 활강이 되는 것입니다.

우리의 인생 추진체는 오직 성령입니다. 우리는 날개만 펼치고 있으면 되는 것입니다. 눈앞이 절벽이고 비바람이라도 괜찮습니다. 날개를 편다고 하는 것은 팔을 벌리는 것과 같습니다. 예수 그리스도를 향한 '안음'이고 '순응'이고 '던짐'이며 '맡김'입니다. 날개를 접고 있는 것은 '두려움'이며 '의심'이며 '불신앙'입니다.

우리 모든 성도들의 인생이 고난의 비바람 속에 찾아오시는 예수 그리스도에게 나를 온전히 던지는 것으로 비로소 멋진 활강의 인생들이 되기를 축복하는 것입니다. 아멘!

신비체험에 대하여...

신비체험

고린도후서 12장을 가보면 사도바울이 자신의 신비체험을 기록한 부분이 기록되어 있습니다. 오늘은 우리가 신앙생활을 하면서 경험하게 되는 신비체험 즉 입신과 엑스타시의 경험에 대해서 성경적으로 살피는 시간을 갖도록 하겠습니다. 우리는 신앙생활을 하다보면 기도하는 가운데 방언이 터질 수 있고 환상이 보일 수 있으며 몸 떨림... 등등의 신비한 체험을 할수 있습니다. 성경에서 분명히 이 부분을 말씀하고 있기 때문입니다. 먼저드리고 싶은 말씀은 신비체험 자체를 곁눈질로 보고 무시하는 형태와 반대로 광적 신비체험만을 쫓는 양 극단의 모습이 우리가운데 없기를 바라면서글을 씁니다. 이 모든 일을 모르고 경험하는 것보다 미리 알고 대처하는것은 영적으로 큰 유익이 있을 것입니다.

12장의 동기

사도바울이 고린도서신에서 이 부분을 자세히 언급하고 있습니다. 사도바울은 지금 선교여행중이고 그 가운데 고린도교회에 몰래 들어온 거짓교사들에 의해 사도권을 비롯해서 많은 공격을 받았습니다. 몇 가지를 보면 사례비도 안 받고 선교 다닌다고하는데 대충 여행 다니는 것 아니냐...다른 사도들은 신비한 영적체험들을 한 것 같은데 사도바울은 그런 경험도 없는 것 같다... 그리고 사도바울은 사도라고 하면서 뭐가 그렇게 질병(안질)에 시달리는 것이냐 은혜가 안 된다... 등등입니다. 그래서 사도바울은 고후11장에서 선교여행 중 자신의 고생한 이야기를 죽 하게 된 것이고12장에서는 자신도 다른 사도 못지 않은 신비체험을 했으며 이어서 하나님은 질병이라고 하는 나의 연약함을 통해 도리어 그리스도의 능력이 나타나는 통로로 사용하셨다고 역설한 것입니다.

지나치게 생각할까봐 …

흥미로운 것은 고후12장 1절에서 자신의 신비체험을 역설함에 있어서 "무익하나마 내가 부득불 자랑한다고 하는 …" 말로 시작하고 있다는 것입니다. 꼭 해야하는 말이 아니라 무익한 것이지만 내가 신비체험 못한 것이 너희 거짓교사들 보기에 사도로서 결격사유가 된다면 이를 증명하기 위해서 한다는 것입니다. 그리고는 자신을 3인칭으로 해서 설명을 했습니다. "내가 어떤 한 사람을 아는데 그가 몸 안에 있었는지 몸밖에 있었는지 모르거니와 그가 14년 전에 세째 하늘에 이끌려 올라가서 말 할 수 없는 말을 들었는데 사람이 가히 이르지 못할 말이었다!…"(고후12:2~4) 유대인에게 셋째 하늘은 천국을 말하는 것입니다. 쉽게 말해서 바울이 천국을 보고 온 것입니다. 그러면 이어서 5절부터는 천국에서 누굴 만났으며 무슨 이야기를 들었으며 천국이 어떻게 생겼더라의 이야기가 이어져야하는데 이야기를 시작하다가는 바로 그만둬버리는 겁니다. 그리고 6절에서 나를 보는 바와 듣는바에 지나치게 생각할까봐 두려워하여 그만 둔다고 했습니다.

천국 경험

요즘도 있는 것 같은데 오래전에 천국보고 왔다는 사람들이 국내외 여기저기 다니면서 간증도 하고 책도 내고 하면서 유행처럼 번졌던 적이 있었습니다. 그런데 알고 보니까 그 가운데 가짜도 더러 있었습니다. 이와 같은 신비적 체험의 부분은 우리의 신앙에 있어서 아주 자극적인 말초신경계라 할 수 있습니다. 그래서 사람들이 끊임없이 찾아다니고 몰리게 됩니다. 책을 내더라도 뭘 봤다고 해야 팔리는 것입니다.(?) 물론 그분들이 본 천국이 다 가짜다라는 말은 아닙니다. 중요한 것은 그와 같은 신비체험은 철저하게 자기 자신의 개인적인 영성과 개인의 경건을 위해 하나님이 주신 것이지 그것을 공동체로 가지고와서 다른 사람앞에 자랑하고, 누굴 정죄하고, 굴복시키는 용도로 주신 것이 아니라는 것입니다.

사도바울은 사람들이 자신을 무슨 영계에서 바로 나온 도사로 알까봐 봤단 이야기만 살짝 꺼내고 궁금하게 해놓고는(?) 바로 다시 집어넣은 것입니다. 그런데 신비체험한 사람들의 상당수가 자신이 경험한 것에 첨가하고 덧붙이고 색칠하는 것으로 자신의 영적권위를 세우는 것입니다. 자신이 본 것으로 다른 사람을 판단하는 것이고 "내가 어제 꿈속에서 천국 갔다 왔는데 하나님이 너에게 가서 100만원 달라면 줄거라 하셨다…" 실제로 이런 식으로 나오는 경우가 있다는 것입니다. 사도바울은 "내가 천국 갔더니 하나님이 고린도교회에 잠입한 너희 거짓교사들 혼내주라고 하셨다!" 이런 말 하지 않았습니다. 자신이 했던 신비체험의 유무만을 밝힌 것입니다.

일반화 표준화 절대화

다시 말씀드립니다만은 신비체험은 철저하게 자기 자신의 회개와 자신의 신앙과 자신의 거룩을 위해서 주신 것입니다. 그것을 일반화 표준화 절대화해서는 안 됩니다. "내가 방언하니까 너희들도 다 방언해야 한다!" 이렇게 나가면 일반화하는 것입니다. 은사는 말 그대로 주시는 분의 주권에 달린 것이지 받는 자가 이것저것 달라할 수 없는 것입니다. 실제로 예수 믿은 지 1년도 안 됐지만 받을 수 있는 것이 방언이고 또 30년이 지나도 없을 수 있습니다. 그분에게는 또 다른 은사가 주어지는 것입니다. 그런데 "예수 믿은 지 10년이 지났는데 아직 방언도 못해!" 이렇게 나가면 신비체험을 표준화하는 것입니다. 실지로 어느 교회에서 방언 못하면 집사 권사 임직도 못하는 웃지 못 할 일이 있었던 겁니다. 그리고 "내가 어제 환상을 봤는데 하나님이 너 나한데 그러면 안 된데!" 자기 경험을 하나님말로 삼는 것입니다. 신비체험의 절대화입니다. 그리고 무슨 방서를 쓴다고 하면서 계속해서하는 일이 자기는 변화될 생각이 없고 하나님의 이름을 빌려서 남을 판단하고 정죄하는 일만 하고 있더라는 것입니다.

교만하지 않게 하시려고…

그래서 신비체험의 가장 큰 위험이 바로 교만이라는 것입니다. 이 부분을 사도바울이 12:7절에서 말씀하는 것입니다. 내가 여러 계시를 받은 것이 지극히 크기 때문에 하나님은 나를 교만하지 않게 하시려고 내 몸에 육체의 가시 즉 질병을 주셨다는 것입니다. 자신의 몸에 약함이 있는 것은 바로 신비체험을 너무 크게 했기 때문이라고 해석하는 것입니다. 그럼으로 신비체험을 크게하면 크게하는 사람일수록 경계하고 명심해야 합니다, 교만이라고 하는 큰 위험에 처해있는 것입니다.

그런데도 불구하고 많은 사람들과 교회가 신비체험을 계급화합니다. 신비체험은 그 사람의 신앙의 등급을 매길 수 있는 바로미터가 아닌데도 불구하고 방언 위에 통변 통변 위에 환상 그 위에 천국경험 뭐 이런 식으로 서열을 매겨놓더라는 것입니다. 이제 믿은지 3년째에 방언하게 된 사람이 생각하길 방언 못하면 30년 신앙선배도 자기보다 하수라고 생각하는 겁니다. 그리고는 하나님말씀을 깨닫고 순종할 생각보다는 이런 신비체험만을 위하게 되는것입니다.

그래서 한국교회는 방언은 많이 하는데 개인경건이 낙제점인 경우가 있는 것입니다. 그래서 우리는 사도바울이 고전14:19절에서 언급한 말씀에 귀 기울여야 합니다. 그것은 "하나님의 말씀을 잘 깨닫고서하는 다섯 마디가 일만 마디 방언보다 낫다!"는 말씀입니다.

과유불급

하나님은 우리가 인생을 살다가 어려운 일을 겪고 낙심할 때에 방언으로 기도하면서 힘을 더하게 하시는 것이고 또한 예전에 보여주셨던 신비한 체험을 떠올리면서 지금의 어려움을 극복하게 하시는 것입니다. 신비체험을 통해 더욱 주님께 가까이 가고 천국을 사모하는 것으로 세상에 정들지 않게 하기위해서 주신 것이라는 말씀입니다.

신비체험은 분명히 우리 신앙의 유익이 됩니다. 그러나 과유불급입니다. 신비한 체험이 있을 수 있고 사모할 수도 있으되 그것을 지나치게 쫓고 위하고 매달려서는 안 될 것입니다. 두 번째 위험이 이것입니다. 천국을 한번 보게 되는 것으로 신비체험 맛에 빠지는 것입니다. 현실 감각을 잃어버리는 경우입니다. 착실하던 가정주부가 집안일 팽개치고 천국만 보러 다닌다는 것입니다. 성실하던 남편이 다니던 직장을 그만두는 것입니다. 내가 지금 천국을 보고 예수님을 만났는데 이런 더러운 육적인 일에 매어 있을 수 없다는 것입니다.

그러나 참으로 우리가 하게 된 신비체험이 하나님에게서 나온 것이라면 우리로 하여금 더욱 가정에 성실하게 만들고 우리의 하던 일에 더욱 집중하게하며 모든 일에 겸손한 모습으로 우리의 신앙을 세워놓게 됨을 믿습니다.

그리스도의 능력

사도바울은 자신의 신비체험이 사람들에게 강함으로 비춰질까봐 조심했습니다. 도리어 그는 신비체험을 너무 많이 한 것으로 생긴 자신의 질병을 고쳐달라고 3번이나 기도했지만 응답은 "내 은혜가 네게 족하다 이는 내 능력이 약한데서 온전하여짐이라!"(고후12:9) 였습니다. 그와 같은 기도 응답을 받은 바울은 본문에 크게 기뻐했다고 했습니다. 사도바울은 기도 응답을 받았습니다. 질병이 낫는 것으로가 아니라 "내 능력이 약한데서 온전하여짐이라!"는 말씀이 임했기 때문입니다.

이후로 자신은 그리스도의 능력이 내게 머물게 하기위해 약한 것만 자랑할거라 하셨습니다. 12:9절에서 능력이 머문다는 말씀의 또 다른 의미는 장막을 친다는 것입니다. 장막은 하나님의 임재입니다. 그리스도의 능력은 사람의 약함 위에 임하는 것이었습니다. 교만한 마음 높은 마음 판단하는 마음 자랑하는 마음에는 하나님이 장막을 치지 않으십니다. 나는 연약합니다. 나는 부족합니다. 나는 하나님 앞에 티끌만도 못한 존재입니다. 하는 곳에 하나님은 그리스도의 능력으로 장막을 치심을 믿습니다.

우리 모든 성도들의 신비체험이 철저히 나를 회개시키고, 나를 낮추며, 나를 겸손케하고, 나를 변화시키는 그리스도의 능력으로의 약함이 되기를 축복합니다...

예수님과 베드로2 … 실패한 경험

사랑하니?… 사랑합니다!

오늘도 디베랴 해변에서 주님과 베드로사이에 나누었던 사랑의 질문과 고백이 이어지는 현장으로 같이 가 보도록 하겠습니다. 예수님은 같은 질문을 베드로에게 세 번 반복하셨습니다. 그런데 대화의 세트장인 본문으로 들어가면 미묘한 감정 선의 변화가 각 질문과 대답 속에 다르게 나타나는 것을 보게됩니다.

식사를 마치기까지 아무도 먼저 이야기하는 사람이 없었습니다. 어느 정도 침묵의 시간이 지났습니다. 예수님이 조용히 정막을 깨뜨리며 물으셨습니다. "요한의 아들 시몬아! 네가 이 사람들보다 나를 더 사랑하느냐?" 입니다. 시몬은 베드로의 본래 이름입니다. 예수님께 부름받기 전 어릴적부터 불리웠던 이름입니다. 베드로는 "내가 주님을 사랑하는지 주님께서 아시나이다!"로 대답했습니다. 사랑하니?… 사랑합니다!… 한 것입니다.

"아가페 쎄" "필로 쎄"

그런데 흥미로운 것은 헬라어 원문을 보면 조금 다른 뉴앙스가 풍기는 것을 보게됩니다. 요한복음 21:15절 이하입니다. 예수님이 베드로에게 나를 사랑하는지 물으실 때에는 "아가파스 메(러브미)"로 물으셨습니다. 그러면 베드로의 대답은 "아가페 쎄(러브유)"그래야 하는데 뜬금없이 "필로 쎄"라고 답한 것입니다. 우리가 아는 것처럼 헬라 문화권에서는 사랑을 표현하는 여러 어휘들이 있습니다. 그중에 가장 일반적인 것이 남녀 간의 육체적 사랑을 다루는 '에로스' 사랑이고 그 위로는 친구간이나 동기간의 '필로스' 사랑이며 가장 위에 사랑이 바로 하나님의 사랑 '아가페'입니다.

주님은 지금 아가페 사랑으로 묻고 계시는데 베드로는 그보다 아래 단계라고 할 수 있는 필로스 사랑으로 대답하고 있는 것입니다. 이것이 적절할지는 모르겠지만 "필로 쎄"라는 베드로의 대답을 군이 우리말로 옮기자면 "주님! 저 아주 많이 주님을 좋아합니다!!!"정도라고 하겠습니다. 그렇다고 필로스가 사랑 아니라는 것은 아닙니다. 필로스도 분명히 사랑입니다. 우리나라는 사랑이라는 단어 하나로 다 커버가 되는 데 헬라어는 그렇지 않습니다. 어휘에서 느껴지는 감도가 조금씩 다르다고 하겠습니다.

"어! 이거봐라!"

예수님이 지금 아가페로 물으시는데 베드로가 감히 같은 단어를 쓸 수가 없었던 것입니다. 깨어지고 부서진 베드로의 마음이 그대로 전해지는 부분입니다. 주님은 두 번째 질문에도 "아가파스 메"로 물으셨습니다. 좀 전과 마찬가지로 베드로는 "필로 쎄"로 답했습니다. 이번에도 베드로가 "필로 쎄"로 답하자 주님도 당황하셨습니다.

그것이 예수님의 세 번째 질문에 그대로 나타나게 됩니다. 세 번째로 예수님이 베드로에게 물으실 때 이번에는 예수님도 필로스로 물으시는 것입니다. "아가파스 메"가 아니라"필레이스 메"입니다. 날 정말 사랑하는지를 묻는 예수님의 계속된 질문에 베드로가 '많이 좋아(사랑)합니다!' 정도로 연속해서 답을 하니까 예수님은 속으로 "어! 이거봐라!" 하시면서 마지막 질문에서는 베드로가 사용한 단어를 그대로 채용하셔서 물으신 것입니다.

"내가 널 사랑한다!"

베드로야... 그렇다면 "너! 나를... 정말 나를 많이 좋아하니?(필로스하니?)"로 마지막 질문을 던지신 것입니다. 베드로는 예수님이 자기가 대답한 한 단계 아래 사랑인 필로스로 물으시니까 21:17절을 보면 근심하며 모든 것을 아시오매 주님을 "필로 쎄"하는지 주님이 아신다고 답하게 됩니다. 베드로의 근심은 무엇이었냐면 감히 부를 수 없는 아가페의 이름이라서 격을 낮추어 필로스로 대답한건데 예수님도 필로스로 물으시니까 근심했던 것입니다.

지금 주고받는 세 번의 질문과 답 속에는 예수님의 베드로를 향한 크신 사랑이 녹아 있는 것입니다. 베드로의 사랑을 확인하시면서 사실은 예수님의 사랑을 베드로로 하여금 깨닫게 하시는 것입니다. "날 사랑하냐?"고 계속 묻는 것은 "내가 널 사랑한다!"는 역설이 그 안에 담긴 것입니다. "네가 날 사랑한 거라기보다는 내가 널 사랑한 것이다!"의 의미입니다.

"나를 따르라!"

베드로는 큰소리 잘 치고, 결단을 잘하고, 뻥을 잘 쳤던 사람입니다. 자기가 믿었고 자기가 쫓았고 자기가 결단하고 자기가 사랑한 것이고 자기가 다 한 것이었습니다. 그러나 그 결과는 무참히도 초라했습니다. "예수님이 모든 것을 아시지 않습니까!" 한 것은 "내 마음을 아시고 내 시작과 끝을 아시고 아무것도 남아 있지 않은 내 무너진 마음을 다 아시지 않습니까!"의 고백입니다. 예수님은 19절에서 그와 같이 아무것도 남아 있지 않은 베드로에게 "나를 따르라!" 말씀하십니다. 사실 이 말씀은 3년 전 눅 5:11절에서도 듣고 실천했던 말씀입니다. 처음 이곳 디베랴 바닷가에서 제자로 부름받을 때의 일입니다. 그러나 그때는 예수만 따라가면 나중에 예수님 좌편 우편에 앉을까 싶어서였습니다.

주님은 완전히 자아가 부서져서 남은 것이 없는 사람을 지금 다시 부르시는 것입니다. 그래야 온전히 성령이 그를 주장하실 수가 있기 때문입니다. 18절에 베드로에게 주님은 "네가 젊어서는 스스로 띠 따고 원하는 곳으로 다녔지만... 남이 네게 띠 띠우고 원치 않는 곳으로 데려가리라!"의 말씀을 주시는 것입니다. 지금까지는 네가 "내가복음"으로 다녔지만 이후로는 "성령복음"으로 다니게 될거다라는 말씀입니다.

"내 양을 먹이라!"

마지막으로 사랑의 문답 말미에 한 결 같이 주님이 남기신 말씀을 보아야 합니다, 그것은 "내 양을 먹이라!"입니다. 주님은 마9:36절에서 "무리를 보시고 불쌍히 여기시니... 목자없는 양과 같이 고생하며 기진함이라!" 막 6:34절에서도 "큰 무리를 보시고 목자 없는 양 같음을 인하여 불쌍히 여기사..." 목자 없는 양은 방황하는 것이고, 기진하는 것이고, 포식자의 공격을 받는 것입니다. 예수님은 베드로와의 사랑을 로맨스로만 끝내는 것이 아니라 당신의 어린 양떼를 맡기시는 것이었습니다. 지금도 우리가 주님을 진심으로 사랑한다고 고백했다면 그 이후로는 믿음이 연약한 어린양을 돌아보는 귀한 목자의 사역을 주시는 것입니다.

손가락과 달

만일에 베드로가 철저하게 무너지는 경험이 없었다면 그는 나중에 설교한 번하고 삼천 명이 회개했을 때 자기능력으로 행한 일인 줄 알고 교만해졌을 것입니다. 당장에 삼천 명 교인 격에 맞는 벤츠 사 내라고 했을 수도 있습니다.(?) 그러나 그 때 베드로는 많은 사람들이 자신에게 몰려오니까 "왜 나를 주목하느냐!"고 사람들을 책망했습니다. 베드로는 정확히 알았습니다. 자신은 예수님을 가리키는 손가락이라는 것을... 손가락으로 달을 가리켰다면 달을 봐야지 손가락만 보고 있는 형국이 된다면 그것처럼 우스운 경우는 없을 것입니다.

그러나 안타까운 현실은 손가락도 아니고 친히 달이 되어 있는 사람들이 많은 것이 작금의 세상은 아닌지 돌아보게 됩니다... 자신이 마른막대기에 불과하다는 것을 알아야했기에 하나님은 베드로에게 깨어짐과 부서짐 넘어짐의 시간도 허락한 것이었습니다. 따라서 넘어짐도 은혜입니다...

영적 싸움 육적 싸움

상황의 반전

처음에는 형이 보낸 자객인 줄 알았습니다. 야곱이 '얍복' 강가에서 하나님과 씨름할 때 일입니다. 자신이 잔꾀를 잘 쓰는 것을 아는 형 에서가 뒤로 보낸 복병인 줄 직감하고는 그와 밤이 맞도록 씨름을 벌였습니다. 성경 본문(창32:24)은 씨름이라고 완곡어법을 썼지만 원문상의 의미는 모래바람을 일으키는 격투기에 가깝습니다.

그런데 시간이 지날수록 점점 이상한 기운을 느꼈습니다. 분명히 자기보다 힘은 센 것 같은데 더 이상 힘을 쓰지 않는 것도 그렇고, 계속 시간을 끄는 것도 이상했습니다. 그러다가 어느 시점에서 나와 대결하는 이 사람이 사람이 아니라는 것을 직감했습니다. 그리고는 상황이 완전히 반전되었습니다. 온 밤을 새우도록 그렇게 떼어내고 싶고, 쫓아내고 싶고, 멀리하고 싶은 대상이었는데 이제 와서는 붙잡아야 하고, 매달려야 하고, 축복을 구해야할 대상이 되었습니다.

영이 열리고...

우리의 모든 세상살이가 야곱의 씨름과 다르지 않습니다. 모든 것이 그저 육적인 필요를 놓고 사람들끼리 아옹다옹 벌이는 일 같고, 그곳에서 하나님을 발견하기가 어렵습니다. 그래서 우리의 인생씨름은 다 육적인 싸움으로 시작됩니다.

그러나 인생의 어느 순간 야곱처럼 우리의 영이 열리고, 믿음이 자라게 되었을 때 이 모든 것이 영적인 싸움인 것을 발견하게 됩니다. 실제로 우리의 생명 되신 예수 그리스도를 사람들이 대할 때를 보면 야곱의 씨름을 쉽게 이해할 수 있습니다. 세상 사람들에게 예수의 이름은 야곱이 처음 하나님과 씨름할 때 그랬듯이 귀찮은 이름, 떼어놓고 싶은 이름, 멀리하고 싶은 이름입니다.

그러다가 야곱처럼 환도뼈 한 대 얻어맞게 되고, 덜커덕 불치병이라도 걸린다거나 인생의 중대한 문제를 앞에 두고는 이제 붙잡아야 할 이름, 매달려야 할 이름, 의지할 이름으로 바뀌게 됩니다. 천국 문 앞에서는 더할 나위 없습니다. 예수이름이 없으면 지옥으로 떨어지게 됩니다.

우리가 살 길은 오직 하나

우리의 육신이 정신의 지배를 받듯이 우리의 정신과 삶은 영의 지배를 받습니다. 그래서 성경은 우리의 싸울 것은 혈과 육에 관한 것이 아니요 어둠의 세상주관자들과, 공중권세 잡은 자들과, 하늘에 있는 악한 영들에게 대함이라고 말씀하신 것입니다. 마귀의 주된 사역은 사람으로 하여금 영을 부인하게 만들고 육에만 집착하게 하는 일입니다.

뿐만아니라 개인적 문제로 인한 절망, 사람들 간에 갈등, 나라들 간 분쟁들 또한 악한 마귀가 조정하고 일으키는 사건들인 것을 알아야 합니다. 악한 영들이 역사하는 세상에서 우리가 살 길은 오직 하나 예수를 붙잡는 길입니다. 창32:26절을 보면 하나님께서 말씀하시길 "이제 날이 밝았으니 날 가게 하라!" 하시니까 야곱이 "날 축복하지 않으면 보내 드릴 수가 없습니다!"하고는 더욱 붙들고 늘어졌습니다.

주님의 오심

성경에 나타난 주님의 오심은 항상 이와 같은 모습입니다. 인생의 결정적인 순간 오늘의 야곱을 찾아오시는 것처럼 오시는 것입니다. 구약의 아브라함도 아브라함이 먼저 하나님을 찾은 것이 아니라 하나님이 어느날 아브라함에게 오신 것입니다. 그리고 일방적으로 언약을 체결하셨습니다. 신약의 엠마오로 가는 두 제자에게도 주님은 그들의 의사를 묻고 대화에 끼어들은 것이 아닙니다. 강권적으로 개입하셔서 성경을 풀어주셨습니다. 주님의 성육신과 십자가 사건은 사람들이 요청해서 이루어진 일이 아닙니다. 바르트의 표현을 빌리자면 누구도 요청하지 않았지만 크게는 우주의 역사 안에 작게는 개인의 인생사들 안으로 "인브레이킹(파임)"하고 오신 것입니다.

인생 결전의 날

흥미로운 부분은 주님은 당신이 누구인지 깨닫게 하시고는 이번에는 자리 툴툴 털고 일어나시면서 바로 떠나실 것 같은 스텐스를 취하신다는 것입니다. 오실 때 그렇게 오셨던 것처럼 가실 때도 그냥 가시면 되는데(?) '나간다!'라는 포즈와 멘트를 남기시는 것은 역설적으로 날 잡으라는 의미가 그 안에 강하게 담겨있는 것입니다. 이 때 이 분을 "안녕히 가세요!"하고 점잖게(?) 그냥 보내드려서는 정말 안 될 것입니다.

아브라함이 부지중에 자기 집 앞을 지나가는 하나님을 뵙고 자신의 집에 급하게 청하여 모신 것처럼(창18:3) 엠마오의 두 제자가 자신들의 집에 유하실 것을 강권하였던 것처럼(눅24:29) 오늘의 야곱처럼(창32:26) 그분을 붙잡아야 합니다. 바로 그날이 은혜받을 날이고 구원의 날이기 때문입니다. 구원은 내가 받고 싶은 날 아무 때나 찾아가서 받는 것이 아니라 인생의 결전의 날 주님의 오심으로 이루어지는 것임을 믿습니다.

브니엘

결국 야곱은 하나님의 축복을 받아내었고 다음날 "내가 하나님을 뵈었으면서도 죽지 않았다!" 하고는 그곳 이름을 '브니엘' 즉 '하나님의 얼굴'이라는 지명으로 불렀습니다. 하나님을 우리 안에 강권하여 모시는 것으로 지금 우리 삶의 모든 자리가 하나님을 뵙는 '브니엘'이 되기를 예수님 이름으로 축복합니다.

"그가 이르되 날이 새려하니 나로 가게 하라 야곱이 이르되 당신이 내게 축복하지 아니하면 가게 하지 아니하겠나이다!"(창32:26)
"이르되 내 주여 내가 주께 은혜를 입었사오면 원하건대 종을 떠나 지나가지 마시옵고…"(창18:3)
"예수는 더 가려하시는 것 같이 하시니 그들이 강권하여 이르되 우리와 함께 유하사이다 때가 저물어가고 날이 이미 기울었나이다 하니 이에 그들과 함께 유하러 들어가시니라"(눅24:29)

"오라!"

(마태복음14:22~33)

인생을 흔히 항해에 비유합니다. 배를 타고 목적지를 향해 나아가는 것입니다. 먼저 축복합니다. 목적지 없는 인생이 아니기를 소망합니다. 우리가 아무개를 향해서 너 왜 방황하니? 하면 그건 목표없이 사는 것입니다. 항해하는 사람은 도착항구가 있고 산에 가는 사람은 올라야 할 정상이 있고 운전하는 사람은 네비에 찍힌 도착지점이 있습니다. 이것이 없을 때 인생은 표류고 조난이며 방황입니다.

문제는 우리의 인생길이 순풍에 돛달고 가는 시간만 있지 않습니다. 예기치 않은 풍랑을 만날 때가 있습니다. 내 맘대로 안 되는 시간입니다. 키를 오른편으로 돌려도 왼편으로 돌려도 아무리 노를 저어도 내가 바라는 쪽으로 나아가지 않습니다. 순간적으로 두려움이 엄습하며 절망하게 됩니다.

오늘 본문의 항해는 예수님이 22절에서 예수께서 재촉해서 제자들에게 배타고 건너편으로 "가라" 해서 간 길입니다. 베드로가 풍랑이 일렁이는 바다를 걸어가다 빠진 것도 베드로가 요청했고 스스로 믿음이 없어서 빠진 것이기도 하지만 사실 주님이 29절에서 "오라!"하셔서 간 길입니다. 바라기는 우리의 모든 인생길이 주님의 허락받고 그리고 나서 행하게 된 모든 행로이기를 기도합니다. 기도 없이 간 길이 아니라 기도하고 간 길이기를 바랍니다. 기도응답을 꿈속에 받으라는 말이 아니라 치열한 기도의 골방시간을 갖고 행한 길이어야 한다는 말씀입니다.

문제는 주님이 하라고 했고, 주님이 가라고 했으며, 주님이 오라고해서 그래서 행한 길이라도 그 가운데 문제와 풍랑과 고난이 있을 수 있다는 것입니다. 24절 "제자들이 배안에서 바람이 거스리므로 물결로 인하여 고난을 당하더라!" 30절 베드로도 "바람을 보고 무서워 빠져 가는지라!" 여기서 오늘은 특별히 베드로가 격는 어려움을 살펴보려고 합니다.

베드로가 물위를 걸어오다가 바람을 보고 빠진 겁니까? 무서워서 빠진 겁니까? 중력의 법칙을 어기고 물위를 걷는 베드로를 바람이 시기해서 밀어서 빠뜨린 것이 아니라 바람과 풍랑은 저기 그대로 있고 베드로 속에서 일어난 무서움과 두려움과 공포가 베드로를 빠지게 한 것입니다. 이것이 우리의 삶 가운데도 그대로 적용됩니다. 예수 바라보고 나아가는 사람에게 고난이 그를 넘어뜨리는 일은 없을 것입니다. 두려움이 우리를 절망하게 하고 넘어지게 하는 것입니다.

그래서 성경은 항상 두려움과 의심 그리고 믿음과 평안은 동일한 것이라고 말씀합니다. 예수님이 베드로를 즉시 손을 내밀어 붙잡아주시며 "믿음이 적은자야 왜 의심했느냐!"하셨을 때 "왜 의심했느냐!"는 "왜 두려움에 네 마음을 빼앗겼냐!"의 뜻입니다.

사람들이 "부러워하면 진다!"는 말을 쓸 때가 있는데 예수 믿는 사람은 "두려워하면 지는 것입니다!" 아무리 큰 풍랑이 일어난다 해도 내 인생이 주님께서 주장해 주시는 고로 절대로 표류하거나 좌초하거나 파선하지 않는다는 믿음만 있으면 나는 지금 놀이동산에서 바이킹 타고 있는 것입니다. 제가 너무 현실성 없는 표현을 한 것인가요. 두려워하면 지는 것인데 사실 우리 중 많은 경우는 맨~ 날 집니다. 그것이 솔직한 고백입니다. 조그만 풍랑만 일어도 그것이 집채처럼 보입니다. 그러므로 "두려워 말라! 내가 너와 함께 함이라! 놀라지 말라! 나는 네 하나님이 됨이라! 내가 너를 군세게 하리라! 참으로 내가 너를 도와주리라! 참으로 나의 의로운 오른손으로 너를 건지리라!" 의 말씀을 묵상하고 붙들어야 합니다.

베드로가 배에서 내려 성큼성큼 물위를 걸어 예수께로 갔을 때의 처음 믿음을 회복해야 합니다. 배에서 처음 풍랑이 이는 바다로 발을 내 딛었을 때 분명히 예수님을 바라보고 나아갔습니다. 눈 앞에 일렁이는 풍랑을 보고는 절대로 발을 딛을 수 없습니다. 그렇게 오직 예수만 바라보고 기적을 체험하며 나아가다가 그만 잠깐 베드로는 고개를 돌려 풍랑을 본 것입니다. 우리의 믿음은 우리의 시선을 얼마나 세상에 빼앗기지 않고 주님께 고정시킬 수 있느냐에 달려있다 해도 과언은 아닐 것입니다. 세상의 풍파와 물결과 고난과 문제에 마음을 빼앗기게 하려고 마귀는 우리의 고개를 끊임없이 이곳으로 향하게 할 것입니다. 우리의 기도 가운데 "주님! 좌우 분별 못하는 아이와도 같은 인생이니 눈 깜박할 시간에도 내게서 눈을 떼지 말아 주세요!"의 기도가 있는 것같이 "우리도 주님에게서 잠깐이라도 눈을 돌리지 않게 해 주세요!"의 기도가 병행되어야 할 것입니다.

물속에 빠져가는 베드로를 주님께서 즉시 건져 주셨습니다. 좀 생뚱맞은 질문이지만 예수님이 베드로를 건져주시는 진짜 이유가 있습니다. 물에 빠진 사람 건져주는 데 무슨 이유가 있냐! 이유가 있습니다. 무엇일까요? 물론 제자이고, 사랑하고, 눈을 떼지 않으셨기 때문입니다. 정답은 항상 본문에 있습니다. 29절입니다. 예수님이 "오라!" 하셨기 때문입니다. 예수님이 오라 하셨기 때문에 예수님이 책임지시는 것입니다. 베드로가 "만일 주시어든 나를 명하여 물위로 오라 하소서!" 했을 때 "너는 아직 믿음실력이 안 되서 여기 못 와! 오다가 중간에 빠져!" 이러시고 "오지 말라!"했으면 빠지는 일도 없는 것입니다.

예수께서 "오라!"하셨을 때는 베드로가 오다 빠질 것을 아시면서도 오라 하셨습니다. 왜 그렇게 하셨냐면 빠지면 내가 건져주면 되기 때문입니다. 이런 경우가 있습니다. 베드로가 어린 아들이고 예수님이 아버지라고 하면 어린 아들이 깊은 물속에 있는 아버지를 보고는 마냥 좋아서 "아빠! 아빠에게 가도 되요!" 하면 아직 아들이 수영실력이 모자라서 중간에 빠질 것을 알면서도 아버지가 오라하는 경우가 있습니다. 아버지가 오라한 것은 아들이 빠지면 금방 가서 건져주면 되기 때문입니다.

교육효과를 위해서입니다. "내 믿음이 이것 밖에는 안 되는 구나!…" "아! 다음부터는 예수님만 보고 가야지! 어쩌다가 바람을 보고 풍랑을 보 았던고!…" 하면서 공부를 하는 것입니다. 어린 아들 같으면 수영실력을 아버지에게 자랑하고 싶었지만 아직 내 실력이 이것뿐이구나 하고 몸으로 아는 것입니다. 베드로는 머릿속에서 계산을 잘 하지 않습니다. 그냥 "저 기 예수님이다!"하면 어린아이처럼 뛰어드는 것입니다. 디베랴에서도 요한 이 예수님이다 하니까 겉옷 벗고 바로 뛰어드는 것입니다. 베드로는 호기심 많은 아이와도 같이 충동적이고 성급합니다. 어린아이 같은 베드로의 넘어 짐과 실수를 통해서 우리가 같이 공부를 하는 것입니다. 경험을 통해 우리 의 믿음은 실력이됩니다.

사실 오늘 사건 바로 이전에 있었던 오병이어의 사건을 통해서 엄청난 음식이 끊임없이 광주리에서 나오는 것을 제자들이 경험했습니다. 예수님 이 "너희가 가서 먹을 것을 주어라!" 하셨거든요. 그래서 이번에는 "나를 물위로 오라 하소서!" 가 있는 것입니다. 정말 아버지가 하는 것 그대로 따 라 하려는 아이의 모습니다.

사실 오늘 베드로는 두 번 물위를 걸었습니다. 첫 번은 부족해서 빠지 긴 했지만 자신의 믿음으로 조금 걸은 것입니다. 다음으로 31절에 주님이 베드로의 손을 붙잡으셨습니다. 그리고 물에 빠진 채로 있는 베드로를 질 질 끌고 배가 있는 곳으로 간 것이 아닙니다. 주님은 베드로를 다시 물위 에 우뚝 세우셨습니다. 그리고 예수님의 손을 잡고 당당히 배가 있는 곳까 지 걸어갔습니다. 이것이 두 번째의 기적체험입니다. 첫 번째 경험을 통해서 공부를 하게하시고는 이내 주님의 크신 권능으로 또 다른 기적을 맛보게 하셨습니다. 우리의 신앙은 결국 주님의 손에 붙들리는 것입니다.

주님의 손에 붙들리기까지 주님이 "오라!"하신 길을 간 것입니다. 인생의 최종 목적지가 나를 향하여 "오라!"하신 예수 그리스도이기를 간절히 소망합니다. 그 예수를 바라보고 한 걸음 한 걸음 걷다가 때로는 물위도 걸어가는 것입니다. 물을 보고는 절대로 물위에 발을 딛을 수 없습니다. 그러나 예수를 보고는 디딜 수 있습니다. 지나고 보면 아는 것입니다. "예수님이 내 손을 잡고 물위 같은 인생길을 걸어 오셨구나!" 이스라엘의 광야생활을 성경은 하나님이 독수리의 날개위에 얹고 오신 시간이라고 묘사하고 있는 것과도 같습니다.

주님의 명령을 따라 주님을 바라보고 나아가는 모든 인생길은 주님이 붙드십니다. 주님이 오라 하셨기 때문입니다. 오라 하신 예수를 향하여 가기까지 바다도 있고 넘어야할 산도 있고 깊은 계곡도 있습니다. 우리의 인생길에 단기목표들이 합하여 장기목표가 되고 마지막 최종 목표지점을 삼을 때에 그곳에 나의 이기적이고 세속적인 욕망이 있는 것이 아니라 오직 예수가 있기를 소망합니다. 믿음의 주요 온전케 하시는 예수를 바라보고 나아가길 기도합니다. 잠깐 넘어지거나, 잠시 빠지거나, 표류하는 일이 있을 수 있겠지만 주님이 즉시 오실 것입니다... 주님이 오라 하셨기 때문입니다...

"'오라!' 하시니 베드로가 배에서 내려 물위로 걸어서 예수께로 가되..."

솔로몬! 안 되는 줄 알면서 왜 그랬을까?

성경을 읽으면서 안타까운 마음을 금할 수 없는 인물을 들자면 솔로몬입니다. 다윗의 뒤를 이어 이스라엘의 왕이 되어 가장 융성한 나라를 이끌게 되었지만 그의 말년을 보면 "어찌 이럴 수 있나...!" 하는 배신감에 사로잡히게 되는 마음을 금할 수 없습니다.

하나님이 하지 말라는 것은 다 하고 있습니다. 병마를 많이 두지 말라 하셨는데 그렇게 내려가지 말라는 애굽에서 병마를 많이 사오고, 은금을 많이 쌓지 말라 하셨는데 은을 돌같이 여겼으며, 부인 많이 두지 말라 했는데 천명의 아내를 두었습니다. 그 이방의 아내들이 가지고 온 우상으로 전국은 우상숭배의 산당이 되었습니다.

하나님은 선지자를 통해 몇 번이나 경고했지만 솔로몬은 그것마저 듣지 않았습니다. 저는 생각하게 됩니다. 왜 그랬을까? 단순히 솔로몬이 나이 많아 총기가 흐려졌기 때문이라는 말은 설득력이 약했습니다. 지혜자의 말로라는 것이 이렇다면 지혜가 무슨 의미가 있는 것이지도 돌아보게 되었습니다. 여호와를 경외하는 것이 지혜의 근본이라 했는데 이미 솔로몬에게 하나님을 경외하는 삶은 없었습니다.

아무리 생각해도 왜 그랬을까를 생각하다 내린 결론은 "아무 일 없었기 때문이다!"로 결론지었습니다. 말씀을 불순종했는데 감기 한번 걸린 일 없고 전 국토를 우상의 전시장으로 만들어 놓았는데도 돈은 더 많이 벌리고 나라는 더욱 강성해진 것입니다. 부인들에게 우상숭배 허락 해 줄 때마다 길가다가 넘어져서 코가 깨지거나 했다면(?) 그래도 뭔가 깨달았을 텐데 아무 일이 없었던 것입니다.

저는 제일 무서운 게 잘못을 했는데 부모님이 아무말씀이 없을 때입니다. 분명히 잘못한 것 알고 계시면서 내색을 안 하십니다. 차라리 매 한대 맞고 나면 편한데 조용하신 것입니다. 먼저 고백하고 돌이켜서 용서를 구하기를 기다리시는 것입니다. 하나님은 육신의 아버지보다 참을성에서 비교가 되지 않으십니다. 당신 스스로 말씀하시기를 "은혜로우시며 자비로우시며 노하기를 더디하시며…"입니다. 노를 한참 있다 내시니까 마치 모르시는 줄 아는 것입니다. 어리석은 사람일수록 하나님이 모르는 줄 아는 것입니다. 더 심각한 경우에는 안 계시는 줄 아는 것입니다.

아브라함도 이와같은 때가 있었습니다. 창17장에서 하나님이 아브라함 99세 때에 갑자기 나타나서서는 "나는 전능한 하나님이라 너는 내 앞에서 완전하라!" 하십니다. 꾸짖으시는 본문입니다. 아브람은 하나님이 약속하신 아들을 기다리다가 지쳐서 육신의 아들 이스마엘을 낳고 13년이나 지났습니다. 그리고 이스마엘이 하나님이 약속하신 아들이라고 찰떡 같이 믿고 살던 어느 날 하나님의 불호령이 떨어진 것입니다. 혼을 내실려면 13년 전 사라가 몸종 하갈을 씨받이로 들일 때 그때 혼내셨어야 하는데 그때는 아무말씀이 없으셨습니다. 아브라함은 자기가 무엇을 잘못했는지도 지금 모르고 있는 것입니다.

잘못은 했는데 아무 일이 없었던 것입니다. 그래서 죄를 지은 줄도 모르는 것입니다.

그런데 사실 우리가 죄를 지을 때마다 그 자리에서 징계하신다면 우리 중에 지금 여기 있는 사람 몇 안 될 것입니다… 무엇보다 하나님 안 믿는 사람 아무도 없을 것입니다… 죄지을 때마다 하나님이 죄짓는 현장에 벼락을 내리치시면 누가 죄를 짓겠습니까! 하나님은 우리가 죄를 깨닫고 돌이키기를 바라시는 것입니다…

초창기 솔로몬의 치적들이 다 빛을 바라며 퇴색되는 것을 봅니다. 사람은 끝이 좋아야 합니다. 우리는 솔로몬처럼 부자만 되게 해 주면 더 바랄 것이 없는 마음입니다. 그러나 사람이 많이 알고 권력이 있으며 물질적으로 부해지는 것으로 하나님을 모른다 할 수 있습니다.

북왕국 여로보암 2세 때도 그랬습니다. 주변의 강대국 세력이 약화되고 경제, 정치, 국방에서 안정을 이루자 호세아서 10장을 보면 이렇게 되어 있습니다. "이스라엘은 열매 맺는 무성한 가지라 그 열매가 많을수록 제단을 많게 하며 그 땅에 번영할수록 주상을 아름답게 하도다!" 호세아 선지자의 탄식입니다. 잘 살게 될수록 하나님을 더 잘 섬기는 것이 아니라 우상을 아름답게 한 것입니다.

또한 우리는 민수기 11장의 '기브롯 핫다와'를 기억합니다. 이스라엘이 광야생활 중에 섞여 살던 잡 족속이 불평불만을 쏟아내자 금방 전염이 됩니다. 불평은 전염속도가 빠릅니다. 한다는 소리가 매일 만나만 먹고사니 정력이 약해졌다는겁니다. 그리고 "고기 먹을 때는 마늘하고 부추를 먹어야 되는데 하나님은 고기도 드실 줄 모르나봐...!" 하고는 하나님을 능욕했습니다. 하나님은 그들에게 원하는 고기를 주었습니다. 그런데 고기가 이 사이에 끼어 있을 때 심판받아 죽었습니다. 말 그대로 먹다가 죽은 겁니다. 탐욕의 무덤입니다.

"광야에서 욕심을 크게 발하며 사막에서 하나님을 시험하였도다. 여호와께서 저희의 요구한 것을 주셨을지라도 그 영혼을 쇠약(파리)하게 하셨도다!" (시편106:11)

부요함이 우리의 믿음을 쇠약하게 하고 파리하게합니다. 적당한 문제와 고난과 어려움이 우리를 긴장하게합니다. 우리는 언제나 이 문제만 해결되면... 돈만 있으면 ...

작금의 시대 죄악은 풍요가 가져다 주는 죄악이 도처에 널린 것입니다. 물질적 풍요가 영적인 갈급을 대치하는 것입니다. 하나님을 향하여 그다지 간절하지 않습니다. 사슴이 시냇물을 찾기에 갈급함 같은 절박함이 없습니다. 좀 비약해서 말하면 하나님은 있으면 좋겠지만 없어도 그렇게 큰 불편이 없는 것입니다. 하나님이 참고 계십니다. 지혜로운 자는 하나님이 지금도 참고 계신다는 것을 항상 유념합니다. 그런 면에서 솔로몬은 참된 지혜자라고 할 수 없습니다. 심판이 무서운 것은 창조 이래로 참으신 하나님의 진노가 한꺼번에 떨어지기 때문입니다...

"읽는 설교"
성육신... 인생을 체휼하신 그리스도

기쁜 성탄의 아침입니다.

오늘은 예수님의 오심을 이해할 때 말구유에 누워계신 아기예수님께 동방박사들이 경배하러 나오고 헤롯왕은 아기예수를 죽이려고 예루살렘의 아기들을 죽이는 갈등구조의 스토리적 이해보다 조금은 깊이 있는 신학적 이해의 시간이 되기를 소망합니다.

인류역사에서 일어났던 일들 가운데 가장 커다란 사건이 있다면 그것은 하나님이 사람의 몸을 입고 이 땅에 오신 성육신사건입니다. 하나님이 사람이 되신 것보다 더 크고 놀라운 전 우주적 사건은 없습니다. 사람으로 말하면 벌레가 되고 티끌이 되었다 정도가 아닙니다. 무한이 유한이 되신 것입니다. 하나님은 무한하신 분이십니다. 능력에서 무한하시고 지혜에서 무한하십니다. 사람은 유한합니다. 능력이 부족하고 지혜가 모자랍니다. 육신적으로 아파하고 신음하며 경제적으로 시달립니다. 앞 일을 모르니 늘 걱정하며 근심합니다. 이것이 유한의 본질적 모습입니다.

모든 것을 할 수 있고 모든 것을 아시는 분이 연약한 유한의 모습으로 오신 것은 그 유한이 지닌 죄 문제를 해결하기 위함이었습니다. 동정녀마리아의 몸에 성령으로 잉태되시고 그 이름을 임마누엘 즉 "하나님이 우리와 함께 하신다!"하시고 2천 년 전 팔레스타인 땅이라고 하는 역사의 시공간속으로 오셨습니다. 하나님은 허공중에 임하시는 것으로 그리고 신비적인 환상으로 우리에게 오신 것이 아니라 땅에 오셨다는 말씀에 집중해야 합니다.

밥벌이를 해야 하고 밥을 지어야하고 길쌈하는 것으로 옷을 지어야하

소
고
275

는 힘들고 수고하고 지치는 것으로 하루를 살아내야 하는 인생의 형편과 현실 속에 오신 것입니다.

너의 문제(罪)를 해결받기 위해 "내게로 와라!"가 아니라 "내가 네게로 갈게!"입니다. 여기가 기독교의 깊은 진리가 담겨있는 구절입니다. 우리가 누굴 도와줄 때 "나한테 와! 내가 해결해 줄게!" 하는 경우가 있는데 하나님은 "내가 너에게 갈게! 그래서 도와줄게!"입니다.

물론 예수님은 하나님의 아들이고 친히 하나님이시기에 그것을 증명하기위해 많은 능력과 기사와 표적을 보이셨습니다. 여기서 절대 놓쳐서는 안 되는 것은 표적으로의 기적이지 유세하고 자랑하고 대접받는 종류의 권세와 능력이 아니었다는 것입니다. 이것이 만일 자랑으로서의 권능이었다면 예수님은 잡혀가서는 안 되고 배신을 당하시지도 모함을 받으시지도 조롱과 능욕을 받을 일도 없습니다.

우리에게 있는 권세와 능력은 다분히 자랑으로의 권능입니다. 예수님의 제자들은 이 분이 철장의 권세로 로마를 쫓아내고 강대한 나라를 세우실 것이라는 기대로 3년 반을 쫓아다닌 것입니다. 마가복음 10장에는 예수님이 예루살렘으로 올라가신다고 하니까 요한과 야고보의 부모가 예수님을 찾아와서는 당신의 나라가 이루어지면 우리아들들 좌의정 우의정 앉혀 달라고 했습니다. 그때 38절에 예수께서 "너희가 무엇을 구하는지 모른다! 내가 받는 잔을 받을 수 있으며 내가 받는 세례를 받을 수 있나?" 제자들은 멋도 모르고 받을 수 있다고 했습니다. 예수님은 너희가 받을 것이라 하시며 40절에서 "내 좌우편은 내가 주는 것이 아니라 누구를 위해 준비되었든지 그들이 받으리라!" 하셨습니다.

제자들이 말한 좌우편과 예수님이 말씀하신 좌우편이 다릅니다. 제자들의 좌우편은 일등공신으로의 좌의정 우의정인 반면에 예수님이 말씀하신 좌우편은 십자가의 좌우편을 말하는 것입니다. 제자들 좌우편은 썩어질 세상영광이 가득한 보좌인 반면 예수님의 보좌는 십자가였습니다. 좌우편

강도 중에 하나는 끝까지 주를 조롱하지만 나머지 한 명은 "당신의 나라가 임하거든 나를 기억하소서!"고백하며 십자가 고난을 통해 이루어지는 하나님나라를 받아드린 유일한 사람이 되었습니다.

제자들이 이해한 하나님 나라의 보좌는 사실상 모든 사람들이 가지고 있는 보편적 일반적 이해를 따릅니다. 세상의 권력으로 세워진 보좌입니다. 마귀가 예수님을 시험할 때 세상의 천하만국영화를 보이며 내게 절하면 이것을 준다고 했을 때의 이것으로서의 보좌입니다. 보좌에 앉는다는 것은 그 나라의 완성이며 영광이며 통치의 시작을 말합니다. 예수님은 "하나님을 경배하고 다만 그를 섬기라 하셨느니라!"로 그 보좌를 물리치셨습니다.

그리고 친히 십자가를 당신 보좌로 택하셨습니다. 우리 모두는 여기서 다 경악을 하는 것입니다. '어떻게 십자가가 보좌일 수 있는가?' 입니다. 예수님은 십자가에서 운명하실 때 "내가 다 이루었다!"하셨습니다. 율법의 성취이며 하나님나라의 완성을 의미합니다. 그 완성의 결과로서의 부활입니다.

예수님은 많은 사람위에 군림하는 것으로 당신의 보좌에 앉으시는 것이 아니라 자기를 비워 종의 형체를 지녀 자기목숨을 대속의 제물로 주는 것으로 보좌에 앉으십니다. 이것이 사람이 이루는 나라와 하나님이 이루시는 나라의 시작과 근본부터 다른 나라의 이해입니다. 그래서 예수님은 좌의정우의정 앉혀달라는 제자들에게 막10:43절을 보면 "크고자 하는 자는 섬기는 자가되고 으뜸이 되고자하는 자는 종이 되어야 한다!"로 논쟁의 마침표를 찍으셨습니다.

고린도전서1:19절의 말씀이 맞습니다. 십자가의 도가 멸망하는 자에게는 미련한 것이지만 구원을 얻는 우리에게는 하나님의 지혜이며 능력입니다. 십자가는 하나님이 당신의 나라를 나타내시는 그 절정에서 보이신 영광의 사건입니다. 자기를 낮추고 섬기는 자로 종이 되어 자기를 죽이겠다는 자들을 구원하기위해 그들의 손에 잡혀죽는 것으로 이루시는 하나님의 나라입니다. 그런고로 십자가의 죽음도 성육신입니다.

성육신을 잘 이해해야 합니다. 예수님의 탄생만 성육신이 아닙니다. 예수님의 공생애 33년이 다 성육신이고 성육신의 마지막에 십자가가 있습니다. 성육신을 거부하셨으면 결코 죽으실 일이 없습니다. "사람의 몸을 입고 이 땅에 오셨다!"는 것은 단순히 사람의 출생과정을 통해 오셨다는 말이 아니라 사람의 약함과 아픔과 한숨과 눈물 그리고 절망을 입으셨다는 뜻입니다. 아침이면 여지없이 눈을 떠야 하고 각기 맡은 자리에서 하루라고 하는 시간과 공간을 살아내고 저녁이면 피곤한 몸을 뉘어야 하는 인생으로 오셨습니다. 예수님은 7남매의 장남이셨고... 몹시 배가 고프셨으며... 펑펑 우셨으며... 머리 둘 곳도 없다 하셨습니다. 이렇게 허망하고 무익하고 연약한 인생으로 오셔서 그 인생이 경험할 수 있는 밑바닥을 다 핥고 지나 가셨습니다.

이 부분을 히브리서기자는 4:14절에서 "우리에게 있는 대제사장은 우리의 연약함을 동정하지 못하실 이가 아니요 모든 일에 우리와 똑같이 시험을 받으신 이로되 죄는 없으시니라" 여기서 '동정하다'가 예전 성경에는 '체휼하다'로 되어 있었습니다. 직접 가서 몸으로 겪으시는 것입니다. 단순한 감정적 동정이 아니라 인생사의 고달픔, 시달림, 고역 등등 이 모두를 다 성육신의 몸으로 체휼하신 것입니다.

항상 기억해야 합니다. 주님은 우리 인생을 체휼하신 분이십니다. 예수님이 공생애 시작하시면서 마귀의 시험 받으실 때 마귀는 한결 같이 이것을 잡고 늘어지는 것입니다. "돌을 떡으로 만들 수 있는 메시아가 아니냐 뭐하러 밥벌이를 하고 밥을 짓고 수고 하냐! 오병이어기적처럼 한마디만 하면 산해진미가 가득 할 텐데 궁상맞게 밥하고 있냐!", "메시아가 아니냐! 천하만국을 가져라! 세상의 권력과 영광을 누려라! 메시아가 왜 찌질하게 인생을 사냐!", "높은 곳(십자가)에서 뛰어내리려라! 죄도 없으면서 십자가를 왜 네가 지냐! 내려와라!" 마귀의 모든 유혹은 결국은 "성육신을 멈추고 중단하라!"입니다.

성육신으로 오신 주님은 오늘 우리에게도 "성육신 하라!"하십니다. 나를 따르려거든 자기십자가를 지고 내 뒤를 쫓아오라 하셨기 때문입니다. 물론 우리는 예수님이 아닌 고로 성육신의 그 정신을 받는 것입니다. 낮고 낮은 땅 베들레헴 구유에 누워계신 예수 그리스도를 보며 거기서 정말 성육신을 보았다면 우리는 폼 잡고 쇄도하는 자리가 아닌 섬기는 낮은 자리로 갈 것입니다. 하나님은 우리의 인생을 체휼하시며 당신의 전부를 십자가에서 통째로 내어주셨습니다. 잠깐 지나가다 들려서 참견하신 것이 아닙니다. 성육신을 바로 이해하면 우리는 회색지대에 있을 수 없습니다. 우리의 영혼을 바쳐서 헌신하는 것으로 주님께 나아가게 됩니다.

신앙은 치열한 인생이지 현란한 말이 아닙니다. 신학적 포장의 말이 난무하는 세상입니다. 하나님의 나라는 말에 있지 않고 능력에 있다 했습니다. 결단하고 오늘의 나를 예수에게로 던지는 능력입니다. 주님은 우리와 임마누엘로 함께 하시고 우리인생을 체휼하십니다. 우리의 기도대로 모든 것을 확 바꿔놓는 것으로 함께 하시는 것이 아니라 체휼하십니다. 같이 아파하시고, 같이 우시고, 같이 느끼시고, 같이 참으시며, 같이 겪으십니다. 내가 지금 떨어져있는 삶의 밑바닥까지 오십니다. 보이지 않지만 곁에 계신 주님을 보는 것으로 믿음이 자라게 하시며 그 믿음에 대한 응답에 자리로 또한 인도하십니다…

"말씀이 육신이 되어 우리가운데 거하시매 우리가 그 영광을 보니 아버지의 독생자의 영광이요…" (요1:14)

내 인생의 목적지 예수

· **초판 1쇄 발행** 2020년 1월 23일

· **지은이** · 김주한
· **펴낸이** · 민상기 **편집장** · 이숙희 **펴낸곳** 도서출판 드림북
· **인쇄소** · 예림인쇄 **제책** · 예림바운딩 **총판** · 하늘유통(031-947-7777)
· **등록번호** 제 65 호 · **등록일자** 2002. 11. 25.
· 경기도 의정부시 가능1동 639-2(1층)
· Tel (031)829-7722, Fax(031)829-7723